关田法标杆精益系列图书

降本改善落地之道
——关田法

［日］关田铁洪（T. Kanda）著

机械工业出版社

本书是作者在指导三百余家企业进行改善过程中对降低成本的方法、经验、感悟的总结。书中结合大量案例，从管理改善的角度，围绕企业全流程链，从生产环节、物流环节、采购环节、产品设计环节四个方面详细介绍了企业降低成本的方法和策略，涵盖材料、能源、设备、计划；仓储、场内物流、场外物流；采购体制（功能体制、流程体制、人才体制）和采购成本；结构功能设计、产品设计效率、产品质量设计和产品设计管理等多个方面降低成本的具体战略和战术。

本书可供企业管理人员，精益改善推进与实施人员使用，还可供生产管理人员参考。

北京市版权局著作权合同登记　图字：01-2022-3920号。

图书在版编目（CIP）数据

降本改善落地之道：关田法／（日）关田铁洪著.
北京：机械工业出版社，2025.6（2025.8重印）.--（关田法标杆精益系列图书）.--ISBN 978-7-111-78586-6

Ⅰ.F273.2

中国国家版本馆CIP数据核字第2025JX9725号

机械工业出版社（北京市百万庄大街22号　邮政编码100037）
策划编辑：孔　劲　　　　　责任编辑：孔　劲　田　畅
责任校对：张　薇　李小宝　封面设计：张　静
责任印制：单爱军
北京华宇信诺印刷有限公司印刷
2025年8月第1版第2次印刷
169mm×239mm·15.5印张·314千字
标准书号：ISBN 978-7-111-78586-6
定价：69.00元

电话服务　　　　　　　　　网络服务
客服电话：010-88361066　　机　工　官　网：www.cmpbook.com
　　　　　010-88379833　　机　工　官　博：weibo.com/cmp1952
　　　　　010-68326294　　金　书　网：www.golden-book.com
封底无防伪标均为盗版　　　机工教育服务网：www.cmpedu.com

序

近年来，在机械工业出版社的支持下，关田铁洪先生把自己三十多年在企业第一线指导精益生产改善的经验、方法和感悟进行了总结，陆续出版了《精益落地之道——关田法》《JIT落地之道——关田法》《5S落地之道——关田法》，为读者提供了非常好的精益生产改善实践指导书籍，受到了多方面的好评，我也为这些书籍写了序。今天又非常高兴地看到关田铁洪先生的新作《降本改善落地之道——关田法》。

关田铁洪先生在20世纪90年代初就进入了日本能率协会，专业从事IE的研究和实践，专注应用IE技术对企业进行精益改善的指导工作。关田铁洪先生具有日本IE界的最高资质——IE士资格，同时也是中国机械工程学会工业工程分会工业工程师认证专家组副组长。

日本能率协会成立于1942年，是以IE为核心技术的经营指导集团，是日本规模最大、历史最长、影响最深的IE咨询集团，其特点是：注重现场，注重实践。新乡重夫（Shigeo Shingo）先生就是从日本能率协会走出来的世界级IE大师。关田铁洪先生也是秉承这一宗旨，从解决企业的实际问题入手，注重现场改善的落地实施，注重IE技术在实践中的应用。几十年间，关田铁洪在中国等国家指导了几百家企业和组织的精益改善实践，其中有很多企业的指导内容是降低成本。

企业降低成本有两条路，一是技术的创新，二是管理的改善。技术的创新是非常重要的降低成本、提升质量的手段，同时也需要一定的资金投入和时间；而管理的改善则是不花钱、少花钱、办大事的改善，是通过IE技术的应用进行的改善。通过管理改善提高人和设备的生产率，通过提高产品的合格率、优化物流的流程和方法，实现成本的降低。利用IE技术对管理的每个过程进行详细的改善和优化，达到既满足市场需求，又实现成本最大优化的效果。关田铁洪先生的新作《降本改善落地之道——关田法》就是应用IE技术，进行管理改善，最终提高企业效益的专著。

精益生产就是IE实践的成功结果。大野耐一先生在《丰田生产方式》中也说到：企业追求效率，就是为了达到企业的根本目的——降低成本。精益生产的思想就是彻底消除一切浪费。这一点，丰田做到了极致。价格是市场、客户决定的，而成本是自己决定的。精益生产就是在成本上进行了彻底消除浪费的改善，以赢得市场，赢得客户。

关田铁洪先生的新作《降本改善落地之道——关田法》一书就是遵照彻底消除浪费这一宗旨，从企业管理的各个方面，通过一些具体的方法、案例，说明如何进行管理的改善，使企业最终实现成本最优化。书中主要涵盖了企业生产环节、物流环节、采购环节和产品设计环节四个环节浪费的消除、降低成本的管理改善。其中，始终贯穿着"落地"这个关键词。落地就是解决实际问题，取得看得见的成果，这也是关田铁洪先生的一大特点。任何好的方法，任何科学的管理，都需要有效、高效地实施，否则很难取得既定的效果和成果。这个有效、高效的实施，就是落地。《降本改善落地之道——关田法》的内容不是理论，而是改善的实践论，是具体的改善案例分析，书中的生产环节、物流环节、采购环节和产品设计环节的降本改善，都是落地的方法和案例。同时书中第6章重点谈及降本改善的道和人，讲述了如何在降本改善过程中，现场育人，做事育人，提高人的素养。只有提高了人的素养，才能真正实现和保证工作的高效高质量和低成本。只有真正提高了人的素质，企业、组织才能持续改善，不断创新。在这本书里，关田铁洪先生根据他的工作经验和体会，非常具体地定义和描述了这些内容和内涵。

我非常高兴推荐各位人士阅读、参考关田铁洪先生的这本《降本改善落地之道——关田法》。它可以作为精益人士的精益实践指导书，也可作为企业经营人员经营实践的参考书，还可作为高等院校工业工程和管理科学与工程的专业教科书。我衷心希望这本书对于今后我们IE的落地实践起到积极的推动和指导作用。

齐二石

天津大学管理创新研究院院长、教授

前言

2022年，受几个省市工业和信息化局的邀请，与众多企业领导分享了《精益落地之QCD改善》——我多年在企业进行精益生产改善指导的经验和案例。各位领导对其中C的部分，也就是降低成本的内容关注度特别高，也提出了很多问题和课题的咨询。有些企业的领导邀请我去企业进行降低成本的改善指导，也有很多企业领导非常强烈地希望我能经常和大家多多分享有关降低成本的内容。为此，和机械工业出版社的孔老师商量，策划了这本书《降本改善落地之道——关田法》。

自从加入日本能率协会以来，我已经进行了35年的企业精益改善指导工作。在中国、日本和其他国家，指导过三百多家企业，改善指导的核心内容就是QCD的改善，其中有很多改善指导是降低成本的改善课题。

例如在一个世界五百强的汽车制造企业，通过和企业各位的共同改善，连续三年实现了降低成本10%的目标，给企业带来了看得见的效益，又例如在一个有近二十万人的大型快递企业，指导物流降本的改善，连续两年实现了降低成本的改善目标。在多年的指导降低成本的实践和经验中，我也总结出了降低成本落地的方法论。

组织经营的三个关键指标是Q、C、D。Q是质量、包括经营质量、管理质量、服务质量、产品质量和人的素质等。C是成本，是经营运作中的必要投入。D是效率，包括经营、管理、服务、制造和人的效率等。这三个指标的关系是如何在管理上有效地保证Q（质量）和提升D（效率），达到C（经营）的最优成本，也就是C的最低成本。这便是我的工作。

降低成本的管理改善不是投资，不是技术改造，不是减少人员，而是消除浪费。在企业的经营管理、生产运作、产品物流等管理过程中都会产生一些管理浪费，例如能源浪费、流程时间浪费、设备浪费等。这些浪费造成了企业的成本压力，严重影响了企业的正常运作。我在企业进行降低成本的改善指导，就是针对这些浪费进行持续地改善，持续地降本，持续地培养人才。《降本改善落地之道——关田法》主要总结的也是这些内容。

降低成本的管理改善不是培训，而是改善的实践，降低成本的方法论和实践论就是针对组织中管理和实施的各种问题点、各种浪费进行实际的改善。由于每个组织都不一样，每个组织中的问题、浪费体现和程度也都不一样，所以降低成本的管理改善没有标准的答案。我在三百多家企业进行的改善指导，都是直接针对该企业的个性问题，分析问题的发生原因并制订个性化的改善方案，同时和企业人员共同实施改善，并且在实施过程中不断深入研究问题，不断深入解决问题，最终取得成功。

降低成本的管理改善不是突击战，降低成本需要时间，需要过程，需要智慧。短时间内突击做一些事情，也许可以降低一些成本，但是这些成果很难持续，甚至"回潮"。真正的降低成本，需要组织全员参与，需要从各个环节、各个角度围绕降低成本进行改善，最终综合起来形成巨大的降低成本的改善效果。在这个过程中，学会发现浪费，提高降低成本的意识，形成自主自律的降低成本的组织文化，这才是真正的降低成本，才能形成组织的持续降本体质。

降低成本的管理改善更是人才培养的过程。在改善指导工作中，我就非常注重以解决当前问题为突破口，注重三现（现场、现物、现实）的问题分析和改善，进而引申到提高整个企业的管理水平和经营素质，形成企业的降本文化，为企业培养一大批具有实战能力的降本人才。

以上的论述，就是降低成本改善指导的宗旨和落地行动。

本书根据企业的全流程链，介绍了以下四个方面的降本。

生产环节的降本：包括材料、能源、设备、计划等方面浪费改善的降本方法和事例。

物流环节的降本：包括仓储、场内物流、场外物流等方面浪费改善的降本方法和事例。

采购环节的降本：包括采购体制（功能体制、流程体制、人才体制）和采购成本等方面浪费改善的降本方法和事例。

产品设计环节的降本：包括产品结构功能设计、产品设计效率、产品质量设计和产品设计管理等方面浪费改善的降本方法和事例。

最后一章重点谈了降本的经营管理方法和人才培养。

我非常希望以此书为契机，与各位共享降本，实践降本。

在本书的写作过程中，日本商业计算机有限公司（JBCC）的杨仲轩先生为这本书的创作出谋划策，提出了许多宝贵建议和协助工作，借此机会表示感谢。

感谢各位IE的同仁精益的同仁对我的鼓励和支持，也感谢读者多年来对我已出版的图书《精益落地之道——关田法》《JIT落地之道——关田法》《5S落地之道——关田法》的爱顾和爱读。

非常感谢机械工业出版社鼓励和支持我出版《降本改善落地之道——关田法》这本书，并对书稿投入了大量的时间和精力进行订正。

我非常尊重和敬仰的中国IE泰斗齐二石教授，为本书作了序。在写作过程中齐教授也对本书做了非常专业和中肯的指导。齐二石教授是我的良师益友，在向齐老师表达谢意的同时，也希望齐老师能够不断鞭策和鼓励关田法。

当然我更要感谢这三十多年我曾经指导过的三百多家企业对我的支持、鼓励和鞭策，是这三百多家企业成就了今天的我，也成就了《降本改善落地之道——关田法》。

希望本书的内容能为各位读者的工作添砖加瓦，能助力你的企业真正实现降本增效，能为你的人生锦上添花。

谢谢各位！

关田铁洪

目 录

序
前言

第1章 降本改善的原点 ·· 1
  1.1 连续三年降低成本10%的故事 ·································· 1
  1.2 我的精益人生 ·· 2
  1.3 成本和浪费 ·· 3
  1.4 丰田生产方式的成本和利润 ······································ 4
  1.5 降本与质量 ·· 5
  1.6 降本与生产 ·· 7
  1.7 降本与采购 ·· 8
  1.8 降本与管理 ·· 8
  1.9 智能制造和降本 ·· 9
    1.9.1 智能制造的目的 ·· 9
    1.9.2 智能降本改善 ··· 10
  1.10 全制造链的降本 ·· 11
    1.10.1 规划成本 ··· 11
    1.10.2 设计成本 ··· 14
    1.10.3 实际成本 ··· 14
    1.10.4 全制造链的降本阶段 ···································· 14
  1.11 全制造链的降本落地 ·· 15

第2章 生产环节的降本改善 ······································· 17
  2.1 生产成本的要素和改善 ··· 17
    2.1.1 生产成本三要素 ··· 17
    2.1.2 生产成本三要素的分类 ································ 17
    2.1.3 成本改善关田法的核心 ································ 18
  2.2 材料降本改善 ·· 18
    2.2.1 材料降本改善故事 ··· 18
    2.2.2 材料降本落地改善的重点和管理 ················· 20
    2.2.3 材料使用的浪费降本落地改善 ····················· 21
    2.2.4 材料滞留的浪费降本落地改善 ····················· 25

  2.2.5 材料降本改善小结 ······ 41
2.3 能源降本改善 ······ 41
  2.3.1 能源降本的原点 ······ 41
  2.3.2 能源的浪费改善 ······ 42
  2.3.3 能源降本的案例研究 ······ 44
  2.3.4 能源降本改善小结 ······ 49
2.4 工具降本改善 ······ 50
  2.4.1 工具的浪费和降本改善 ······ 50
  2.4.2 刀具降本改善案例分析 ······ 51
  2.4.3 工具降本改善小结 ······ 56
2.5 设备降本改善 ······ 57
  2.5.1 设备效率浪费和降本改善 ······ 57
  2.5.2 设备故障停机浪费 ······ 58
  2.5.3 设备故障分析 ······ 58
  2.5.4 设备自主维护 ······ 61
  2.5.5 设备换型停机浪费和改善 ······ 65
  2.5.6 设备效率浪费降本改善小结 ······ 77
2.6 提高人的工作效率的降本 ······ 77
2.7 不良浪费的降本落地改善 ······ 78
  2.7.1 不良的浪费和降本 ······ 78
  2.7.2 不良的真正原因 ······ 79
  2.7.3 不良改善的关田法 ······ 79
  2.7.4 不良浪费的降本落地改善小结 ······ 81
2.8 委外加工的改善降本 ······ 82
2.9 降低成本的5S ······ 83
2.10 生产环节降本改善总结 ······ 91

第3章 物流环节的降本改善 ······ 92
3.1 物流环节降本的原点 ······ 92
3.2 库存降本改善 ······ 93
  3.2.1 库存浪费和批量生产 ······ 93
  3.2.2 库房浪费和物料管理 ······ 96
  3.2.3 库房空间浪费和降本 ······ 100
  3.2.4 库存降本小结 ······ 104
3.3 物料包装降本改善 ······ 104
  3.3.1 物料包装降本改善的故事 ······ 104
  3.3.2 物料包装功能分析 ······ 105
  3.3.3 物料包装功能浪费分析和改善 ······ 106
  3.3.4 包装功能的改善 ······ 107
  3.3.5 提高包装空间利用率的改善 ······ 108

3.3.6 降低包装成本的案例 ... 109
3.3.7 物料包装降本改善小结 ... 110
3.4 内部物流降本改善 ... 111
3.4.1 企业的两种物流 ... 111
3.4.2 物料上线的四定一可 ... 112
3.4.3 物料上线四定一可改善案例分析 ... 112
3.4.4 内部物流降本改善小结 ... 119
3.5 外部物流降本改善 ... 120
3.5.1 外部物流降本改善的基本 ... 120
3.5.2 外部物流降本改善方法 ... 120
3.5.3 外部物流降本改善的物料种类 ... 122
3.5.4 外部物流降本改善小结 ... 124
3.6 物流质量改善降本 ... 125
3.6.1 何为物流质量 ... 125
3.6.2 看得见的物流质量问题分析和改善 ... 125
3.6.3 潜在的物流质量问题分析和改善 ... 127
3.6.4 物流质量的成本分析和改善 ... 127
3.6.5 物流质量改善降本小结 ... 128
3.7 物流环节降本总结 ... 129

第4章 采购环节的降本改善 ... 130
4.1 采购管理和改善 ... 130
4.1.1 采购管理的基础 ... 130
4.1.2 采购体制 ... 132
4.1.3 采购成本战略 ... 137
4.2 供应商核查的目的及案例分析 ... 146
4.2.1 供应商核查的目的 ... 146
4.2.2 供应商核查案例分析 ... 146
4.3 丰田汽车的采购管理经验谈 ... 163
4.3.1 丰田汽车的生产和采购 ... 163
4.3.2 丰田汽车和零件供应商的关系 ... 164
4.3.3 丰田汽车的采购系统和运用 ... 165
4.3.4 丰田汽车的采购管理经验总结 ... 168

第5章 设计环节的降本改善 ... 169
5.1 精益设计 ... 169
5.1.1 精益设计的定义 ... 169
5.1.2 精益设计的定位 ... 170
5.1.3 精益设计降本的原点 ... 171
5.2 精益设计的产品降本 ... 173
5.2.1 满足市场需求的精益设计产品 ... 173

- 5.2.2 精益设计的产品降本核心技术 ·········· 175
- 5.2.3 零件构成的降本核心技术 ·············· 176
- 5.2.4 制造成本的降本核心技术 ·············· 178
- 5.2.5 管理成本的降本核心技术 ·············· 180
- 5.2.6 精益设计的降本改善应用 ·············· 182
- 5.2.7 成本的精益设计整体技术框架 ········· 190
- 5.2.8 精益设计的产品降本小结 ·············· 194
- 5.3 精益设计的效率降本 ···························· 195
  - 5.3.1 同步开发 ······································ 195
  - 5.3.2 同步开发设计的规划管理 ·············· 197
  - 5.3.3 先行同步开发设计的技术强化 ········· 200
  - 5.3.4 同步开发设计的先行设计程序 ········· 201
  - 5.3.5 同步开发设计的团队建设 ·············· 201
  - 5.3.6 精益设计的效率降本小结 ·············· 203
- 5.4 精益质量设计的降本 ···························· 204
  - 5.4.1 精益质量设计的故事 ···················· 204
  - 5.4.2 精益质量设计和田口法（TAGUCHI METHOD） ·········· 206
  - 5.4.3 精益质量设计的实践 ···················· 208
  - 5.4.4 精益质量设计的降本小结 ·············· 218
- 5.5 精益设计的管理课题 ···························· 218
  - 5.5.1 对课题的认识 ····························· 218
  - 5.5.2 基于现状产品设计课题的分析和改善 ·· 219
  - 5.5.3 精益设计的管理课题小结 ·············· 224
- 5.6 精益设计和智能制造 ···························· 224

第6章 降本改善的道和人 ···························· 226
- 6.1 降本改善的道 ···································· 226
  - 6.1.1 降低成本的组织论 ······················· 226
  - 6.1.2 降低成本的方针管理 ···················· 226
  - 6.1.3 方针管理的关田法管理铁三角 ········· 228
  - 6.1.4 丰田汽车的方针管理实践 ·············· 229
- 6.2 降本改善的人 ···································· 231
  - 6.2.1 现场育人 ··································· 231
  - 6.2.2 做事育人 ··································· 232
- 6.3 降本改善落地的道和人 ························· 232

第 1 章

降本改善的原点

1.1 连续三年降低成本10%的故事

我曾经在一个企业指导降低成本（也称降本）的改善，连续三年实现降低生产成本10%，而且前提是不进行任何投资，仅通过管理达成目标。

这个企业是一个合资汽车整车企业，共七千多人，八个生产部门，在国内占有一定的市场份额。根据市场需求和内部管理情况，企业总经理提出了降低制造成本10%的要求。

这个企业当时已经有近二十年的合资历史，期间每年通过持续改善和一些投入，从成本、效率和质量上已经取得了很多成果。对于总经理提出的降低10%的生产成本，大部分人员都感觉十分困难。因为每年都在降本，现有的生产成本已经降低到了非常低的程度，在这个基础上再降低10%，感觉有点不可能。

当时我已经在这个企业指导精益生产改善一年，对企业的情况十分了解。实际上，在企业的整个管理过程中，还存在着很多浪费，还有很多可以改善的地方，降低成本是这个工厂经营上的重大课题。降低制造成本10%我认为是可行的。在降低成本的开始阶段，这个七千人的企业，只有总经理和我相信是可以降低制造成本10%的。

我和八个生产部门的主要领导讨论了如何降低成本的问题，同时也在生产现场和他们共同调研、分析了现场的浪费和主要的改善点。这个过程重点是对管理过程的浪费进行调研分析，并在不进行任何投资的情况下，仅考虑如何通过管理改善降低成本。

在调研分析的基础上，八个生产部门各自开始了对自己部门降低成本的分析和改善方案的制定。大家以管理改善为主，从制造直接成本和制造效率两个方面着手，边分析，边制定改善方案，边进行改善。

制造成本的管理降本改善涉及生产领域、物流领域和采购领域，需要从这些领域的材料、标准、流程、执行等诸多方面寻找管理浪费，制定改善方案并实施。

改善过程是十分艰难的，但最艰难的是对管理浪费和管理改善的理解。之前虽然也进行了一些降低成本的改善，但是大都依赖于技术的投入、工艺的升级等投资手段得以实现。这些改善成果的维持，以及进一步的持续改善，就需要管理的进一步标准化，管理的进一步强化，管理的进一步革新。对这一点我和总经理一直在引导企业的员工，使其在改善的实施过程中不断理解、不断掌握。

在现状分析调研和制定改善方案阶段，企业中很多人也逐步认识到了管理的浪费和通过管理改善可以降本的可能性。

第一年，通过不断进行降本的改善实施，不断发现深层次的管理浪费，不断考虑和实施管理的改善和创新，终于在年底完成了年度降低制造成本10%的既定目标。

第一年降低制造成本10%的改善活动的成功，使企业上下第一次认识到了管理改善的重要性和可能性，激发了企业全体人员进行管理改善的信心和热情。

我通过对项目的指导和共同实施，深刻地认识到，第一年降本制造成本10%的可喜成果是企业全体人员的努力，也是八个生产部门领导的正确引领，作为指导老师也感觉十分欣慰和高兴。所以年底，我专门请了八个生产部门的一些关键人员，去日本料理餐厅进行了一次聚餐，庆祝第一年的项目成功。大家都非常高兴，共同回顾了这一年的改善工作，边喝酒，边聊天。后来餐厅的经理来找我说"对不起，今天的店里的日本清酒都被你们喝光了，下面只有茶水了。"大家听后都笑了起来。那一晚大家都非常尽兴。

有了第一年的经验和信心，接下来便是连续两年的降低制造成本10%的改善活动。

该企业通过三年的降低成本的改善活动，消除了大量的管理浪费，也培养了一大批降低成本的人才。在大幅度降低产品制造成本的同时，提高了企业的核心竞争力。

1.2 我的精益人生

我从20世纪80年代开始加入日本能率协会，专业从事精益生产的咨询指导，已经走过了三十五年的精益实践之路。期间指导了几百家企业的精益现场改善，其中，既有制造业企业、物流业企业、流通业企业，又有事务性组织等。三十五年的精益实践之路，使我可以利用这个机会，再重新思考一下精益，以及精益的原点。

从事精益指导以来，我一直和我的客户一同学习，一同分析，一同改善；和客户一起理解精益，一起感悟精益，一起成长。在几十年的精益生产工作中，有成功，也有失败。这些成功和失败，都是我的经历、经验和感悟，这些经历、经验和感悟的沉淀，就是我今日的精益财富，也使我深深认识到精益不是学习出来的，而是做出来的，是日积月累改善成果的积累。所以精益的改善落地是实现精益的关键所在。

改善的落地点是QCD，即质量（Quality）、成本（Cost）、效率（Delivery），是企业真正的核心竞争力。我在几十年的工作中不断摸索出一些消除浪费、提高效率、降低成本、保证质量的改善落地的实战经验，我把它称作关田法（KANDA METHOD）。在这本书中，我将结合我在工作实践中的经验和感悟，专门和各位共享降本改善落地的关田法。

在我接触的很多企业中，我发现大多数企业关注硬件和企业资源计划（ERP）系统，依赖系统的倾向比较强，追求高大上。对管理，对人为因素的问题反而关注较少。

我们曾经有过大量引进国外先进设备的时代，花费了巨大的资金和资源，但是这些先进设备是否真正成功地被使用、是否真正高效地实现生产，是一个值得思考的问题。我觉得我们需要的不是最好的设备，而是最适合的设备。我参观丰田名古屋工厂时发现，那里基本看不到什么最先进的设备，但是却能生产出一流的产品，因为丰田汽车有着一流的管理。

我们有很多企业热衷于ERP系统的导入，认为只要导入ERP系统，管理效率就会提高，管理精度就会提高。但果真是这样吗？如果我们的生产流程存在大量的浪费，如果我们的管理存在大量的不合理，并且这些都被纳入ERP系统，我认为这是"带病吃补药"。要知道ERP只是锦上添花，却不是治病良药。

在从设计、采购、制造、流通、使用到回收的制造链中，在关注管理，关注其中的浪费和不合理，关注人的因素方面，我觉得我们的企业还有很多的课题和问题。

精益生产在组织中的实施，应该有两个成果：一是实际的QCD成果；二是培养出一批能够进行改善的人才，而后者尤为重要！

在现场实践精益，在现场精益育人，我的行动准则是：精益为本，落地为实。

精益不是方法，而是思想，是彻底消除一切浪费思维方式转变的改革！

彻底消除浪费，提高效率，降低成本，保证质量等一切都要在现场才能得以实现！

企业精益管理不是一时一事的项目实施，而是企业从上到下持续改善的精益"长征"！

1.3　成本和浪费

在实际工作中，影响成本的因素有两大方面。

1. 标准成本的设计

产品、工艺、流程在设计过程中的合理性、有效性、可操作性是决定成本的关键要素，不合理、低效、操作困难的设计，就是浪费。降低成本就是要消除这些浪费。

2. 标准成本设计的执行

在实际工作中，生产计划的完成度、产品的合格率、材料的利用率、人员的劳动生产率、设备的有效开动率、能源的单位消耗量等都存在着大量的不合理和浪费。降低成本就是要消除这些浪费。

精益生产的思想就是彻底消除一切浪费。这一点，丰田做到了极致。这种极致也体现在商品的成本上、服务的成本上、经营的成本上。

精益生产的改善，就是要针对上述谈及的浪费进行落地的改善，取得落地的成本。拧干的毛巾再拧出水来，这就是形容丰田汽车的降本改善，更何况我们有些毛巾就是水淋淋的，更需要我们去拧干，再拧干。拧干毛巾就是在成本上进行彻底消除浪费的改善，从而赢得市场，赢得客户。

1.4　丰田生产方式的成本和利润

丰田汽车的副社长大野耐一先生在1976年出版的《丰田生产方式》一书中指出："所有制造企业的利润都是通过降低成本获得的。"

成本加利润决定着产品价格，这种"成本主义"的价格又转嫁给了消费者，但对现代企业而言，是行不通的。消费者从不考虑产品的成本是多少，他们关心的是该产品对自己是否有价值。假设由于成本过高而导致定价昂贵，消费者就不会问津。

对社会性强的制造企业而言，为了在自由竞争市场中不断发展，降低成本才是上策。

20世纪70年代初期的世界石油危机使各国的产业都受到了很大的冲击。在当时的大环境下，丰田汽车却取得了一定的增长，这使丰田汽车及其生产模式受到了世人的瞩目。

2020年，全球汽车行业受新冠肺炎疫情影响普遍出现了负利润的情况，丰田汽车在全球的销量也下降了31%，但丰田汽车仍然盈利，是全球汽车行业中唯一盈利的企业，在2020年4~6月实现了约15亿美元的净利润！

对这一事实，丰田汽车也做了报道。为什么在这种情况下丰田汽车仍然能保证盈利呢——因其一贯的宗旨：彻底消除浪费，包括：

1）减少管理经费，主要是从管理上和运作上着手。

2）提高作业效率，包括人的效率、设备的效率、计划实施的效率。

3）提高物流效率，包括从采购到库存，再到上线的全物流链接的效率。

4）提高能源效率，消除设备、照明、燃气、工业用水等方面的浪费。

同时最大限度地优化了材料的使用，提高了产品质量和工作质量，从而进一步缩短了制造工期，所以丰田汽车保证了企业的盈利。

从丰田汽车降低成本的改善工作中，我们并没有看到什么特殊的东西，有的就是几十年的持续改善、几十年的持续消除浪费、几十年的持续降低成本。如果说丰田汽车有什么降本神器的话，我认为就是"持续改善"，只有开始没有结束的"持续改善"。

丰田汽车的历史已经近百年，这近百年的历史，也可以称作丰田汽车的百年改善史。

有些企业说：我们已经成功地导入了丰田汽车的生产模式！我们已经成功地实现了精益生产转型！我们已经实现了精益化经营！可丰田汽车发展近百年了，现在，仍然还在持续改善的路上，还在不断创新的路上，还在继续降本的路上。

我认为的丰田生产方式就是：
1）做好每天的工作，认真负责。
2）做好每天必要的工作，消除浪费。
3）科学、高效、务实地做好每天必要的工作，持续改善。

在 1990 年美国出版的《改变世界的机器》(*The Machine That Changed the World*) 一书中，把以丰田生产方式为代表的生产方式定义为精益生产方式。

1.5　降本与质量

"降低成本，就会牺牲一些质量，会减少一些过程，改变一些工艺和材料，这样势必会造成质量的下滑。""高质量需要高成本。"我们有时会听到这样的声音。这是十分错误的认识，也是对降低成本最大的认识障碍。

精益生产方式就是在保证质量的大前提下，提高效率，降低成本。

大野耐一先生在《丰田生产方式》一书中说到："提高效率，降低成本，就是要彻底消除浪费！"降低成本，不是削减过程，不是改变工艺，不是减少材料，是消除浪费。大野耐一先生在书中列举了七大浪费，其中就有："制造不良品的无效劳动和浪费"。

制造不良品的无效劳动和浪费包括因操作失误产生的不良品，因质量标准的不清楚造成的不良品，因设备工装等故障等造成的不良品，等等。同时为了处理这些不良品，也会产生一些返工和修理等工作，造成材料、人力等的成本浪费，这就是制造不良品的无效劳动和浪费，是质量方面的浪费，是需要通过质量改善减少这些浪费，降低成本。

如果这些不良品在组织内部没有得到很好的控制和解决，流向市场，流到顾客处，就会造成因额外的质量问题引发的索赔、退货乃至诉讼等，从而带来额外的成本费用，这些也是质量方面的浪费，是降低成本过程中需要改善的质量方面的浪费。

所以，从质量的角度降低成本，就是降低和消除制造不良品的无效劳动和浪费。

具体做法首先要从源头的内部发生的质量问题入手进行改善，例如可以从废品、不良品、返工浪费的这些质量问题的改善入手。可以采用关田法的3N质量方法（可参见《精益落地之道——关田法》一书），对过程中的每个环节实行个性化的3N质量方法，保证每个环节的工作质量，进而保证产品质量。其结果就是减少因废品、不良品和返工等造成的质量成本的浪费。

通过以上改善，可以减少质量问题的流出，也就减少了质量问题的处理费用（包括索赔、退货、诉讼等），从而也就降低了这一部分浪费成本。

在多年的实践中，我又认识到了另一种潜在的无效劳动和浪费：选配。

我曾在一个生产轴承的企业进行降低成本的改善项目指导。轴承主要由四个部分组成：外环、内环、钢珠和支架。轴承的外环和内环中间夹有钢珠，钢珠外部用支架固定。

在轴承装配过程中，工人要对外环和内环进行选择性装配，有些可以装在一起，有些则装不上，追其原因，是因为外环和内环的加工公差波动比较大，如此就要增加选配环节，增加人工和时间。

我曾经在海外也指导过的一些轴承企业的改善，有些轴承企业没有这种情况，外环和内环不需要选配，只要合格的产品，就可以任意拿来进行装配，因为外环和内环的加工尺寸波动很小，不会出现选配的情况。

这种选配过程本身，虽然没有产生不良品，但是有潜在的质量成本浪费。

后来这家生产轴承的企业，对装配环节的上道诸工序进行了改善，特别是在机械加工环节，进行了详细分析，制定了改善对策，并加以实施，基本解决了选配的问题，减少了不必要的人力、设备等浪费。

综上所述，不是增加设备，也不是生产投入，而是消除生产中因质量问题造成的成本浪费，就是改善"制造不良品的无效劳动和浪费"。

大野耐一先生在《丰田生产方式》中又进一步说到，"不合格"的意义不仅限于"不合格零部件"。假如扩大到"不合格的操作"来加以考虑，那么"必须是100%的合格品"的含义，就更加明确了。

这里提到了"不合格的操作"，就是工作质量。

在改善制造不良品的无效劳动和浪费的同时，工作中要充分沟通产品有关的各个环节，把客户的需求、投诉和市场反馈及时有效地反馈给各个部门，同时和各个有关部门共同讨论和实施质量的改善，坚持既定的质量标准，严格控制好质量问题的发生。

积极、正确收集客户、市场的信息，随之掌握对产品的认知。积极主动做好面向客户、市场的服务，把每个投诉处理、修理都看作是一次积极营销的过程，取得客户市场的好评，这些就是工作质量。

通过以上的改善，既可以提升质量水平，又可以减少或者消除这一部分的浪费成本。

精益生产的QCD改善是同步改善的，是同步的管理改善，是精益生产的核心改善和落地点，也是关田法研究和落地的主要内容。

上述就是降本改善中的质量问题造成成本浪费的分析和改善内容。

1.6　降本与生产

降低成本是否只是生产部门的事情？

在我曾经指导过的一些企业中，一谈到降低成本，各个部门就会针对生产部门制定各种规定，各种指标，并且按这些规定和指标要求生产部门进行降本改善。

但是降低成本不只是生产部门的事情，更是全公司的事情，更要包括生产以外部门的全力配合，乃至管理部门积极行动起来，只有从各自部门开始进行降低成本的改善，才能真正实现成本的降低！

在本章的第一节我谈到的降低制造成本10%的改善，就是涉及了生产、采购和物流等与生产有关的诸多部门，才取得了连续三年降低制造成本10%的改善，这十分重要。

降低成本，如果只是单纯地对生产部门提要求，这种做法本身就不是在降低成本，而是在推卸责任。这种狭义的降本会产生两个方面的弊害。

1. 会影响生产部门降低成本的积极性

生产部门是执行部门，实际上有很多生产成本的浪费是其他管理部门直接造成的。

例如生产问题的解决。生产部门遇到一些生产实际中的问题，向有关部门进行了汇报，希望能够得到及时解决。但是到了这些部门，首先就是走流程，并且这个流程不知要走到哪里，走到何时？在此期间生产部门也只能带着问题进行生产，因为生产不能等。

例如缺料、错料。在生产过程中，缺料会造成生产的停止、等待。由于物料错误投放，会造成错误的生产，从而造成返工，以及不必要的浪费。

例如设备故障处理。在现场经常会看到有些设备因故障停在那里，对生产造成了极大的影响。这些停止的故障设备何时能恢复，何时能正常生产，生产部门大都不知道。追问领导，领导也推辞正在分析。我曾经历过2个月的设备故障停止，严重地影响了生产，是很大的浪费。

诸如人事部门、财务部门、设计部门、销售部门等，也都会影响到生产部门的生产成本。

所以，狭义地要求生产部门降低成本，会影响生产部门降低成本的积极性。

真正的降本应该是全制造链的降本。

2. 忽视了全制造链的降本

一个产品最终走向市场，走入客户的使用场所，经历了许多环节。

对于企业来讲，有产品的规划、设计、采购、物流、制造、销售、售后服务等，这其中包括了各种部门，有一线的部门，如生产、销售、维护等，更包括更多的管理部门，如人事、财务、技术等，要考虑从各个环节消除浪费，降低成本，才能实现真正的降本。

成本大都在制造链的源头发生，降低成本的重点在源头，降低成本的重点在管理。所以存在单纯地考虑了生产环节的降本，忽视了全制造链的降本，忽视了管理的降本的现象。有关全制造链的降本，将在本书后续详细论述。

总之，企业降本，不只是生产环节的降本，更是全制造链的降本，各个部门全部参与的降本，并且要首先考虑管理降本，管理降本也是关田法的核心思想。

1.7 降本与采购

在改善指导工作中，也存在一些采购部门的降本改善。其中有些企业采购部门的降本改善，只是把压价作为降本的主要手段。我认为这是错的！

为了降本，有些企业的采购部门会向供应商提出降低价格的要求，或者重新设定采购合同，或者中止采购合同等。当然面对这种情况，也会有些供应商同意降本，但其中也存在着许多无奈。但这种无奈有时又会传递到供应商的供应商。

这种片面地追求在采购环节的压价，就会产生很大的原材料质量风险，而且这种风险会造成生产环节的成本上升、销售部门费用的增加、客户满意度的降低，最终导致整个价值链的成本增加。

当然，在有些场合的压价可能也是一种降低成本的手段，但究其原因还是因为我们在采购当初没有和供应商进行充分的沟通，没有对供应商供货进行科学的核价，因为有很多采购人员没有核价经验和能力，所以当初设定的采购价格、采购方式本身就存在着不合理的地方，也就是存在浪费。

所以消除这种浪费，并不应单纯压价，而是应该提高我们采购人员的工作能力，即沟通能力和核价能力。单纯地压价，是我们采购部门的管理问题和人员能力有问题，只是简单粗暴地利用买方市场的强势地位，对采购成本盲目压价，会导致原材料品质下降，最终只会导致表面的降本，并没有真正地降低成本。

有关这一内容将在本书的相关章节详细论述。

1.8 降本与管理

为做到降低成本，有些企业会考虑导入一些高科技的技术手段来实现，例如引进 ERP 系统，希望通过先进的技术手段来降低成本，例如采用一些先进的生产设备、先进的物流设备来代替人的工作，期待通过减少人力成本，提高生产率来降低成本。

在某种意义上，这些方法也许可行。但是这些导入和维护本身就需要高额的成本，这些成本就会直接给经营成本造成压力。同时如果自己的管理系统中存在很多管理制度的问题、存在很多管理标准的问题、存在很多管理执行的问题，即使导入和采用这些高科技的手段，先进的设备也不完全会正常地运转起来，同时也会在企业内形成花钱降本的怪象。

降低成本，首先要在管理上考虑降低成本。应基于现状，通过管理的改善来降低成本，这才是丰田生产方式降低成本的核心，这才是企业真正需要的降本，也是关田法的降本核心。

管理降本是不花钱、少花钱，办大事的科学方法，也是我多年来在企业指导降低成本改善的核心技术和核心思想。

不花钱办事是本事，花了钱办事只是形式。

不花钱办事，需要努力，需要下功夫。

我们看大野耐一先生的《丰田生产方式》一书，书中谈了很多改善的事情，谈了很多降低成本的事情，但没有一处是谈如何买先进设备、导入控制系统，来消除浪费，来降低成本的。丰田生产方式就是通过管理来消除浪费，提升效率，保证质量，降低成本。

管理降本，需要全员参与，全员降本，需要从每一个人做起，从每一个环节做起。从大处着眼，从消除着手，持续降本。

通过管理改善的降本，才能真正锻炼和培养一大批能够改善、能够降低成本的人才。只有通过持续管理降本，才能形成高效率、高质量、低成本的经营体制和企业文化。

1.9 智能制造和降本

1.9.1 智能制造的目的

我曾参加过一个会议，其中谈及了包括智能制造等科创企业的盈利情况。很多企业在导入智能系统以后，盈利能力应该有所提升，一般的认知是科创企业的盈利能力应是传统企业盈利能力 3~4 倍。但是实际上，有一些科创企业与传统企业的盈利能力持平，并没有提高，但是成本却增加了。这显然不是智能制造的初衷。

现在谈到智能制造，其直接体现就是导入机器人和智慧系统。当然你能看得到的主要是机器人、智能设备，但在背后还会有巨大的控制系统、辅助机械和整体方案等。这些都需要巨大的成本，其实机器人、智能设备本身占总体智能制造投入成本的比例并不是很大,巨大的成本主要是在方案和控制系统方面。但不管如何,导入机器人、智能设备,都需要投入巨大的成本。

福耀玻璃工业集团股份有限公司(福耀玻璃集团)创始人、董事长曹德旺先生在2020世界智能制造大会上发表讲演的标题是:《智能制造要以降本增效为目标》。

曹德旺先生在讲演中说:"互联网时代,智能制造引领了制造业高质量发展。但企业推动智能制造,为的是提高产品质量、降本增效,一定要认真评估投入产出比例。企业在高科技应用推动智能制造的过程中要掌握好时机,过早便容易背负巨大包袱,不能为了智能而智能。建议企业在推进智能制造前,要认证评估投入产出比例,不能为了转型升级而盲目推进,使企业经营陷入困境。"

导入智能制造系统,不是为了做样子,不是为了自动化,核心是为了更高的质量、更低的成本。但是如果单纯地认为引进智能制造系统就会降本了,这种想法是非常错误的。如何导入智能制造,在哪个环节导入智能制造,也是一个科学的问题。同时在导入时更要充分进行成本分析,考虑如何达到降低成本的目的。

另外,导入智能制造系统也不应该是一气呵成的,一定要不断优化,不断根据实际需要进行智能制造的导入和实行。同样在世界智能制造大会上,浙江吉利控股集团有限公司(吉利)的李书福先生就说:"智能制造产业链很长,从技术规划、工艺选择、设备选型,到芯片设计、芯片制造、商业模式探索、生产数据累积与利用、软件设计、系统应用、网络架构规划、多种链接协议的对接,以及正确评估、确认自身处于智能制造的哪一个阶段,科学规划,分步实施等,所有这一切都离不开基础理论的研究、基础工业的发展、基础人才的培养。"

智能制造并不是单纯导入了智能制造系统,因为企业是一个有机体,有人、物、管理、标准等,所以要整体考虑智能制造的导入和实施。同时更重要的是基础理论的研究、基础工业的发展、基础人才的培养。没有与智能制造相匹配的人才队伍,没有与智能制造的管理提质,引进智能制造会增加成本。这不是智能制造的初衷。

降本增效才是衡量智能制造的标准,所以需要综合考虑,什么地方需要机器人,需要什么样的机器人等。

智能制造的目标是更低的成本,更高的质量,更高的效率。否则,智能制造就是浪费。

1.9.2　智能降本改善

丰田生产方式的最大特点就是持续改善。改善(KAIZEN)现在已经成为世界标准用语。

在生产现场不断发现问题,不断改善问题,不断标准化的循环,被称为持续改善。

戴明先生提出改善的戴明环 PDCA（计划、执行、检查、处理），PDCA 循环既适用于解决企业整体的问题，又适用于解决企业各部门的问题，也适用于解决班组或个人的问题。它的四个阶段并不是孤立运行的，而是相互联系的，戴明环是一个循环封闭的环。PDCA 这四个过程不是运行一次就完结，而是要周而复始地进行。一个循环完了，解决了一部分的问题，可能还有其他问题尚未解决，或者又出现了新的问题，从而再进行下一次循环。这也是持续改善的概念。

以往的生产系统是这样，现在的生产系统也是这样，今后逐渐实现智能生产系统、智能生产设备、智能生产管理，同样也需要不断地发现问题，解决问题，同样需要 PDCA。

从这个角度上考虑，就出现了智能持续改善的课题。

不但需要智能设备进行制造，同时也需要智能改善。现在这些工作大都由人来进行，希望今后可以智能系统和设备来进行诊断、改善，由标准化的智能系统对智能制造进行持续改善。

日本庆应义塾大学，管理工学科正在尝试研究持续改善型的智能设备和系统。对现场进行分析改善，经常会用到 IE 技术，我把 IE 定义为：浪费的定量化和改善技术。为此，应使智能设备深度学习和掌握 IE 的定量分析技术，将 IE 的改善技术进行系统化，从而形成智能改善系统和改善机器人。这些智能改善系统和改善机器人能够对智能系统和设备的工作情况进行定量分析和改善。

在试验中，采用机器人进行堆积木的工作。对作业的机器人进行作业分析，寻找作业的浪费点（即可改善点），通过对作业机器人的工作方法、工作顺序、积木的投放方法等进行改善，可使作业机器人堆积木的工作时间从原来的 243s，降低到 121s。

这只是一个初步的试验，远景是十分可观。智能改善的应用必将会提高工作效率，降低成本。

1.10　全制造链的降本

全制造链的降本如图 1-1 所示，其中有三个阶段，即：规划成本、设计成本和实际成本。

1.10.1　规划成本

规划成本，在日本被称作原价企划（GENKA-KIKAKU），是指对特定的商品设定原价目标，为达成原价目标，在企划的初期阶段，进行综合分析和管理，是广义原价管理（COST MANAGEMENT）的重要要素。

在规划成本中，包括成本战略和成本规划。成本战略所包括的环节如图 1-2 所示。

```
                        全 制 造 链 降 本
     ←――― 规划成本 ―――→ ←――― 设计成本 ―――→  ←――― 实际成本 ―――→
```

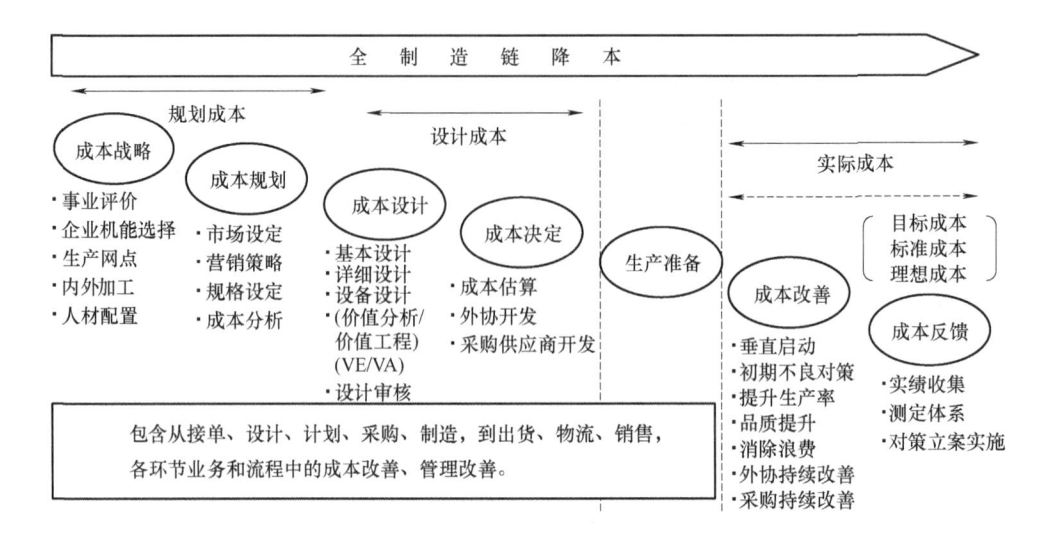

(成本战略)
·事业评价
·企业机能选择
·生产网点
·内外加工
·人材配置

(成本规划)
·市场设定
·营销策略
·规格设定
·成本分析

(成本设计)
·基本设计
·详细设计
·设备设计
·(价值分析/价值工程)(VE/VA)
·设计审核

(成本决定)
·成本估算
·外协开发
·采购供应商开发

(生产准备)

(成本改善)
·垂直启动
·初期不良对策
·提升生产率
·品质提升
·消除浪费
·外协持续改善
·采购持续改善

[目标成本
 标准成本
 理想成本]

(成本反馈)
·实绩收集
·测定体系
·对策立案实施

包含从接单、设计、计划、采购、制造,到出货、物流、销售,各环节业务和流程中的成本改善、管理改善。

图 1-1　全制造链的降本

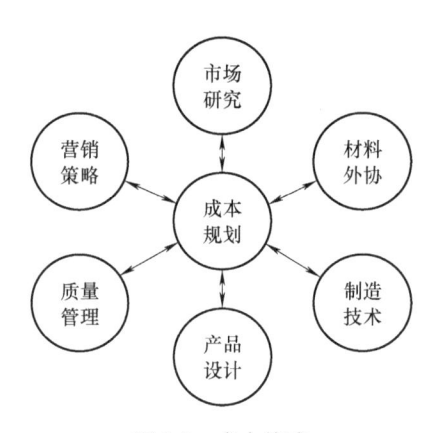

图 1-2　成本战略
(市场研究、材料外协、制造技术、产品设计、质量管理、营销策略 围绕 成本规划)

围绕今后的成品,以市场为核心,从企业自身的材料、营销、质量、制造和产品设计等出发,进行规划。

这里要提一下丰田生产方式的大部屋(OBEYA)。以丰田为代表的很多企业,在成本规划阶段,就进入大部屋的管理模式。

大部屋是指图1-2中所涉的各个部门参与产品的人员都集中在一处进行工作。各个部门的人员从各自的角度,围绕今后投入市场的产品,进行综合分析和成本规划。

大部屋的特点:

(1) 提前介入　全制造链降本有一个最基本的原则,就是——在产品开发阶段，生产制造的有关人员就参与进来，一起在同一个大部屋围绕一个产品共同进行分析和设定。这样在产品规划的源头就考虑到了生产制造的过程和成本。以这个提前介入方式的思维，质量、销售、采购等部门的有关人员也一同参与全过程的分析和设计。

（2）提高信息共享、问题共享、进度共享

1）都在一个大部屋中工作，能起到快速沟通和决策的作用，可提升沟通和决策效率，缩短项目周期。

2）消除和降低职能部门间的壁垒，都是为一个产品或项目负责，聚焦于产品，有共同的目标；可起到多方论证的作用，集思广益，增加产品上市后的成功概率。

3）同时将进度、状态和关键问题可视化，对优先事项达成共识，将绩效、问题和影响进行挂钩，提供决策支持，提高解决问题的有效性。

大部屋的最高领导是主查。这也是产品开发设计的一个制度，称作主查制度。

主查是管理职务，不是技术职务。所以主查不需要非常精通技术，主要通过管理在保证成本合理的情况下，提高产品开发的效率和质量。

丰田汽车的丰田英二社长定义的主查是："主查是产品的社长，社长是主查的助手"。

成本规划主要包含的工作如图1-3所示。

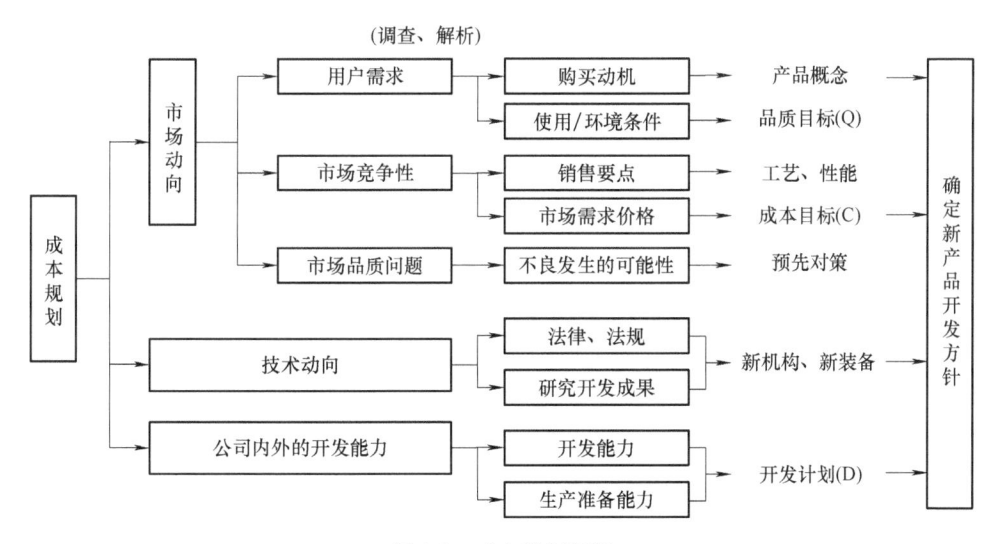

图1-3　成本规划框架

在这个阶段的输出是：产品概念、品质目标（Q）、成本目标（C）和开发计划（D）。

1.10.2 设计成本

设计成本阶段主要包括两个方面，产品的设计和供应商的开发。

1）产品设计根据成本规划阶段设定的产品概念、品质目标、成本目标（C），遵照开发计划，实现具体的产品设计。这个设计过程当然也在大部屋内进行，以设计人员为核心，在其他部门的有关人员参与下完成产品的设计。

2）供应商开发同步于产品设计，根据规划成本阶段设计的产品概念、品质目标、成本目标进行供应商开发和确定。

1.10.3 实际成本

产品完成审核后，正式进入生产阶段。

这个阶段包括三个主要管理和改善内容。

（1）产品批量的爬坡阶段　在这个阶段，时间越短，成本越低，效率越高，要及时解决初期的质量问题。这个阶段的降本方向就是如何实现垂直启动。

（2）外协持续改善和采购持续改善　在规划成本阶段，设计成本阶段的一些潜在风险和问题的持续改善应加以注意。

（3）爬坡阶段和正式量产阶段后的持续降本改善　追求新的目标成本，设定新的标准成本，不断争取现状情况下的理想成本。

1.10.4 全制造链的降本阶段

全制造链的成本大部分发生在上游，在规划成本和设计成本阶段就决定了成本的90%以上，所以在这个阶段降本是十分重要的。

量产阶段是设计成本的保证阶段，理论上这个环节可以控制的空间是有限的。但实际状况是量产阶段仍然存在着大量的可改善空间和课题。这里包括两个方面：标准执行的浪费和前期规划造成的浪费。

1. 标准执行的浪费

主要体现在QCD的浪费上。例如不良的发生、处理和返工及引发的材料、人力、时间、设备等的浪费；例如能源的泄露，在制品、库存等的成本浪费；例如计划执行、物料供应、产品切换等造成的等待、效率的浪费。

以上诸多浪费有时会远远超过设计的标准和范围，最后造成成本的压力。这些都是降低成本必须要考虑的改善对象。

2. 前期规划造成的浪费

我曾经指导过一家企业，车间经理每天在车间里开着电瓶车，到各个地方去确认、开会。问他为什么？回答我说："因为场地过分大，走路来不及，所以企业给每个车间经理配备了电瓶车。"

是不是一定需要这么大的场地？我也仔细看并分析了一下。实际上，很多空间放着在制品和材料，占用了空间。特别是车间内的一个中间转运库，堆放了近一个月的中间物料，这些空间都是不创造任何价值的空间。

车间内有很多相互独立且距离较远的工序，这些工序之间的产品转运大都采用叉车。这样就形成了很多不创造价值的搬运工作，同时也占用了大量空间等。这是前期规划造成的浪费。

这种情况，很难进行大规模的改善，但是成本浪费确实十分巨大。为此和工厂的各位领导及工人们共同协商，从减少在制品和工序工艺布局改善，减少不必要的浪费。

这种改善是有一定效果，但是对于已经形成的工艺布局，已经形成的厂房设计而言，这种改善需要相当一段长的时间，并存在一定的难度。

所以这一部分的浪费改善，要随时汇总反馈到今后的产品设计、工艺设计中去，以消除这些浪费。当然也就需要超前参与的产品设计和工艺流程设计，使生产制造、物流，乃至销售的功能超前介入产品的规划和设计。

1.11　全制造链的降本落地

关于降本改善落地，关田法的关键词是落地。

战略是方向，战术是方法和行动。降本改善落地之道——关田法是降本的落地方法和行动。

战术的方法和行动一定要有实际的结果，这个结果就是战术的落地，真正能够实施，真正能够拿出实际效果，真正能够持续降本。

企业持续降本，绝没有什么吃了就会大幅度降本的特效药。

企业持续降本，就是要从滴水成河的视角出发，就要进行每一个环节、每一个岗位、每一个动作的持续降本改善。

企业持续降本，就是要从大处着眼，小处着手，持续改善每一台设备的成本、每一个物品的成本、每一个工具工装的成本。

企业持续降本，就是要形成人人参与的降本文化，从高层领导做起，从管理做起，从每个人做起。

我几十年的改善指导工作，其中也包括了很多的降低成本的改善指导工作，都是按以上的思想和方法进行的。好高骛远、眼高手低的降本改善，是很难做到降低成本的持续改善的。

综上所述，本书将从降本落地的角度出发，阐述企业四大环节的落地降本方法和案例剖析，即：

1）生产阶段的降本落地。

2）物流阶段的降本落地。

3）采购阶段的降本落地。

4）设计阶段的降本落地。

这四个阶段的降本方法和案例剖析的核心是落地,不是理论,不是讨论,是可以拿来操作的方法和实际参照的案例。

降本改善的原点就是消除全制造链中各个环节的浪费,是管理改善,是全员参加的持续降本改善,是人才培养的持续降本改善。

第 2 章

生产环节的降本改善

2.1 生产成本的要素和改善

2.1.1 生产成本三要素

生产成本三要素为材料费、劳务费、经费,见表2-1。

表2-1 生产成本三要素

成本	内容	比例
材料费	生产产品所需要的原材料、零件、工具、工装等	约占成本的70%
劳务费	用于人力方面的成本,包括工资、奖金、劳保、福利等	约占成本的10%
经费	包括折旧费、专利费、动力等	约占成本的20%

2.1.2 生产成本三要素的分类

1. 直接成本和间接成本

生产成本三要素中,有些是直接用于生产的,包括工人及其他直接参加生产的人员的人工成本、生产设备的成本、原料的成本等;有些是间接用于生产的,包括管理人员、技术人员的人工成本、分析测量用的仪器的成本、设备的维护保养费用等。

2. 变动成本和固定成本

生产成本三要素有些是与产品数量有关的,如工人的投入时间、材料的投入数量、设备的开动时间等,它们是变动成本;有些是与产品数量没有关系的,如办公人员的固定工资、生产设备折旧费等,它们是即使没有任何生产,也会发生的固定费用,是固定成本。

根据以上的区分,生产成本三要素可以分成四类,如图2-1所示。

	直接成本	间接成本
变动成本	直接变动成本A： • 直接用于生产 • 与生产数量有关 • 变动发生 • 包括工人的人工成本、材料成本等	间接变动成本C： • 间接用于生产 • 与生产数量有关 • 变动发生 • 包括质检、动力等
固定成本	直接固定成本B： • 直接用于生产 • 与生产数量无关 • 固定发生 • 包括办公人员固定工资、生产设备折旧费等	间接固定成本D： • 间接用于生产 • 与生产数量无关 • 固定发生 • 包括技术人员及管理人员的人工成本、办公设备的成本等

图 2-1 生产成本三要素的四个区分

2.1.3 成本改善关田法的核心

变动成本是直接创造价值的成本，是可以看得见的成本，所以也是我们改善的重点。固定成本是不直接创造价值的成本，即使企业不生产，也会发生的成本。固定成本的增加，会直接增加成本的压力，这种压力就会直接反映到产品的价格上。

关田法成本改善的策略是，以直接变动成本为切入点，带动其他成本的降本改善。

从生产的环节进行降本改善，主要将以下方面作为切入点：材料、能源、工装、设备、人员、不良、外协等，如图 2-2 所示。

下面针对这些切入点，根据我的实际指导改善经验，分节叙述降本的落地改善方法和案例剖析。

2.2 材料降本改善

2.2.1 材料降本改善故事

这是我曾经在一个企业进行降本改善指导时的故事。

这个企业冲压车间的原材料在冲压过程中剩下了非常多的边角料，我请车间的人测量了一下原材料的利用率。结果显示，原材料的利用率只有45%，剩下的就变成了废料。这个材料的浪费是巨大的！

针对这件事，我和车间的人组成了材料利用率改善小组，研究如何提高冲压环节的原材料利用率。

第2章 生产环节的降本改善

		直接成本	间接成本
变动成本		直接变动成本A： ・直接用于生产 ・与生产数量有关 ・变动发生 ・包括工人的人工成本、材料成本等	间接变动成本C： ・间接用于生产 ・与生产数量有关 ・变动发生 ・包括质检、动力等
固定成本		直接固定成本B： ・直接用于生产 ・与生产数量无关 ・固定发生 ・包括办公人员固定工资、生产设备折旧费等	间接固定成本D： ・间接用于生产 ・与生产数量无关 ・固定发生 ・包括技术人员及管理人员的人工成本、办公设备的成本等

直接变动成本 ⇩

```
降本切入点：直接参与生产成本（与产量有关）

材料：消除不良，提高材料利用率，
      辅材冷却液、机油、辅材、废品、刀具
能源：包括电、燃气、水等，进行油、气、水、
      电优化、采暖照明优化
工装：工具、刀具、模具等的降本改善
设备：提高设备有效开动率，减少设备故障，
      提高设备换型效率
人员：提高人的有效劳动生产率，消除无效工作，
      重复工作
不良：不合格品、废品浪费
外协：加工品的合理化等
```

图2-2 降本改善切入点

分析发现，因为很多产品的形状是不规律的，所以冲压下料时就会产生很多边角料。

这样就应该考虑是否可以把这些形状不规律的产品，寻找一个最佳的组合方式进行冲压，以期减少边角废料的损失。

经过多次方案设计，同时也对冲压模具进行了一些改善，最后使原材料利用率从45%提高到了78%，提高了材料的使用率。这个项目后来又开始寻找不同规格产品的组合，以寻求更高的材料利用率。

类似这种原材料的浪费，在不同的企业，不同的环节，会有不同的表现。我们希望采购进来的材料，都能够转变成产品，但实际上，大多数情况都做不到原材料100%的利用，不过可以通过一定的改善，提高材料利用率，降低成本。

2.2.2　材料降本落地改善的重点和管理

在生产成本中，占比最大的是材料成本，约占整个制造成本的70%。

所以降低生产材料成本，是最有效的，也是幅度最大的降本。材料成本的降低，就是在创造直接利润，就是在提高生产率和经营效率。

产品的设计确定以后，材料的材质、基准用量及加工、生产工艺就已经确定了。但是在生产加工、装配、检查等过程中，仍然会出现各种各样的材料浪费，使投入的材料不能百分之百变成产品。例如在材料储存、物流等过程中遗失、破损、变质；在材料使用过程中的废料、边角料、加工废料，这些都是材料的浪费。所以，在生产过程中如何高效、高质量地保证设计的材料基准，减少浪费，持续改善，是降低材料成本的重点。

实际上，生产过程中的材料成本浪费主要分为三个方面，即：

1）材料使用的浪费。

2）材料滞留的浪费。

3）不良产生的材料浪费。

材料浪费的结构如图2-3所示。

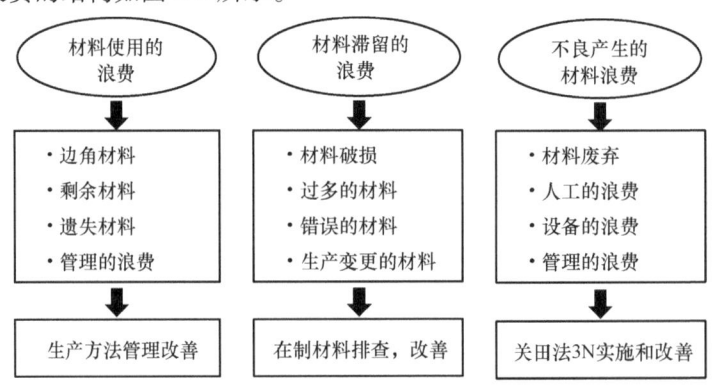

材料使用的浪费	材料滞留的浪费	不良产生的材料浪费
・边角材料 ・剩余材料 ・遗失材料 ・管理的浪费	・材料破损 ・过多的材料 ・错误的材料 ・生产变更的材料	・材料废弃 ・人工的浪费 ・设备的浪费 ・管理的浪费
↓	↓	↓
生产方法管理改善	在制材料排查，改善	关田法3N实施和改善

图2-3　材料浪费的结构

在本节中，生产环节材料的降本改善主要围绕材料使用的浪费和材料滞留的浪费两个方面，通过关田法的具体改善方法和具体实施案例，进行论述。不良产生的材料浪费，在本章的其他节论述。

2.2.3 材料使用的浪费降本落地改善

一般我们都是从供应商处采购原材料，如钢板、角钢、工程塑料等，再根据实际生产需要进行剪切、切削、打孔、研磨等加工。在这个过程中就会产生边角余料，产生浪费。合理地计划和加工原材料，就可以最大限度地利用原材料，减少浪费，降低成本。

根据以上原则，来看一下如何改善材料的浪费，提高材料利用率。

1. 最佳材料尺寸组合排样取料

这里考虑的是最佳材料组合排样，如图2-4和图2-5所示。

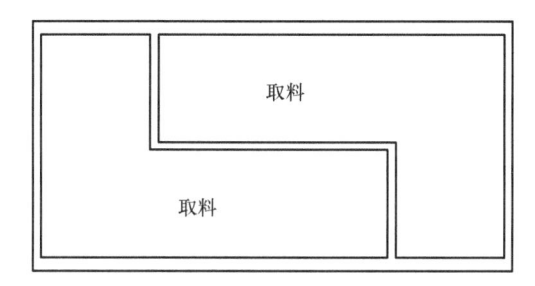

图2-4 同样零件板材的取料排样

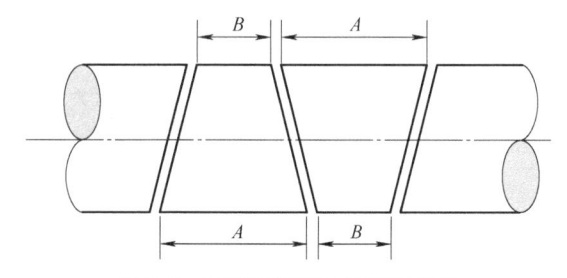

图2-5 同样零件管材的取料排样

零件大都是不规则的形状，使用原材料进行下料时取料的排样是提高材料利用率的重要手段。这里就要根据零件的形状和原材料的尺寸，分析研究最佳的排样取料方法。

以上两图是同样零件取料的方法，有时也可以根据几种不同零件的组合取料，提高材料的利用率。

2. 不同零件的最佳材料尺寸组合排样

不同零件可以在一块原材料中进行最佳材料组合排样，如图2-6所示。

图 2-6　不同零件板材的组合排样

零件 A 和零件 B 的组合排样取料会产生一部分边角废材，这时可以采用零件 A、零件 C、零件 C 的组合排样取料，使材料损失达到最低限度，在取材最佳化上下功夫。

3. 余料的再生循环使用

在有些加工过程中，会出现一些余料，如各种液体类、粉类材料等。这些物料在使用过程中，由于模具和设备的影响，以及工艺的限制，会出现一些余料，这些余料有些是可以重新回收再利用的。例如我在指导改善中应用的一个余料再利用案例（瓷砖压出成型加工），如图 2-7 所示。

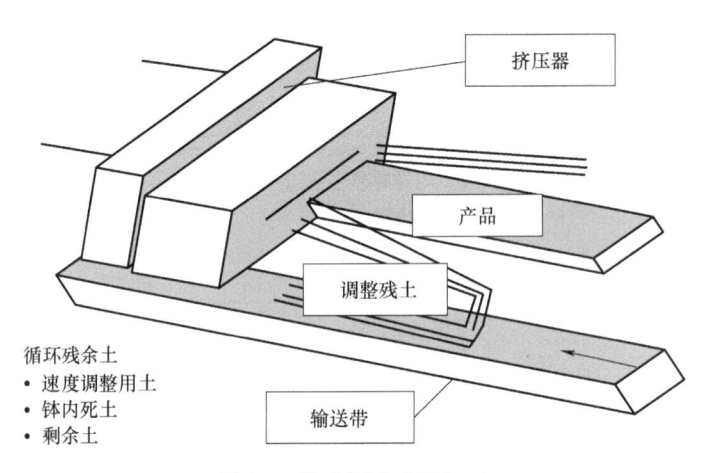

图 2-7　瓷砖压出成型加工

在瓷砖压出成型的过程中，周边会产生一些多余的瓷砖用料残余土，这些残余土可以重新回到压出成型的上侧，并再次利用。这样循环使用压出成型过程中产生的多余瓷砖用料残余土，能够提高瓷砖用料的利用率，减少材料浪费 10%。

4. 加工方法的改善提高材料利用率

在加工过程中，有些材料是为了保证加工、搬运等需要，而不得已多使用了一些。在这种情况下，如果对加工、搬运等方法进行改善，就有可能会减少或消除这些不必要的材料浪费。

下例是我实际指导的加工方法改善的案例。

在铝板上打孔加工。在铝板上要打很多小孔,但这会使铝板刚度变弱,所以为了能够保证加工过程中铝板的刚度,就需要放大一些取料,利用铝板周边的刚度,保证整个打孔加工的正常进行,如图2-8所示。

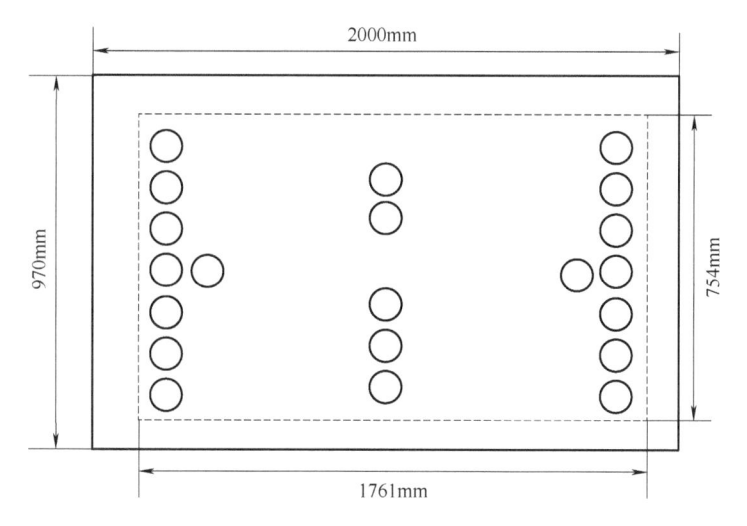

图2-8 改善前铝板取材和打孔

在图2-8中,实际需要的铝材是虚线部分的1761mm×754mm,但是为了保证铝板的刚度,放大了取材到2000mm×970mm,即图中实线部分。材料的利用率是68.4%(没有考虑打孔的材料损失)。

进行改善分析,铝板的刚度是在加工过程中随孔的增多而不断下降的。但是打孔的顺序如果改变,是否可以减少浪费的材料呢?根据这一思路,反复进行了多次试验,最终确定了以下打孔顺序和下料最佳方案,如图2-9所示。

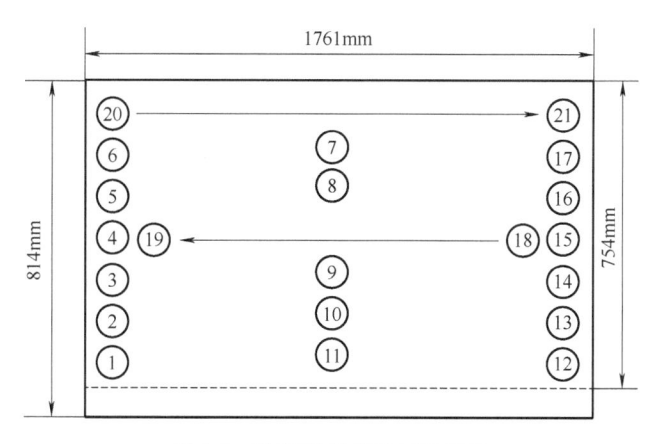

图2-9 改善后铝板取材和打孔

通过打孔顺序的优化改善，缩小了取料尺寸，铝板由原来的2000mm×970mm改善到1761mm×814mm，材料利用率达到了92.6%！

这一改善，就避免了大量不必要的材料浪费，是直接创造利润的材料改善。

5. 加工量最小的下料

根据零件的尺寸等从原材料中下料，然后进行加工。在下料时，一般都会存在加工余量，这些余量加工后都会变成废料，是浪费。这些浪费虽然是必要的浪费，但是可以在原材料下料时充分考虑加工余料废料的浪费，使加工余料废料最小化，如图2-10所示。

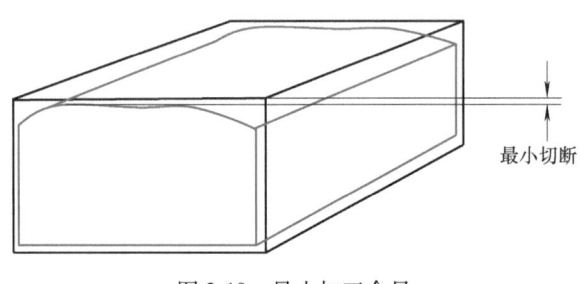

图2-10　最小加工余量

最小加工余量要考虑加工工艺的要求，同时也要考虑下料工艺的要求。在满足以上要求的前提下，应尽量做到加工余量最小化。

6. 材料标准使用量的降本改善

产品设计完成后，使用的材料及材料的数量标准（基准）也就确定下来了。但在实际生产过程中仍然会存在一些浪费，如液体材料的测量偏差，生产过程中的遗失或损坏等，都会导致材料的利用率偏低。

即使按设计标准进行生产，在生产过程中，仍然会有一些可能提高材料利用率的改善，其结构如图2-11所示。

图2-11　材料标准使用量的降本改善结构

材料标准使用量的降本改善（以液体材料为例），如图2-12所示。

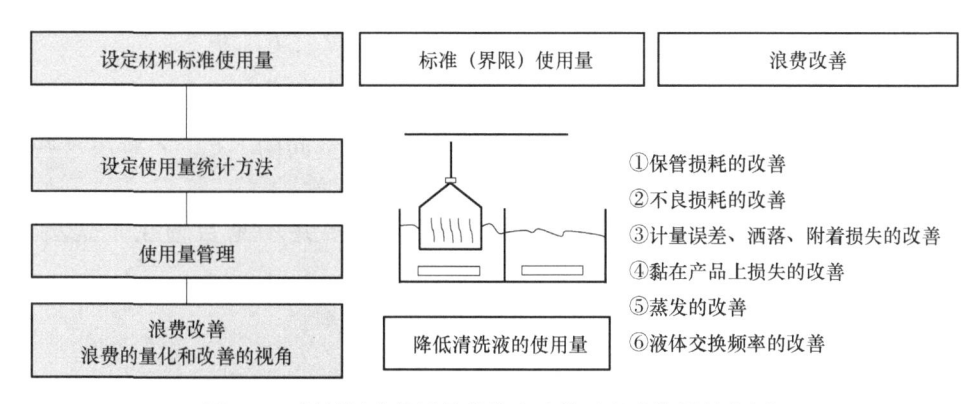

图 2-12 材料标准使用量的降本改善（以液体材料为例）

7. 材料使用降本改善小结

通过上述实例，介绍了材料在使用过程中的降本重点和方法。

企业生产有各种各样的形式，有各种各样的产品，在这里不可能全部涉及。但是材料在使用过程中的降本思想是一样的，即：

1) 取料如何考虑余料、尾料、废料的最小化，使材料成品率最大化。
2) 材料余料、尾料、废料的再生利用。
3) 加工、装配、调整的工作方法改变，提高材料的利用率。
4) 对材料的使用标准，根据实际情况，不断改善，不断优化。

读者要根据以上介绍的降本重点和降本方法，根据自身企业、环境的特点，实施自身的降本具体点和对象。

材料使用所涉及的过程越多、人越多，越是能培养降本人才，越是能形成降本文化。

2.2.4 材料滞留的浪费降本落地改善

1. 材料滞留和降本

我曾经指导一家企业，去其生产车间看过以后我问该企业的总经理："这个车间是生产车间还是生产库房？"。总经理一开始没有听懂，思考了一会儿笑了。

当然这车间是生产车间，但是车间里滞留了各种物品，并堆积在车间各处。其中最多的是物料，包括库房送来的物料、上道转运来的物料、工序间的在制品、最终环节的成品等。实际上这个车间三分之二的面积堆积了这些物品，真正用于生产的空间还不到三分之一。

看到这里，读者也可以联想一下各自生产车间的情况如何？为什么？

我认为这种现象很多，在很多企业的生产现场都存在类似的现象。

我在一些改善指导的企业中发现很多现场的管理干部都会埋怨生产场地不够，完成不了生产任务，希望增加生产场地。

难道增加了生产场地，就可以解决生产空间不足的问题吗？我的回答是 NO。

实际上很多企业的生产空间应该是足够的，但是因为生产现场堆积了大量的物料，占据了应该属于生产的空间，所以才会造成生产空间的不足。不解决这些问题，再增加空间，也只是增加了浪费的空间。

这些堆积在现场的物料、在制品、成品，很多并不是目前生产需要的物品。

1）有些物料是过分投料，造成了现场物料的过分堆积。
2）有些物料是生产剩余的物料，一直堆放在现场。
3）有些物料是错误投放没有收回，一直堆放在现场。
4）有些物料是因为生产计划变更而不用的物料。
5）有些物料是因为产生了质量问题，而放置在那里的物料。

上述等诸多原因使现场的不必要物料不断增多，现场的生产场地不断被挤压，从而形成生产车间式的物料仓库！

这些都是成本，并且都是不必要的成本。改善生产空间就是要解决以上问题，就是要降低这一部分的成本。

我认为这种现象还是比较普遍的。同样类似的案例，我曾经在另一家企业进行了有关方面的改善指导。这家企业与上面所介绍的情况类似，特别是：

1）物料摆到了设备的下面。因为"实在没有空间放了，就放到了设备的下面。"
2）物料摆到了工厂的路上。因为"车间内实在没有地方放了，就摆到了路上"。

对此，企业专门设立了专项项目，旨在减少物料，降低成本。

改善分三步走：

1）改善摆到工厂路上的物料。
2）改善设备下面的物料。
3）改善生产车间内的物料。

改善不可能一步到位，实际上一步也到不了位，要设定每周的目标，逐步改善。

通过一段时间的改善实施，物料明显减少了。在年终盘点时，物料成本节约了 25%，有非常显著降本效果。

降低材料成本，降低滞留成本，都是巨大的材料降本改善。

下面通过一个我具体指导过的降低材料滞留成本改善的案例分析，理解和掌握改善的方法和思想。

2. 降低材料滞留成本改善的案例分析

（1）案例背景　本案例为某汽车车身厂焊接车间线边物料改善项目。

该车身厂负责几十种车型上千个汽车零件的焊接，分别在两个焊接车间进行混流生产。

生产的物料大都是库房送料到现场，但由于车型、零件品种比较多，有时会发生生产工人直接到库房取料的现象，久而久之，形成了一些不成文的标准。线边的物料分成库房投料的物料和工人自行取料的物料。其结果是在每天工作结束后，都会在线边滞留大量的物料，造成物料成本浪费。

所以工厂启动降低线边滞留物料成本改善项目。

（2）滞留物料改善目标和计划　针对以上的状况和今后为满足市场的需求，生产方面制定了以下改善目标：

1）减少线边物料50%以上。

2）重新布局焊接现场区域，提高场地利用率，减少空间长期占用30%，消除安全隐患。

3）制定车间班组上下道工序物料衔接方法，减少错装概率和物料等待时间50%。

4）制定外协车辆物流管理办法，合理优化上下料、转运、投料的时间及流程。

为此，成立项目组，通过讨论，设定了改善项目计划，见表2-2。首要任务是明确现场材料滞留现状。

（3）线边物料滞留现状调研　最大课题是通过减少线边滞留物料，以减少物料成本。针对以上的线边物料改善项目计划，首先对现场的现状进行调研分析。

1）线边物料投料调查。工位物料主要是库房的投料，但在实际投料的工作中，无序的投料问题导致了现场物料的堆积和乱放。首先对物料投放现场的情况进行分析调查，分析投料过程的问题，以期改善，见表2-3。

2）工位剩余物料滞留调查。每天生产结束后，工位上仍然剩余有物料存在，有时数量比较多。这些物料不一定是近期使用的物料，所以会在线边长期滞留堆积，浪费空间，造成物料浪费。对这些物料也进行了调查分析，见表2-4。

3）车间自取物料调查。因各种原因，生产现场会到库房自取一些物料使用。这样既浪费了线上工人的时间，又打乱了投料计划的实施。具体调查分析见表2-5。

4）错装物料调查。在实际工作中，错装会造成下道工序不能正常工作，从而引起物料滞留。错装物料的原因也有不同，应通过调查，分析原因，避免错装，见表2-6。

5）工位器具调查。线边物料都是放在工位器具中的。工位器具的大小是否合适，形状是否适合该零件等问题，应通过调查、分析，进行改善，见表2-7。

表 2-2　滞留物料改善项目计划

序号	项目名称	推进方式	是否关键节点	责任单位	输出物	时间计划（20**年11月—20**年11月）
1	现状调研	现场调研，梳理出现场的问题点，征集改善需求；制订改善目标计划，成立项目小组，细化项目分工	是	车间、制造部	问题及需求报告	11月
2	物流培训输入	结合改善需求及项目分工，针对性地出物流培训计划，分次进行物流知识培训		车间、制造部	培训计划与报告	12月
3	样板线启动	确定样板改善线，制订样板线的计细改善措施方案及推进计划	是	车间、制造部	样板改善方案及计划	1月—2月
4	样板线计划跟踪	通过周例会和月例会的形式进行跟踪推进计划并定期更新		车间、制造部	每周结果汇总	2月—3月
5	样板线经验总结	总结样板线推进过程中所获得的经验与问题	是	车间、制造部	样板线总结报告	3月—4月
6	生产线推展计划	结合样板线改善案例，确定生产线改善推展措施方案及推进计划	是	车间、制造部	拓展计划及措施方案	4月—5月
7	项目跟踪	分批次拓展推进，跟踪推进计划并更新计划（通过周例会和月例会的形式进行跟踪）		车间、制造部	每周结果汇总	5月—10月
8	项目总结	总结整个项目所得到的改善成果	是	车间、制造部	总结报告	10月—11月

表 2-3　线边物料投料调查

投料调查——实际投料次数、时间、数量、来源						
序号	时间	零件	数量	工位	投料方式	问题点
1						
2						
3						
4						
5						
6						
7						
8						

表 2-4　工位剩余物料滞留调查

工位剩余物料清单					
序号	零件	数量	工位	原因	问题点
1					
2					
3					
4					
5					
6					
7					
8					
9					
10					

表 2-5　车间自取物料调查

投料调查——实际投料次数、时间、数量、来源							
序号	时间	零件	数量	工位	原因	问题点	
1							
2							
3							
4							
5							
6							
7							
8							

表 2-6 错装物件调查

序号	日期	零件	工位	结果		原因（班组、生产信息、定置、其他）	问题点
				错装	等待（时间）		
1							
2							
3							
4							
5							
6							
7							
8							

表 2-7 工位器具调查

序号	工位器具、现场物料、物品整理（平面利用改善）							
	名称	尺寸	重量	个数	每箱数量	每日需要量	问题点	
1								
2								
3								
4								
5								
6								
7								
8								
9								
10								

通过以上 5 项项目调查，明确现状和问题点。

线边物料滞留现状调查清单见表 2-8。

表 2-8 线边物料滞留现状调查清单

线边物料滞留现状调查清单				
调查信息	部门			
	一车间			二车间
	一组	二组	三组	
投料				
剩余物料				
自取统计				
错装				
平面现状布局图				
工位走动				
工位器具				
设备夹具				

(4) 线边物料滞留现状问题分析

1) 投料现状问题分析。首先看投料的情况,对每个工位连续调查投料的时间和数量,其中一个工位的调查数据见表 2-9。

表 2-9 投料现状调查数据

序号	零件	单台用量	工位	投料方	内容	投料优化:半天投料,外协管理 记录表					
						月日	**月**日	**月**日	**月**日	**月**日	**月**日
1	A	1	10	库房	数量/件	90		90	90	90	90
					时间	10:00		10:00	08:50	15:10	10:10
2	B	1	10	库房	数量/件	450				1000	
					时间	10:05				15:30	
3	C	1	10	库房	数量/件	400			1000		
					时间	10:10			15:30		
4	D	1	10	库房	数量/件	100	100	100	100	100	100
					时间	08:50	13:50	09:15	08:35	08:45	09:35	16:10

(续)

序号	零件	单台用量	工位	投料方	内容	投料优化：半天投料，外协管理 记录表						
						月*日	**月***日	**月***日	**月***日	**月***日	**月***日	**月***日
5	E	1	10	库房	数量/件	50	90	90	90	90		
					时间	08:58	09:00	12:48	09:10	10:30		
6	F	1	10	库房	数量/件	100	100	50	100			
					时间	09:45	14:00	09:45	09:40			
7	G	1	10	库房	数量/件	390		260		360		
					时间	09:50		08:50		11:00		
8	H	1	10	库房	数量/件	360		270		400		
					时间	13:30		08:55		13:30		
9	I	1	10	库房	数量/件	600						
					时间	10:00						
10	J	1	10	库房	数量/件	100						
					时间	15:00						

对整体数据进行分析，分析结果如图 2-13 所示。

当天投料件数为 3080 件，其中 10 点集中投料为 2030 件，投料时间集中在上午 10 点左右，占整天投料量的 65%。

不论现场需要多少零部件，都是整箱物料投放到生产现场，这些物料当天一般都用不完，有时需要几周才能用完，造成现场物料滞留，同时占用了大量生产场地。

同时也分析了一次投料数量的使用时间，如图 2-14 所示。

零件一组投料品种共有 64 种，其中 6 种零件 1 次投料可用 20 天以上，15 种零件一次投料可用 10~20 天，最多可使用 3 个月。不用的物料占用现场场地，使现场操作面积缩小，还可能带来安全隐患。

根据以上的问题分析，主要从以下两个方面考虑投料的改善：

① 解决产品排产顺序与投料不同步的矛盾，按照生产批次进行零件定时投料，逐步实现 1h 量投放。

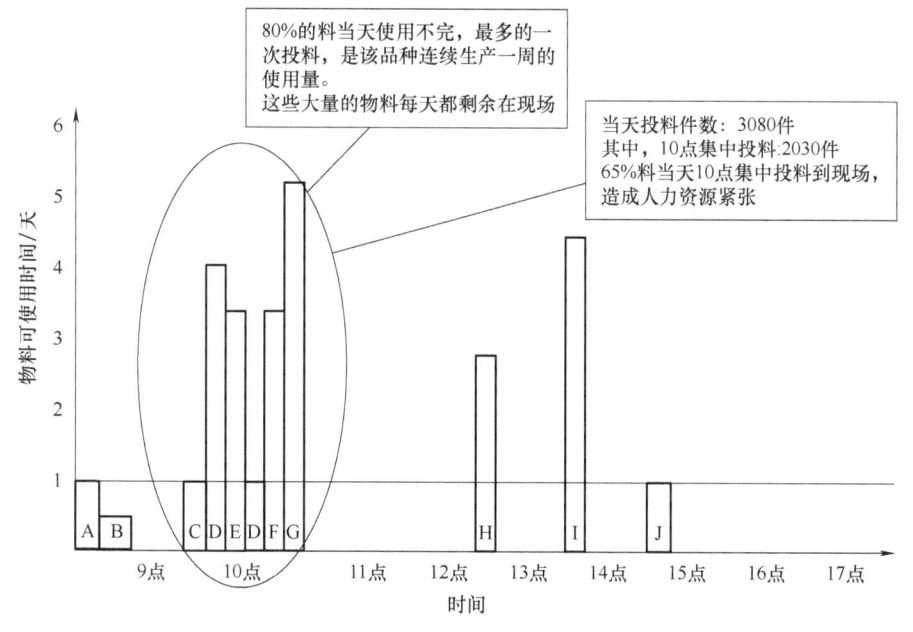

图 2-13　现场投料分析

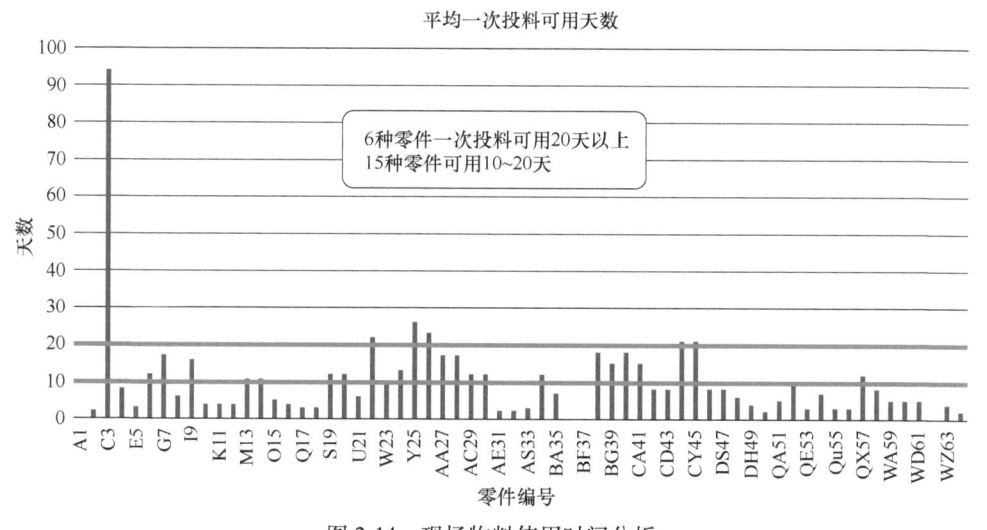

图 2-14　现场物料使用时间分析

② 制定外协车辆物流管理办法，合理优化上下料、转运、投料的时间及流程，使各方在不同时间工作。

2）线边剩余物料滞留现状问题分析。由于投料的数量过多，每天都有部分物料剩余在现场，有些物料是长时间滞留在现场，造成许多因物料问题产生的浪费。调查数据见表 2-10。

针对上述每天线边剩余物料统计数据进行分析，如图 2-15 所示。

表 2-10 线边剩余物料滞留调查数据

序号	零件	单台用量	工位	记录内容	每天线边剩余物料清单 记录表						
					月日	**月**日	**月**日	**月**日	**月**日	**月**日	**月**日
1	A	1	10	日消耗量/件	70	2	10	18	0	0	1
				剩余数量/件	投料过多	68	58	40	40	40	39
				原因	投料过多						
2	B	1	10	日消耗量/件		82	112	30	77	157	137
				剩余数量/件	投料过多	18	6	76	99	42	105
				原因	投料过多	新增投料100件	新增投料100件	新增投料100件	新增投料100件	新增投料100件	新增投料200件
3	C	1	10	日消耗量/件	23	0	0	5	1	0	0
				剩余数量/件	23	23	23	18	17	17	17
				原因							
4	D	1	10	日消耗量/件		0	10	18	22	0	4
				剩余数量/件	45	45	35	17	95	95	91
				原因	投料过多				新增投料100件		
5	E	1	10	日消耗量/件	11	59	118	46	47	0	13
				剩余数量/件		52	34	38	91	91	78
				原因	投料过多	新增投料100件	新增投料100件	新增投料50件	新增投料100件		
6	F	1	10	日消耗量/件	67	6	0	5	16	0	15
				剩余数量/件		61	61	56	40	40	25
				原因	投料过多						
……	……	……	……	……	……	……	……	……	……	……	……

图 2-15 每天线边剩余物料统计数据分析

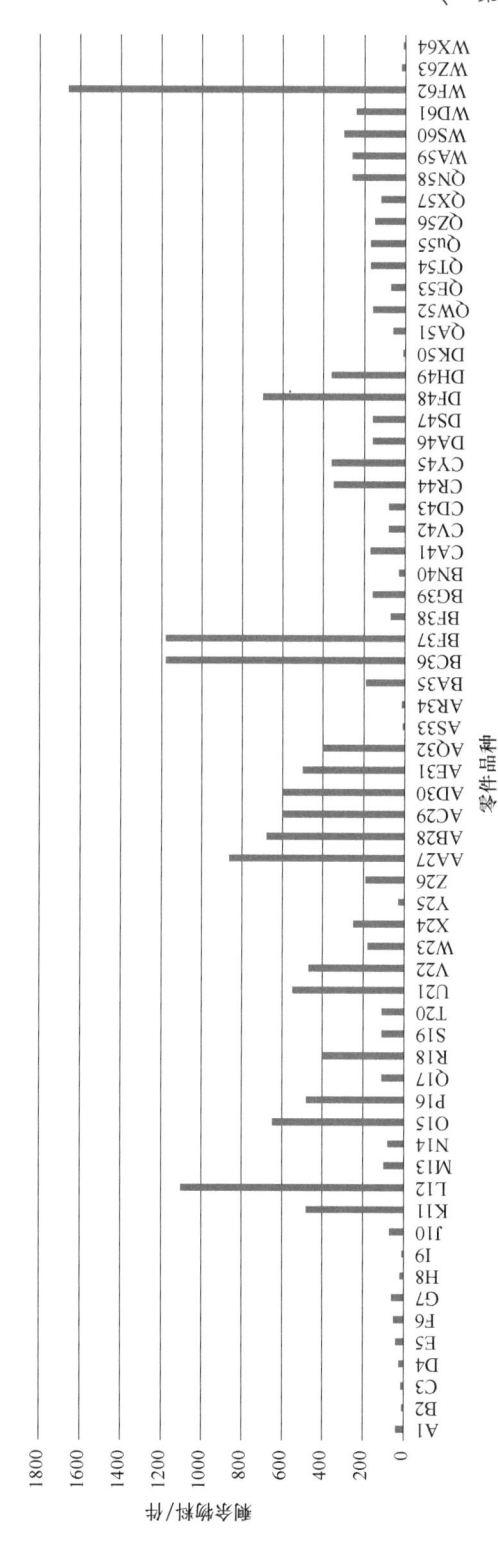

80%的物料当天使用不完,最多可使用3个月。这些大量的物料每天都滞留在现场,说明并没有按照生产计划投料。即使现场有大量的物料,还继续在投料(见表2-11),现场有哪些物料,管理人员、仓库也不清楚。

表2-11 每天线边剩余物料滞留原因

零件	单台用量/个	工位	前日剩余物料量/件	当日投料量/件	当日消耗量/件	当日剩余物料量/件
AA	1	10	41	600	58	583
AB	1	10	283	390	172	501
AC	1	10	203	360	172	391

针对以上的数据分析,结合投料的改善,逐渐减少每天线边剩余和投料数量。

3)物料错装现状问题分析。针对因为物料等问题造成物料错装,引起物料的滞留,现场进行的调查分析,见表2-12。

表2-12 物料错装原因分析

改善车间班组上下道工序物料衔接方法,减少错装概率和物料等待时间50%							
序号	日期	零件	工位	结果				原因(班组、生产信息、定位置、可视化、其他)
				错装数量/件	返修时间/min	本班组影响时间/min	下道等待时间/min	
1	11.18	A	10	1	15			上道混放无标识,本道自检不力
2	11.2	D	10	2	32			上道混放无标识,本道自检不力
3	11.28	H	10	1	15		15	生产件不合格,孔偏

① 物料的摆放没有定位置、混放,造成用错物料、停线返修。主要是左右件,比较相似。

② 物料本身存在质量问题,但是在物流环节和生产环节都没有控制住,最后造成了返修。

③ 上下道班组之间沟通不及时,在制品种多的时候会出现错装零部件和生产过程中缺料等待的现象。

④ 生产特殊和改制品种时,投料没有定位置,生产过程会出现混装和错装。

对以上问题的改善主要从物料的三定一可(定品种、定位置、定数量、可视化）方面进行改善。

（5）改善方案的主体和内容　根据以上现场线边物料现状分析，制定以下改善方案：

1）投料部门对策制定。

① 制订分时投料对策计划：根据生产计划进度：一天→半天→2h→1h。

② 减少一次投料数量：确定每次投料的数量和每天投料的总量标准。

③ 投料与剩余物料：确认标准和剩余物料的处理流程。

④ 自取物料转投料计划：确定相应品种、数量。

⑤ 工位器具数量：使位置标准化。

⑥ 投料方法：使拖车等标准化。

⑦ 必要改善条件明确：明确改善的时间表。

2）生产车间物料管理对策制定。

① 确定物品定位标准和标识标准。

② 确定上下道物品物流交接标准。

③ 落实下道工序的3N标准，控制物料的错误流出。

④ 减少现状工位器具数量。

⑤ 物品定位，确定标识标准。

⑥ 确定工序的调整。

⑦ 确定工位器具的标准数量和摆放要求。

⑧ 确定工位器具内物料的摆放方法。

线边物料改善方案和进度计划见表2-13。

（6）整体改善成果汇总　以上改善的具体成果见表2-14。各线线边物料改善变化如图2-16所示。

通过为期半年的现场滞留物料改善，使全厂的线边滞留物料得到了大幅度减少，整体降低了54.6%。

通过以上改善，减少了不必要物料数量和品种的采购，改善了仓储和现场生产空间，降低了材料成本和材料管理成本。

（7）滞留物料降本改善总结　案例中谈了滞留物料降本的很多问题分析和改善。

改善的切入点是非常重要的。案例的切入点如下。

1）投料调查：收集投料的数量、时间、地点问题。

2）剩余物料：通过每天生产结束后，分析剩余物料的所在工位，剩余物料的品种数量，并从中寻找解决方法。

3）工位自取：这是一个特别的问题，主要是看为什么要自取，自取的物料是什么？正常情况是不应该发生的，所以增加了这个调查。

表 2-13 线边物料改善方案和进度计划

序号	改善方案内容	目标	责任人	协助人	计划/实际
1	确定线边物料最低标准	及时修正、检验	陈**	周**、张*	计划/实际
2	投料数量改善方法指定和实施	定置现场零件，规范零件摆放数量，按照可视化要求张贴零件标识	姜*	周**、张*	计划/实际
3	投料地点及放置方法研究和方案实施	优化现场布局，整洁有序，减少走动距离	姜*	周**、张*	计划/实际
4	零件责任列人、转运小车及工位器具定置完成	定人定置、规范摆放	姜*	周**、张*	计划/实际
5	总焊及地板改善区域完善保持	常态化管理	李***	陈*	计划/实际
6	合并料架堆放	减少生产区域不必要的超量料架	生产计划	焊接车间冲压车间制造部	计划/实际
7	总焊接线物流改善	借鉴总焊接线物流改善的方法开始对线边多余物料及工位器具进行清理	李**	姜*、祝**	计划/实际
8	总焊接线优化操作路径中取器具的操作	通过合理定置减少单台驾驶室人员的走动步数	李**	姜*、祝**	计划/实际
9	定置总焊接线工位、器具，依照标准完善可视化标示	实现可视化管理	李**	姜*、祝**	计划/实际
10	总焊接线定人、定置标准化	定人定置、规范摆放	李**	姜*、祝**	计划/实际
11	小型货车总焊接线物流改善	借鉴总焊接线物流改善的方法开始对线边多余物料及工位器具进行清理	李**	姜*、祝**	计划/实际
12	小型货车总焊接线优化操作路径中取料的操作	通过合理定置减少单台驾驶室人员的走动步数	李**	姜*、祝**	计划/实际
13	定置小型货车工位器具、线边依照标准完善目视化标示	实现可视化管理	李**	姜*、祝**	计划/实际

线边物料改善方案和进度计划

序号	改善方案内容	目标	责任人	协助人		20**年 11月-12月 / 20**+1年 1月-10月 (按周)
14	小型货车总样线定人、定置标准化	定人定置、规范摆放	李**	姜**、祝**	计划/实际	
15	零件二组、车门物料改善	借鉴前期班组物流改善的方法开始对线边多余物料及工位器具进行清理	侯**、李**	尹**、祝**	计划/实际	
16	改善现场多余料架	减少零件占地面积	侯**、李**	尹**、祝**	计划/实际	
17	合并相关区域,减少移步损失	减少移步损失	侯**、李**	尹**、祝**	计划/实际	
18	提出工位器具需求,制作合适料架	规范零件摆放	侯**、李**	尹**、祝**	计划/实际	
19	定置线边工位器具,依照标准完善目视化标示	实现可视化管理	赵**	尹**、祝**	计划/实际	
20	整改组物流改善	借鉴前期班组对整条线边物料及工位器具进行清理	赵**	尹**、祝**	计划/实际	
21	清理线边无关工位器具	减少生产区域不必要的堆置料架	赵**	尹**、祝**	计划/实际	
22	整交线优化操作路径中取消的操作	通过合理定置减少单台驾驶室人员的走动步数	赵**	尹**、祝**	计划/实际	
23	定置整交线边完善目视化标示	实现可视化管理	赵**	尹**、祝**	计划/实际	
24	整交线边定人、定置标准化	定人定置、规范摆放	陈**	尹**、祝**	计划/实际	
25	固化改善成果	巩固持续	陈**	黄**、尹**、祝**	计划/实际	
26	通过推进计划,验证措施实施效果,适时进行指导	确认、小结	陈**	制造部	计划/实际	

表 2-14 投料改善成果

生产区域名称	改善前工位器具总数/部	减少工位器具/部	减少零件/种	减少零件数量/件	增加面积/m³	维修改造工位器具/部	出新工位器具/部	备注
A 线	50	6	5	3300	25	18	35	
A 线边库房	89	12	31	6509	50	8	23	
B 线	38	11	7	1710	20	8	25	
B 线边库房	79	9	10	2631	28	2	0	
C 线	21	1	2	3000	8	1	15	
C 线边库房	73	15	16	7040	53.6	0	0	
D 线	40	0	0	4870	0	12	24	
E 区域	25	1	12	1735	0	4	15	
合计	415	55	83	30795	184.6	53	137	

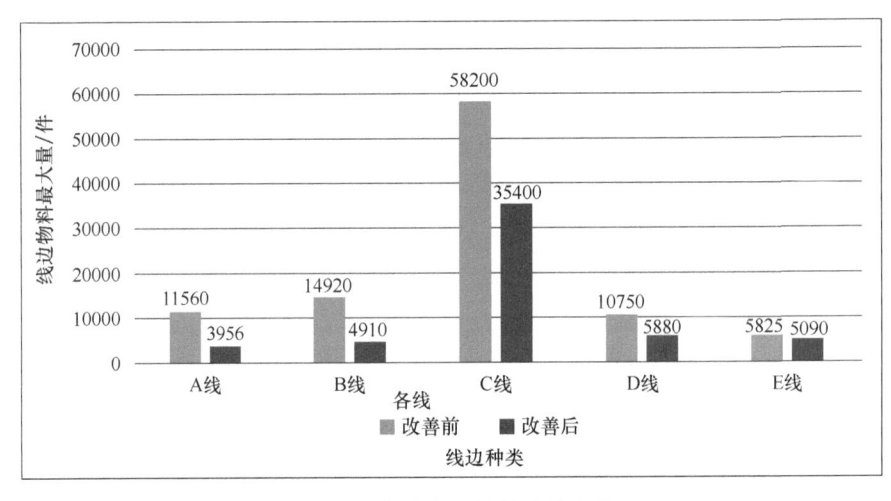

图 2-16 各线线边物料改善变化

4）错装物料：主要是观察与投料、放置、可视化等相关的现象和问题。

5）工位器具：观察工位器具是否适合物料的放置和运送，以及其装载数量和方法。

以上五个切入点既有共性，也有个性，是线边物料分析的重点切入点。可以用来参考进行自身企业的改善工作。

大野耐一在《丰田生产方式》一书中关于线边物料的主要管理内容有生产

量、时期、方法、顺序及物料的搬运量、搬运时期、搬运地点、放置场所、搬运工具、容器。这些管理是线边物料管理的基本要素，也是降低滞留物料成本的核心内容。

线边物料管理和改善的落地就是要针对这些要素，进行持续的管理改善！

2.2.5 材料降本改善小结

本节主要从材料使用、材料滞留两个方面，讲述了降本的思想和方法。这两个方面是材料降本的核心内容。

实际生产中材料成本的浪费可以参考以上内容，并结合自身企业、自身现场的问题，发现材料的浪费，改善材料的浪费。

材料浪费的改善要从看得见的成本浪费入手。在生产现场，除用于产品生产的材料以外，冷却液、机油、辅材、废品、刀具等的成本也都是材料成本，都是应用于现场的生产中。这些改善可以从以下两个方面入手。

（1）标准的实施效率

1）是否按标准执行，包括品种和数量。
2）实施标准是否做到了可视化。
3）设备、工装是否有泄漏。
4）废材、边角料是否可以用于其他场所，是否可以重新利用。

（2）标准的重新优化　标准并不是永远不变的标准，而是要根据实际生产情况，不断进行优化，以期达到最合理的状态。随着生产工艺、设备、材料等的变化，有些标准已经不适合了，由于标准本身就已经会造成浪费了，所以要从标准本身考虑寻找浪费，进行改善。具体从以下视角进行分析。

1）各种辅材使用的标准是否最佳。
2）使用量是否可以减少。
3）使用频次是否可以减少。
4）使用损失是否可以减少。
5）标准的实施效率如何。

材料占生产成本的70%，降低1%的材料浪费，就是创造1%的利润，这是最重要的降本。

2.3 能源降本改善

2.3.1 能源降本的原点

我指导过这样一家企业，其设备需要加热到一定的工艺温度后才能开始正常工作，所以在开工前首先便要进行设备的加温，特别是冬天。但是厂房十分大，层高也很高，设备就在这样一个巨大的空间里加温，设备加温的热量都散发到巨大的空间里，当设备加温到预定工艺温度时，整个空间也被过分加温，人在里面工作也十分不舒服。

这就是能源成本的巨大浪费。

与车间相关工作人员一起对此进行分析，并研究改善方案，最终采用了给设备"盖房子"的方法，把设备周边用一些建筑材料围起来，形成一个相对小的空间。这样每天再对设备加温，就会不浪费过多的能源。这一改善，使能源（电费）费用节省了50%。

我们在生产环节会用到，包括电力、燃气、水，还有由此产生的蒸汽、压缩空气、照明、加热、冷却、传动等，这些我们都可以视之为广义的生产能源。

能源是企业进行正常生产经营不可缺少的重要条件，能源的消耗是企业产品成本的重要组成部分。通常这一部分能源占生产成本的10%~20%，但具体会根据企业生产性质的不同而不同，如钢铁企业能源费用约占生产成本的25%以上；石油化工企业能源消耗占总成本的比例更高。能源消耗是企业产品成本中重要的可控部分，加强对能源的管理，可以成为企业有效控制生产成本的重要因素。

企业的组织方式、耗能结构、科技手段的改善，毫无疑问是能够降低能源成本的，但是这些本身就需要成本，需要时间。而且核心的管理水平如果没有得到提高和改善，这些组织方式、耗能结构、科技手段也不会充分发挥其原有的作用。管理改善的降本是不花钱、少花钱，办大事的改善，管理的改善是降低能源成本最有效、最经济的手段。

降低能源成本，并不是少用电、燃气和水。降低能源成本，仍然是消除浪费，消除能源的浪费，这是能源降本的原点。

2.3.2 能源的浪费改善

在实际生产过程中，会存在大量的能源浪费。例如我们经常说的跑冒滴漏，就是能源的浪费，就是我们要消除的。

我曾经指导过很多企业使用加热设备或加热工艺（如汽车行业车身涂装环节的烘炉，健身器材的外面包胶硫化工艺，机械加工的热套工艺等）的企业。我主要从三个方面研究如何改善加热设备的能源浪费包括加热设备的保温、加热设备的工艺基准、加热设备的使用效率。

1）加热设备的保温。加热设备本身一般都有保温保护，以防止热量流失。用遥控测温器在加热设备的各个表面测量温度，温度异常高的地方，就是保温有问题！我们有一些加热设备的保温，破损得非常严重，有时甚至都完全剥离了。这样的设备就是在一直浪费能源，而且是持续浪费能源。我认为这种现象还是比较多的。但实际上在降低能源成本的改善方面，有很多企业并没有关注这种能源浪费。其实，这是一个巨大的能源成本浪费。

2）加热设备的工艺基准。加热设备一般都有一个工艺温度范围，要确定这个范围是否合理、是否可以优化。例如工艺温度为150~160℃，如果能够将加热温度都控制在工艺允许的150℃、151℃，就节约了大量的加热能源。

3）加热设备的使用效率。加热设备是不是在开动期间一直都在加热，是否可以用加热设备的余温进行工作，是否可以共用加热设备，从这些问题出发，可以发现与改善一些能源成本的浪费。

除了加热，还有照明。例如生产企业有大量的照明设备，这些照明是不是一定都需要？休息时，午餐时，是否关闭了不必要的照明？另外，这些照明是不是有效？在指导改善时我经常应用工位照明方法，来消除不必要的照明浪费。因为虽然广域照明很多、很亮，但实际工作的岗位却比较昏暗，实际上广域的照明只考虑安全和物流就可以了，真正生产需要的是工位照明。如此既不需要过大的瓦数照明，又有很好的照明效果。

下面列举我在一些项目中指导的降低能源改善事例。

1. **【事例1】设备用电**

某机械加工厂，每天早上需要进行设备的预热准备，也就是在工作前先把设备开动起来，使设备提前进入正常工作状态，然后再正式开始工作。但是设备的预热时间并没有严格规定，如10点以后使用的设备，在8点开工时就起动了，下午使用的设备在上午8点开工时也起动了，这些设备的空转都会造成一定的电能浪费和设备的磨损浪费。为此对这些设备的功能进行研究，制订了设备预热的时间和程序。通过一段时间的推广，全厂的设备都按标准时间进行了预热。

再进一步观察，发现即使下了班，这个工厂的有些设备也不断电，第二天继续进行生产，所以晚上从外面看，也可看到工厂内设备的各种显示，这些当然也是能源的浪费。为此按5S的整理方法对设备进行了分类，包括需要连续供电的设备和工作结束后可以断电的设备，并对工作结束后可以断电的设备设置了标准，按规定执行。

这个活动是降低能源成本活动的其中一环，当然还有其他的降低能源成本的活动，经过为期一年的降低能源成本的活动，便能达到实际的降低能源成本的效果。

2. **【事例2】产品加热改善**

在某器械生产厂家进行5S指导时，其产品加工需要进行预热处理，所以在每个工位边都设有加热设备。这些加热设备所耗电能占该工厂所耗电能的50%。如何降低这一部分电能损耗，是改善活动的重要一环。针对这个课题，进行了现场的改善。

（1）对加热炉温度的改善　在整理整顿过程中发现，每台加热炉的温度显示都不一样，有些温度计已经坏了，显示不了正确的温度。为此，对损坏的温度计进行更换，然后根据产品的不同设定了不同的加热温度和保温时间。这个改善，可以降低总体电费的5%。

（2）加热炉容积效率的改善　在分析过程中发现，每台加热炉并不是全部都放置了加热产品，大部分加热炉内的加热空间并没有被充分利用，有些加热炉甚至没有放任何产品。为此，经过大家共同讨论后，提出加热炉共享的改善方案，即两个工位共用一个加热炉，将其放在两个工位之间，提高加热炉的利用率，减少电能损耗。经实际验证，发现两个工位相距较近，完全可以实现两个工位共享加热炉的改善想法。之后，这个改善经验开始在全工序推广，减少了近一半的加热炉。经过计算，可以节省45%的电费。

（3）加热炉技术改善　加热炉用电进行加热，是一种能效比较低的加热方式，为此，考虑是否可以用微波方式进行加热。经市场调研，发现确实有工业用微波加热炉，所以决定尝试更换现有的电加热方式，采用工业微波加热炉。虽然使用这种加热炉需要一定的采购成本，但是其所耗电能是传统加热方式所耗电能的30%，可以大幅减少加热所耗电能。

通过以上三项改善，最终使电费减少了55%，为该企业每年节省了几千万元电费。

这就是能源的浪费，在降低能源成本方面，就是要细心观察，仔细研究这些不必要的能源浪费，消除这些浪费。

真正降低成本，还是要依靠组织中的全体人员及其持续改善活动。

下面将介绍一些我实际指导的能源降本的改善分析和实施过程案例。

2.3.3　能源降本的案例研究

本案例是对某生产企业降低生产成本10%的改善活动中的能源浪费改善。

能源主要包括油、气、水、电。利用这些能源可以开动设备、照明、清洗零件、进行加温等。能源成本是主要成本，是企业降低成本的重点关注对象之一。

1. 企业的现场成本问题

随着产品类型的日益增加，该企业近两年新增设备64台，新增总功率1353kW，且产品类型较多，更换、调试时间与以往相比增加了，造成了无效的能源浪费，能源单耗（每个产品的耗用数量）面临较大难题。经过分析，突出的问题集中在压铸、热处理设备用能及分公司蒸汽消耗上。近三年电、蒸汽能源消耗情况推移见表2-15。

表2-15　某企业近三年电、蒸汽能源消耗情况推移

年份	产量/台	单耗/（元/台）	电单台能耗/（元/台）	蒸汽能耗/（元/台）	新增设备/台	新增功率/kW	备注
20＊＊年	42699	184.5	133	27.59	22	316	—
20＊＊年+1	42700	209.2	152	26.95	31	652.96	8~12月新进设备9台，主要是箱式多用炉、压淬线等，功率611kW
20＊＊年+2	43900	192.2	136	14.66	33	700.2	铝合金熔化炉等

单耗在 20＊＊年+2 年经过多方改善有所降低，但仍有很多浪费，本年度根据成本优化的计划，继续持续降低单耗约 10%。对此现状首先进行了能源消耗的问题分析。

2. 能源消耗的问题分析

分析如图 2-17 所示。

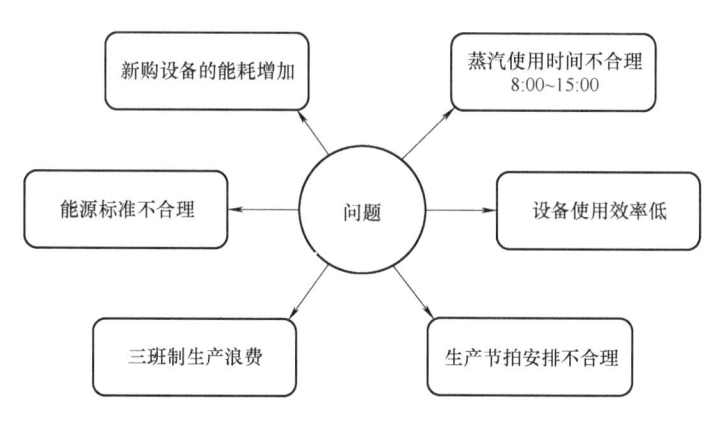

图 2-17　能源消耗的问题分析

能源消耗的主要问题有 6 个方面：
1）新增设备造成的能耗增加问题。
2）各个品种的能源使用标准问题。
3）三班制的生产、连续运转，生产时间的优化问题。
4）蒸汽的使用时间问题。
5）设备的使用效率问题。
6）生产节拍的合理安排问题。

为解决上述问题，经过对现场具体情况的分析，提出了以下改善对策。

3. 能源消耗的问题改善对策

（1）蒸汽使用改善　针对蒸汽利用不连续，产生蒸汽浪费的现状对蒸汽的使用流程加以改善，以便进行集中生产，从而减少蒸汽的供应时间。另外，对蒸汽清洗设备进行了工艺改善，提高了通用性，使设备从 7 台减少至 4 台。

（2）电力使用改善

1）对压铸生产单元的耗电大户熔铝炉进行了更新，且合理安排生产，生产一月，休息一月。热处理环节对工位器具进行改进，并合理安排生产，隔月交替停止一台多用炉的使用。

2）生产单元下半年取消三班生产，且逐步减少周末生产加班。

3）照明、空调使用改善。

① 车间、库房照明：将部分手动开关改换为光控为主、手动控制为辅的开关，

并在各单元落实责任人。

② 空调使用改善：每年3~5月、9~11月停用空调，其他时间按公司规定使用。具体的改善对策汇总见表2-16。

表 2-16　具体的改善对策汇总

改善项目		改善对策
蒸汽使用改善		对蒸汽的使用流程进行改善，缩短蒸汽使用时间，将使用时间从8:00~15:00改善为从8:00~11:30，实现能耗降本50%
		对蒸汽清洗设备进行技术工装改善，使设备从7台减少至4台
电力使用改善	1. 压铸生产计划改善	压铸生产单元由连续生产改善为集中生产一个月，停一个月，增加了一些库存，大幅度降低了电力能耗
		对压铸熔铝炉进行更新，使用节能设备
	2. 热处理生产计划改善	对工位器具进行改进，针对热处理工位器具不足、热处理设备有时空转的现象，增加了工位器具，停用了一台多用炉
		采用集中生产方式，压淬生产线调整生产计划，集中进行压淬生产
	3. 生产班次改善	人员和设备流程改善，取消三班制，采用两班制工作体制，降低能源消耗
	4. 照明改善	对照明开关进行改善，将车间、库房部分照明开关由手动开关改换为光控为主、手动控制为辅的开关，无人时自动关闭照明电源
	5. 空调使用改善	对空调使用的标准进行改善，根据各个空调的使用环境，重新设定了空调的使用时间和温度控制标准

4. 改善对策的实施

针对以上的改善对策，进行了具体实施。蒸汽使用的降本实施如图2-18所示。

蒸汽使用的降本改善：

1) 将生产单元7台清洗机工装改造完成；箱装生产单元由4台设备运行改为2台运行。

2) 齿轮单元由3台设备运行改为2台运行。

3) 合理安排人员，每天8:00上班，提前热机；生产计划单元提前一天下午投料。

图 2-18　蒸汽使用的降本实施

热处理用电降本改善实施如图 2-19 所示。

图 2-19 热处理用电降本改善实施

热处理用电降本改善：

热处理工序共有多用炉生产线一条和压淬线一条，因生产安排等原因，需全线开通。

鉴于以上原因，维修单元积极组织生产计划单元、技术单元、产品单元等通过多次对现场工装、工艺、生产节拍等的协商，最终确定通过对工位器具改进及调整生产节拍等，隔月交替停用一台多用炉，压淬线集中安排生产。停炉后，维修单元须立刻对设备进行预防性维护保养。

同时，对压铸单元的设备用电进行降本改善，如图 2-20 所示。

图 2-20 压铸单元设备用电的降本改善

压铸单元设备用电的降本改善：

公司使用的设备为工频炉，能耗大，使用铁坩埚为载体，铝液易增铁，影响铸件力学性能。鉴于此种现状。公司经过长期的市场调研及对分公司生产产品性能的研究，确认将工频炉改为天然气熔铝炉。

该项投资不仅能有效节能，还能够有效提高产品质量，有效降低压铸件不合格率。

更新后的熔铝炉和转运包从早 4:00~晚 11:00 一直开启，熔铝炉每小时耗气 33kW·h，烘转运包每小时耗气 4kW·h。

鉴于此种情况，经现场多次试验，决定使熔铝炉在熔化铝水温度达到 660℃ 时就关闭熔化系统，等到要出铝水前 20~30min 再打开熔化系统升温至 680~700℃ 出铝水。午餐和晚餐时间都要关闭熔化系统。转运包除出第一包铝水前要烘 1h 外，其余都在出铝水前 15min 进行烘包，停止一直从上班到下班都加热的生产方式。

照明用电的降本改善如图 2-21 所示。

图 2-21　照明用电的降本改善

现状：
生产单元现照明灯无人管理，经常出现长明灯现象。
改善对策：
1) 在电源处加装光感应开关，控制灯具使用。
2) 各单元指定各开关责任人。

手动开关----光控开关

5. 改善效果

改善是一个持续的过程，要对过程中的能源变化进行监控，以验证改善成果。实施降本从 3 月 1 日开始，其中，蒸汽单耗本年度和上年度的对比如图 2-22 所示。

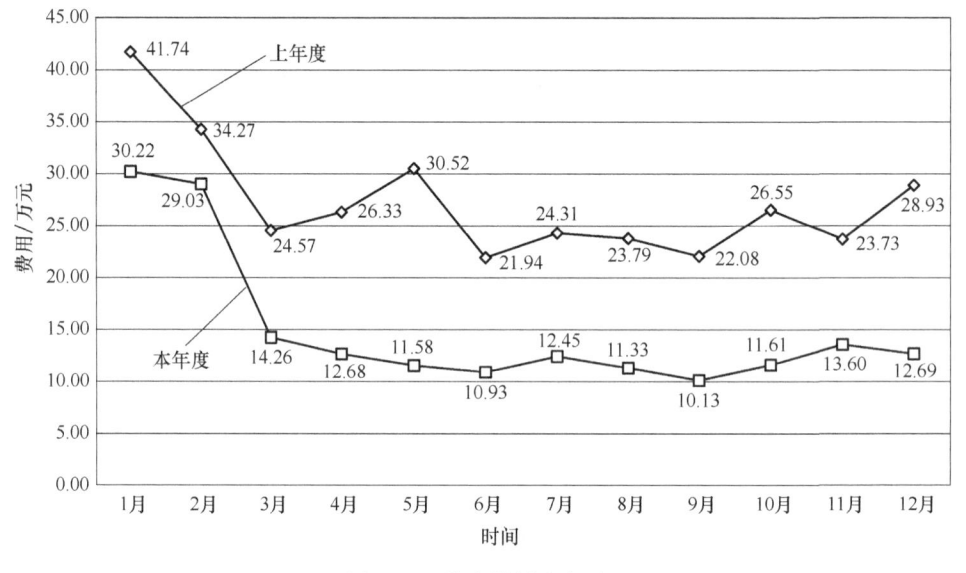

图 2-22　蒸汽单耗降本对比

用电单耗降本本年度和上年度的对比如图 2-23 所示。

从图 2-22 和图 2-23 中可以看出，实施降本以来，蒸汽单耗费用本年度比上年度同期明显平均下降约 50%，每年节约 45.9 万元；用电单耗本年度比上年度平均下降约 11%，每年可节约 50 万元；人员降本约 35 万元。

6. 改善对策的后续持续改善

在改善取得初步成果的基础上，应进一步扩大改善成果，明确持续改善内容。能源降本持续改善计划见表 2-17。

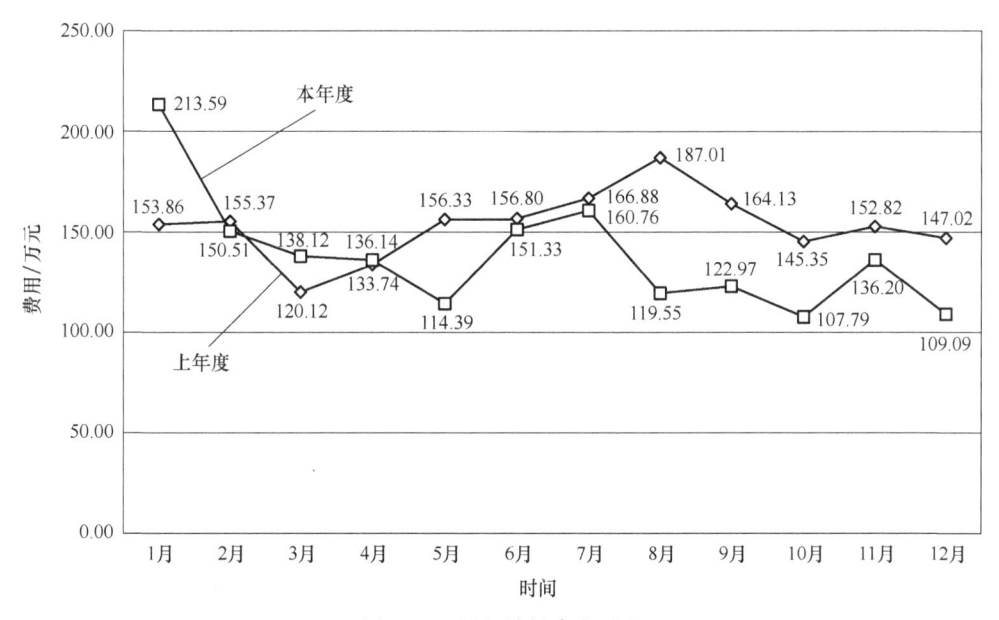

图 2-23　用电单耗降本对比

表 2-17　能源降本持续改善计划

序号	改善计划
1	根据目前生产安排、节拍，持续优化生产计划单元，及时安排物料发放，避免出现待料情况
2	持续合理安排生产人员操作设备，严禁待料空烧现象发生
3	分析冬季气温较低、清洗难度大等原因，组织相关部门及时对现场出现的清洗问题进行改善
4	进一步优化发料、领料、清洗流程

7. 能源降本改善的三个方面

1）设备开动的连续性。要考虑使用的连续性，防止间断，才能有效利用资源。

2）产品投入的连续性和合理节拍。应减少设备的空转。

3）再进一步考虑能源的使用量。例如用水的清洗工作，要考虑最佳的用水量；蒸汽、压缩空气要考虑是否泄露；照明要考虑尽量使用工位照明，尽可能减少广域照明。

如果连续集中生产，有可能会造成在制品增加，所以要权衡连续生产和在制数量的关系，进行能源成本的改善。

2.3.4　能源降本改善小结

生产的能源包括水、电、气等。在某些生产环节这些成本的占比非常高，因此能源的浪费会直接造成生产成本的上升。改善应从能源的终端使用开始进行。

1. 对照明从以下视点进行浪费分析

1）是否都用了节能灯（可以节约电费80%）。

2）是否实现了工位照明（不是广域照明）。

3）是否实现了分时段照明（包括中午休息时关灯、晴天阴天开灯计划、上午下午开灯计划等）。

4）是否充分利用了自然采光（玻璃定期清洁，以保持采光效果）。

5）是否考虑了墙壁色彩增减采光效果（如利用白色、浅色）。

2. 对加温能源从以下视点进行浪费分析（包括油漆车间、清洗车间等）

1）生产计划的浪费（是否考虑了每天的升温、降温）。

2）设备、管路的保温状况。

3）人员休息时的炉温损耗。

4）换型、换漆等的次数、时间损耗。

5）其他的能源利用效率。

3. 对动力的能源从以下视点进行浪费分析（包括机械加工车间、总装线、冲压、焊装等）。

1）待机损耗：是否存在停机不断电。

2）摩擦损耗：设备的摩擦损耗。

3）不合理的匹配：带轮传动的张紧度；齿轮传动的径向配合角度；凸轮传动的凸轮轴距；连杆传动的装配精度；花键传动的对中性等。

4）零件的磨损：耗电、漏油水、精度降低。

5）"大炮"打"蚊子"设备（存在能源和效率的浪费）。

6）设备空转的浪费（存在能源和效率的浪费）。

以上这些动力能源的浪费是非常普遍的，同时也是最容易被忽视的动力的能源浪费。

能源降本，不是少用，而是消除能源浪费！

2.4 工具降本改善

2.4.1 工具的浪费和降本改善

生产过程中的工具等都是成本，其使用量、使用寿命、使用品种都会直接影响成本的高低，是经费的主要成本，也是降低成本的重点关注对象之一。

生产中使用的工具种类繁多，常见于各个生产环节的不同工位，比如生产现场地上的工具，设备上的刀具，搬运车上的工具等。但是这些工具到底应该有多少,到底位于生产的哪个环节,在实际生产管理中是很模糊的,所以这一部分的成本都是统账,很少特地关心这一部分成本。但实际上这里确实存在很多浪费,因此降低成本也要考虑这一部分的浪费。

生产中的工具大都是专用的,在不使用时,就会放到相应的保管区域内保管。这些工具应该在保管前充分清洗,去除锈和油污,并进行防尘保护,然后保管起来,这样才能保证它们在使用时能够正常进入工作状态。但是实际上一些企业并没有进行这样的保管,由于没有很好地进行管理,而使这些工具生锈、磕碰,甚至使其中的管路堵塞等,造成工具的损坏,影响其质量和使用效率,最终损失工具的成本。

生产过程中的工具、设备有些是比较标准的物品,有些是企业自己制作的物品,当然也有一些是进口的物品。这些进口的物品,有时价格很昂贵。我在一个企业指导工作时,有一台进口设备一直停在那里没有开动。我问为什么,他们回答我说设备本身带来的工装、模具因为保养得不好,损坏了。但是换一套工装、模具所需的费用基本与设备的价格一样。这样花了大价钱买来的进口设备,因为工装、模具保养不当而损坏,导致设备不能用,也是巨大的成本浪费。

下面通过一个具体的实际案例,共享这类物品浪费的降本改善。

2.4.2　刀具降本改善案例分析

下面是对某个生产单元降低生产工具成本改善活动进行事例研究。

1. 课题背景

对于 A 公司而言,刀具成本占制造费用总成本的 18%,约 1000 万。本年度降低生产成本的目标为 10%,意味着仅工具成本一项,将节约成本 100 万以上,因此,选择"刀具成本降本"是 A 公司降本活动的一个重要项目,如图 2-24 所示。

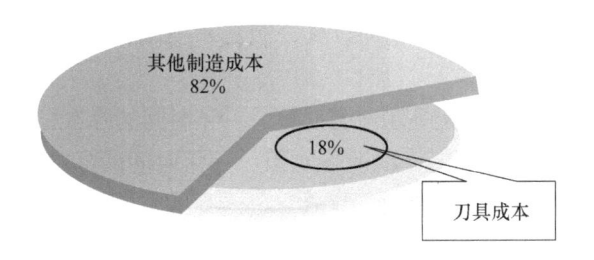

图 2-24　刀具成本占比

近年来,A 公司持续进行了刀具成本的改善活动,每年都有一定的刀具成本减少,年产量与刀具单耗对比图如图 2-25 所示。

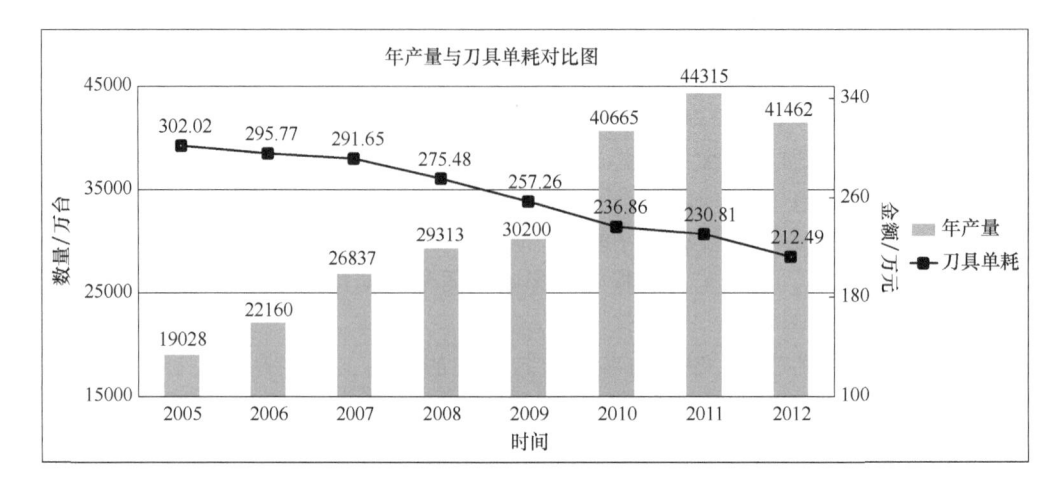

图 2-25 年产量与刀具单耗对比图

2. 刀具成本浪费的分析和对策

问题一：进口刀具占多数，其采购、维护成本高。

问题二：新产品部分毛坯硬度提高，导致刀具耐用度下降，且使用量较大。

问题三：刃磨调整的方法及其规范、改进、创新不足，刀具耐用度低。

问题四：设备老化、故障频发，导致刀具异常损耗增大。

这四个方面是降低工具成本的难点，也是切入点。对此，要统一思想、集思广益、明确目标、责任到人。将项目分解为四大板块，按技术专长确定责任人，确定各板块具体降本的内容和目标。并根据各板块，分别进行了分析，制定了对策，如下所示。

（1）刀具国产化　针对 18 种刀具，制定 3 项改善对策，半年时间的降本目标为 15 万元。

（2）刀具技术改进　针对 18 种刀具，制定 4 项改善对策，半年时间的降本目标为 28 万元。

（3）刀具刃磨调整　制定 5 项改善对策，一年时间的降本目标为 24 万元。

（4）刀具管理改善　制定 4 项改善对策，一年时间的降本目标为 18 万元。

刀具成本改善对策如图 2-26 所示。

3. 刀具成本问题改善对策实施

（1）刀具国产化　B 工序全部为进口刀具，共 10 个品种，对其中 5 个品种、30 把刀具进行国产化。经过对材质、耐用度、价格等试验比对，最终实现了刀具国产化，其价格下降 40%～50%。虽然耐用度有所下降，但刀具的性价比提高了 35% 以上。刀具性价比对比表见表 2-18。

第2章 生产环节的降本改善

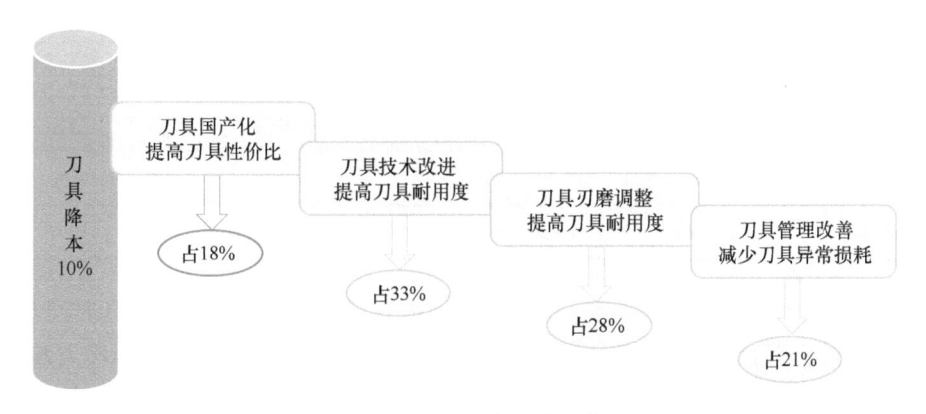

刀具降本 10%
- 刀具国产化 提高刀具性价比 占18%
- 刀具技术改进 提高刀具耐用度 占33%
- 刀具刃磨调整 提高刀具耐用度 占28%
- 刀具管理改善 减少刀具异常损耗 占21%

图 2-26 刀具成本改善对策

表 2-18 刀具性价比对比表

B 工序刀具性价比对比表					
项目	价格/元	耐用度/h	生产总数/把	单耗/台	同时使用数/把
进口刀具	10906	3000	24000	0.454	8
国产刀具	4950	2800	22400	0.221	
差异	5956	200	1600	0.233	
单台实际差异	0.221/台		降低总成本/元		42429

（2）刀具技术改进

1）方法 1：改进刀具材质，提升刀具耐用度。

钻头改用新涂层材质，经过试验，其耐用度提高至 350~500 件，减少换刀次数至 2~3 次/班，节约费用 12 万元。钻头降本改善前后对比表见表 2-19。

表 2-19 钻头降本改善前后对比表

钻头降本改善对比表							
项目	材质	耐用度/h	价格/元	性价比	年耗量/支	年费用/万元	降本/万元
改进前	AAAAA 涂层	1050	1190	0.88	343	40.8	0
改进1	BBBB 涂层	3850	4244	0.91	94	39.9	0.9
改进2	CCCC 涂层	3500	2772	1.26	103	28.6	12.2

2）方法 2：改进刀具技术参数，提升刀具耐用度。

某工序中的 4 组 180 支钻头，因产品毛坯材质硬度高，钻头的耐用度均值只有 100h，经过改进刀具刃磨的相关参数，刀具耐用度提高了 56%。刀具刃磨频次和耐用度对比表见表 2-20。

表 2-20 刀具刃磨频次和耐用度对比表

工序刀具技术参数改善对比表				
内容	刀具后角/(°)	刀具横刃/mm	耐用度/h	提高
改善前	**	**	100	**
改善后	**	**	200	50%

3）方法3：结合设备综合效率（OEE）提升项目，减少换刀频次和时间。

工序设备综合效率提升项目，通过调整压板和刀夹之间的尺寸，清除刀片和压块之间的铜皮，采用使所有刀片的径向圆跳动控制在≤0.03mm等方法有效提高了耐用度。设备综合效率提升项目对比表见表2-21。

表 2-21 设备综合效率提升项目对比表

工序 OEE 提升项目对比表				
内容	换刀间隔/h	耐用度（均值）	OEE	JPH
改善前	16.2	450	68%	16.8
改善后	24	648	82%	20
增幅（%）	48	44	21	19

注：JPH 为单位小时产量。

(3) 刀具刃磨调整

1）方法1：改进刀具刃磨调整方法，提高刀具耐用度。

拉刀有6个品种，共12把刀具，通过对砂轮粒度、形状、磨削参数、进给量与速度的改进，以及在安装调整过程中的四项措施，调整频次下降了56%，刀具耐用度提高了26%。刃磨调整频次和耐用度对比表见表2-22。

表 2-22 刃磨调整频次和耐用度对比表

工序刃磨调整频次和耐用度对比表			
内容	调整频次	耐用度/h	JPH
改进前	8	1854	14.6
改进后	3.5	2331	18.7
增幅（%）	56	26	28

2）方法2：开展技术革新，对废旧刀具进行改进和修磨。

对一些废旧刀具，进行改进和修磨，废物利用。废旧刀具改进修磨再使用明细见表2-23。

表2-23 废旧刀具改进修磨再使用明细

产品	刀具名称/型号	方法	对应工序	同时使用数	年节约费用/万元
连杆90	M12×1.25	改进	上缸体70	22	2.5
连杆180	120408 刀片	修磨	连杆60	48	3.2
凸轮轴20	0246 TF 刀片		凸轮轴20	1	0.6
缸体总成	120408		缸体总成60	8	1.3
140	（CBN）刀片		缸体总成140	4	0.9

3）方法3：推行刀具异常信息反馈（见表2-24），减少刀具异常损耗。

当设备出现异常磨损时，在接报后，应组织相关人员现场会诊，从设备、刀具、操作三个方面排查、分析、制定措施，并迅速实施，遏制损失继续发生。

表2-24 刀具异常信息反馈表

序号	整改措施	计划时间	责任人
1	更换一组珩磨条，观察补偿是否异常	3.11	＊＊＊
2	使用过程中出现异常及时反馈信息	即时	＊＊＊
3	200工序精镗孔尺寸按要求控制	3.11	＊＊＊
4	检查珩磨杆及涨刀机构、砂条厚度	3.15	＊＊＊
5	检查设备进刀顶杆、涨刀机构、脉冲补偿	3.2	＊＊＊
6	统计砂条的耐用度	长期	＊＊＊

4）方法4：依托刀具质量跟单，实施刀具改进常态化。

充分发挥刀具质量跟单作用，改进刀具刃磨调整，并将该工作融入日常工作中，刀具改进前后耐用度跟踪对比图，如图2-27所示。

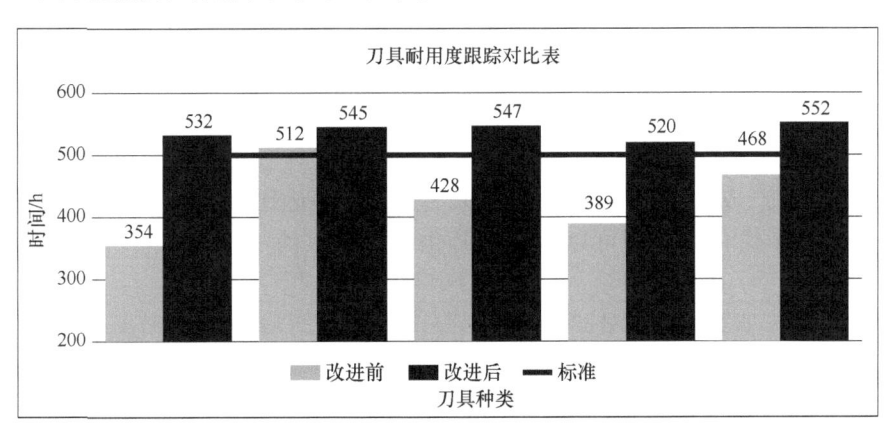

图2-27 刀具改进前后耐用度跟踪对比图

5）方法5：实行新形式绩效考评，全面提升三个能力。

将刀具刃磨调整人员纳入矩阵考评，每月按考评标准打分，矩阵考评分值的权重为40%；将一岗多能纳入员工绩效考评，如培训考核不达标，师徒都将被扣分，反之亦然；将工时完成率与刀具刃磨调整质量挂钩，实行双重加分或双重扣分。

（4）刀具成本问题改善成果　经过以上的刀具改善，工具降本改善成果见表2-25。

表 2-25　工具降本改善成果

改善项目	改善指标	改善成果
刀具国产化	性价比上升32.6%	降低成本16.86万
刀具技术改进	刀具耐用度 提高11.2%	降低成本30.78万
刀具刃磨调整	刀具耐用度 提高7.23%	降低成本37.24万
刀具管理改善	修旧利废3.5万	降低成本20.91万
	耐用度管理等	

全年同比单台降幅达13.6%，改善收益汇总表见表2-26。

表 2-26　改善收益汇总表

改善收益汇总表		
刀具消耗	上年度月实际单耗/（元/台）	220.11
	本年度月实际单耗/（元/台）	190.11
	月同比单台下降/（元/台）	30
	月总费用节约/万元	105.79

（5）刀具成本改善经验　刀具的改善是从四个方面进行的，分别是刀具国产化、刀具技术改进、刀具使用方法、刀具管理改善，都取得了一定的降本成果。刀具、工装等的改善有时要从技术上进行分析，从技术管理上挖掘潜力。

一个刀具的改善对成本贡献不是很大，但是在整个生产环节中，刀具、工装等用量是十分庞大的，积累起来的降低成本效果是非常大的，而且有持续降本的效果。

2.4.3　工具降本改善小结

工具在生产成本中占比很大，它们是否真正能够达到原来设计的功能，是否还可以仅进一步优化，是否可以合并、简化，乃至取消？具体要从以下方面进行分析。

1）现有工具是否最有效。

2）是否可以实现国产化。

3）是否可以延长使用寿命。

4）是否可以减少修理次数。

5）是否容易使用。

6）是否可以简化。

7）是否可以舍去。

8）是否有破损、遗失、生锈。

9）是否可以减少管理成本。

2.5 设备降本改善

2.5.1 设备效率浪费和降本改善

生产涉及各种各样的设备，这些设备是生产成本中的重要组成部分。

有可能的情况下，最高的设备效率就是不停顿地连续运转，以完成必要产品的加工、装配、检验、搬运等的工作。但是这种连续很多时候是做不到的，而不连续会降低设备的工作效率，从而影响生产成本。

造成设备不连续的主要原因如图 2-28 所示。

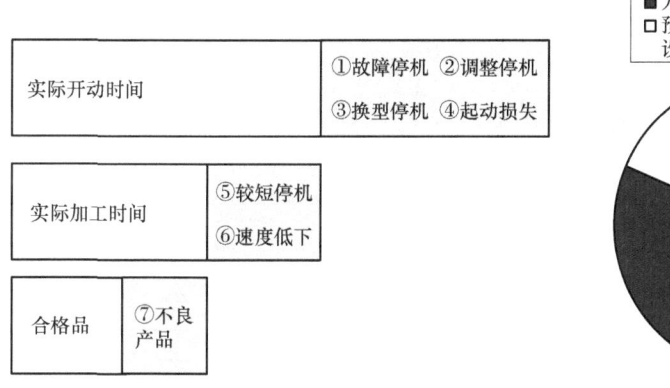

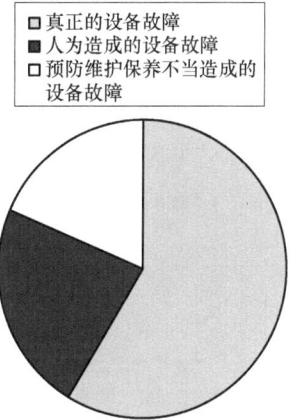

图 2-28 设备浪费结构图

设备整体时间可以分为实际开动时间和停机时间。停机包括故障停机、调整停机、换型停机、起动损失等。其中故障停机和换型停机占设备停机的大部分时间。

在实际开动时间里也包括一些不正常的设备情况，如较短停机、速度低下，剩下的时间才是设备真正的实际加工时间。

实际加工时间中生产的产品如果有一些不良产品，那么就产生了不良产品的加工时间，即无效时间。最后加工出合格产品的设备时间，才是设备真正创造价值的设备时间。

合格产品生产的设备时间和设备的投入时间比例就是设备效率。以上诸多影响设备效率的因素就是设备的浪费。提高设备利用率，降低成本，就是要消除设备的这些浪费。

其中，造成这些设备浪费的主要原因是故障停机和换型停机，可作为消除设备浪费的主要对象和重点。

本节主要围绕这两大设备浪费的改善进行分析和讨论。

2.5.2　设备故障停机浪费

设备产生故障的原因有很多，参考图2-28，可以总结为三种。

1）真正的设备故障。
2）人为造成的设备故障。
3）预防维护保养不当造成的设备故障。

在设备故障停机的三大原因中，实际上真正的设备故障并不是很多，大部分是人为使用中造成的设备故障和预防维护保养不当造成的设备故障。所以设备故障停机浪费和改善就要从这两方面入手。这两方面的改善同时也可间接减少设备的真正故障并在早期发现设备真正故障的前期征兆。

所以在生产现场，要从自主维护和事先预防两个方面进行改善，避免一些设备故障，降低设备问题的影响程度。

2.5.3　设备故障分析

故障就是因设备、系统等问题造成的非正常生产停止。

生产设备故障可以分成突发故障和慢性故障两种，如图2-29所示。

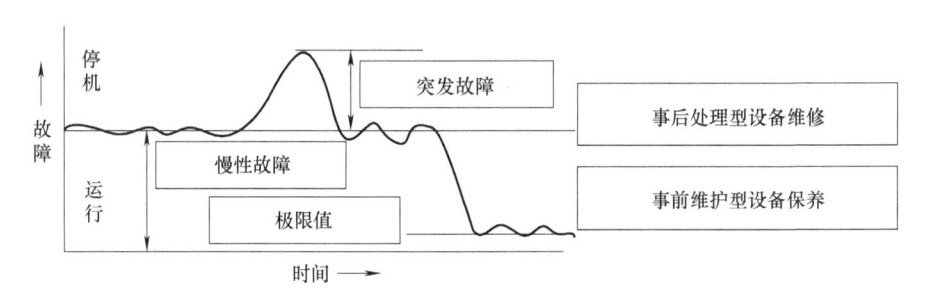

图2-29　突发性故障和慢性故障

大部分的故障停机问题，都有一个演变过程，最后以突发故障的形式出现。这个过程就是设备慢性故障的发生和演变过程。如果能够事先预防或减少这些慢性故障，就可以大幅度地减少甚至消除突发设备故障。但是设备的慢性故障有时是不容易发现的，即使能够发现，也不会马上影响生产系统，所以有时就不会及时处理，大都会予以放置，直到发生突发故障。慢性故障管理课题如图2-30所示。

慢性故障可以分为认识到的慢性故障和没有认识到的慢性故障。

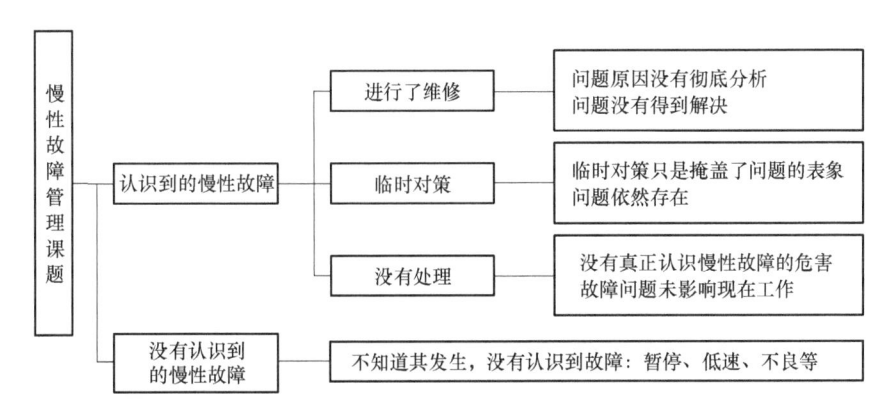

图 2-30 慢性故障管理课题

对于认识到的慢性故障，在实际设备管理中可能采取了一些措施，但是一直没有得到彻底解决，从而突发故障。

对于没有认识到的慢性故障，特别是设备短时间的暂停、速度损耗、返工等，直接会影响到生产系统的效率。

所以，慢性故障的早期发现、原因分析和早期对策是解决设备突发故障的主要方法。

慢性故障的日常现象有很多，主要的是水面下的各种缺陷，如图 2-31 所示。

图 2-31 慢性故障微小缺陷管理课题

设备因长期运转，生产环境等影响，会产生磨损、松动、振动、噪声等，也可能会附着垃圾、灰尘、原料等，也有可能存在碰伤、变形等微小缺陷。这些微小缺陷，并不会马上造成设备的突发故障，但是这些微小缺陷的长期存在和扩大，最终会导致故障突发。同时，这些微小缺陷的发生有各种各样的原因，发现这些微小缺陷，及时解决这些微小缺陷，是防止故障突发的根本措施。为此，要对慢性故障产生微小缺陷的原因进行认真的分析，如图 2-32 所示。

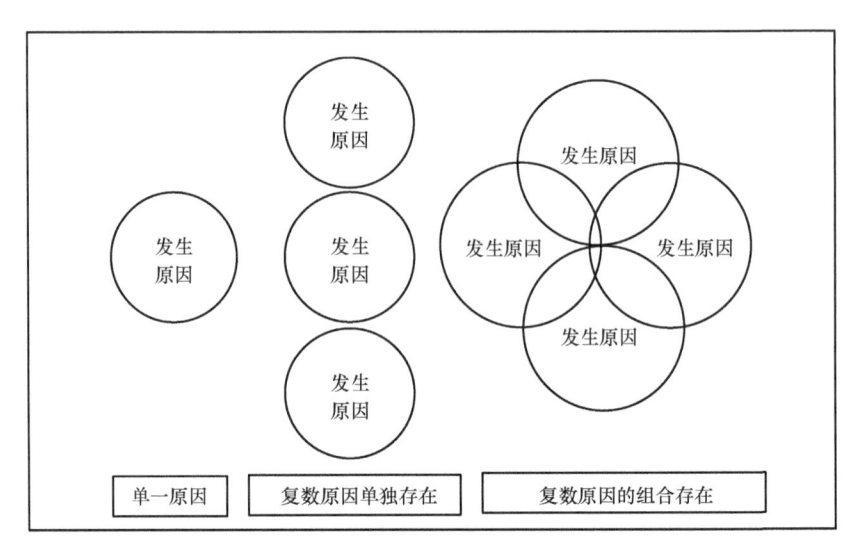

图 2-32　慢性故障微小缺陷原因分析

这些磨损、松动、振动、噪声等，都是微小缺陷，要通过这些现象对造成这些现象的原因进行分析。有些原因可能是比较直接的，有些也可能是比较深层的，有些甚至可能是设计等的原因，属于复合型原因，此时更要进行分析找到真正的原因，并进行彻底改善。

这些微小缺陷虽然不会马上造成设备的突发故障，但是这些问题之所以容易被忽视，主要原因是管理的问题，属于管理课题，如图 2-33 所示。

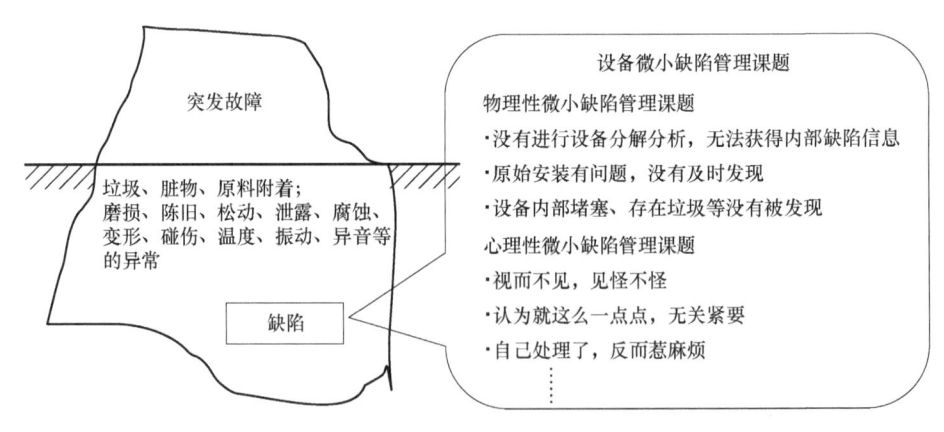

图 2-33　设备微小缺陷管理课题

首先是物理性的微小缺陷，主要原因是设备本身的物理结构，造成不容易发现的微小缺陷。例如不分解设备就发现不了的微小缺陷，从而认为没有问题，或者临时采取了一些措施，掩盖了问题。

另外是心理性的微小缺陷，因为没有马上造成突发设备故障，所以认为没有问题，从而被长期放置，这些都是管理课题。

所以，发现和解决微小缺陷就需要通过日常对设备的自主保养管理，发现问题，解决问题，以减少突发故障，防患于未然。

设备的自主保养包括开机前、运行中、停机后的重点、定期和非定期的点检。

例如：润滑、油压/气压、驱动/电动/运动部分、电器仪表的点检。

设备维护：清扫、加油、松动检查等。

设备修理：设备微小缺陷的及时修护，如锈蚀、磨损、老化等。

设备环境：对设备周边的环境，从温度、灰层、安全的各个角度进行改善。

慢性故障的改善体制如图 2-34 所示。

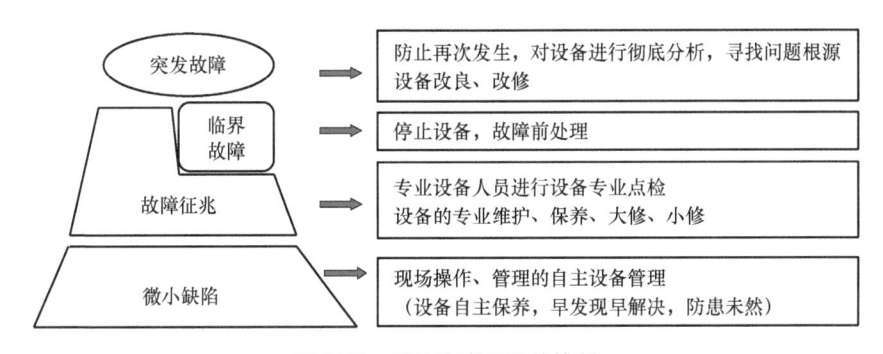

图 2-34　慢性故障的改善体制

设备是生产的关键所在，只有降低设备故障，才能提高生产率，从而降低生产成本。因此，以预防为主的设备自主维护和专业维护是非常有效的设备维护管理方法。

2.5.4　设备自主维护

设备的日常维护保养是保证设备不出故障，少出故障的预防管理，这些工作不单纯依靠设备专业人员，更要依靠实际操作设备的人员来进行。因为设备的状态、设备出现问题的先兆实际操作设备的人员是最清楚的。对设备进行正常维护和预防保养，要做到责任到人，制定明确的设备清洁润滑点检指导书，如图 2-35 所示。

每个人、每个工位、每个过程对应的设备是否都有设备清洁润滑点检指导书或有关标准，以及员工是否都熟知自己所负责设备的清洁润滑点检指导书或有关标准。

设备发生故障前，一定会有一些先兆，这些先兆大都会通过日常的设备点检被发现，如果能够及时处理，便可以达到以预防为主的设备管理。所以，日常设备自主维护保养应主要从以下内容进行管理：

1）负责每个工位、每个过程的每个人是否都按时、正确点检，是否发现了问题，是否有记录。

***	设备清洁润滑点检指导书	编制：*** 批准：*** 执行日期：****.*.*
设备名称、型号：	*****	设备编号：***.***

清洁点					
日	周	月	序号	名称	方法/要求
	○		1	设备结构件外表面（含操作平台）	用清洁布及拖把擦净
	○		2	液压站外表面	用清洁布擦净
○			3	按钮站表面	用清洁布擦净，内部无杂物
润滑点					
		⊘	4	传输滚轮组（共16点）	用润滑脂枪将2号锂基脂加注至轴承处，有润滑脂轻微溢出
		⊘	5	线下纵向同步齿条	柴油清洗后用布擦净\毛刷涂抹N46号机油
检查点					
		⊘	6	传输前进气缸限位	动作是否可靠
○			7	传输系统	动作是否平稳，有无异响
○			8	升降系统	气路有无泄漏
○			9	升降系统	动作是否平稳，有无爬行现象
○			10	液压站联轴器（每天开线前查）	有无损坏
○			11	液压系统阀组及管路	有无泄漏
○			12	液压系统液压泵及电动机	有无异常温升及异响
		⊘	13	传输滚轮组	有无松动和滚动不良现象

图 2-35 设备清洁润滑点检指导书

2）负责每个工位、每个过程的每个人是否都按时、正确清扫，是否发现了问题，是否有记录。

3）负责每个工位、每个过程的每个人是否都按时、正确润滑，是否发现了问题，是否有记录。

4）哪个工位、哪个设备、哪个人因没有严格执行设备点检等出现了问题。

5）哪个工位、哪个设备、哪个人因没有严格执行设备清扫等出现了问题。

6）哪个工位、哪个设备、哪个人因没有严格执行设备润滑等出现了问题。

对清洁润滑点检的问题进行统计，及时发现隐患，及时维修，防患于未然。设备隐患问题预防点检汇总表见表2-27。

表2-27 设备隐患问题预防点检汇总表

序号	所属设备	设备编号	问题描述	是否解决	备注
1	****设备	B*.*.*	目视化标识需改进	部分解决	
2			冷却水箱无标识说明	是	
3			冷却水箱需加装温控	是	
4			离合器油管漏油	是	
5			滑块管线不整洁	是	
6			滑块导轨接油盘不整洁	是	
7			夹模器油箱上的油口无接油盘，无中文标识	否	
8			台车轨道电缆线槽无盖板易积油灰		
9			高空清洁时无稳定安全的辅助工具		
10			全员生产维护（TPM）清洁指导书上缺少清洁接油盘滤网一项		
11			工作台面T形槽清扫时较困难		
12			上机床顶时梯口缺少安全警示牌		
13			滑块运动时导轨会喷油		
14			机床接地标识缺失		
15			机床立柱表面因碰撞掉漆未补		
16			操纵面板下380V电源插座损坏未修复		
17			安全栅栏门损坏变形无法使用	是	
18			部分紧急停止开关标识不清楚		
19			机床正面工作区两盏工作灯位置偏高，光照不够		
20			夹模器油箱上有一根油管弯曲不美观，已改善	是	
21			机床地坑漏水造成检查和清洁困难，需想办法解决		

（续）

序号	所属设备	设备编号	问题描述	是否解决	备注
22	**设备	*＊.＊	C形焊钳烧电极头		
23		*＊.＊	气源过滤器松动		
24		A*＊.＊	总水阀关不死		
25			更换过滤进水阀		
26			电源关不了		
27		*＊.＊	回水阀漏水		
28		A*＊.＊	总水阀关不死		
29			更换过滤进水阀		
30			气阀松动		
31		C*＊.＊	总水阀关不死		
32			气阀松动		
33			气压表无作用		
34			更换过滤进水阀		
35		C*＊.＊	气压表无作用		
36			气阀松动		
37			气阀电源损坏		
38		C*＊.＊	总水阀关不死		
39			更换过滤进水阀		
40			气源阀门需更换		
41			无电源指示灯		
42		C*＊.＊	总水阀关不死		
43			更换过滤进水阀		
44			无电源指示灯		
45		C*＊.＊	气阀电源损坏		
46			无电源指示灯		
47		C*＊.＊	更换过滤进水阀		
48		C*＊.＊	气阀电源损坏		
49			X形焊钳9~15kg平衡吊损坏		
50		C*＊.＊	更换过滤进水阀		
51			气阀电源损坏		
52			焊钳漏气		
53		C*＊.＊	更换过滤进水阀		
54		B*＊.＊	配电盒电源线外露		
55			气阀松动		

(续)

序号	所属设备	设备编号	问题描述	是否解决	备注
56	＊＊＊设备	A＊＊.＊	水旋末梢部分出口已被堵死		
57			漆渣无处堆放		已联系外单位
58			过滤袋需更换	是	
59	＊＊＊线设备	A＊＊.＊	自动点焊机管线凌乱		
60			传动齿轮箱漏油		

通过以上的管理，可以提高设备的可靠性和效率，减少设备的浪费，从而降低成本。

2.5.5 设备换型停机浪费和改善

1. 设备换型的现状

现在的生产模式大多数是多品种、小批量、个性化生产。而今后的发展方向是个性定制化生产。也就是说，每个产品都是定制的产品。

产品具有多样性和个性化就需要频繁地切换生产，如因为样式不同，所以需要切换模具；因为加工方式不同，所以需要切换刀具；因为对材料需求不同，所以需要切换材料。这种换型需要停止生产进行，是不创造价值的工作。

换型的增加会增加停机浪费的时间，从而影响生产率。

因此，实现快速换型是提高设备换型效率最好的方法。

日本能率协会新乡重夫先生经过了多年的研究和实践，在1950年总结了快速换型方法——SMED，是一种为了改善设备换型浪费的科学方法。

我也有幸在日本能率协会工作了三十多年，新乡先生的思想对我的改善思想形成产生了巨大的影响。并在工作实践中应用新乡重夫先生的SMED，摸索出了一些设备换型中具体问题的分析和实现SMED的具体方法。

快速换型的基本思路是尽量减少因换型而产生的停机浪费时间，保证生产的连续性。换型时间浪费主要体现在以下几个方面：

1) 换型用的工具问题：需要寻找、调整，工具存在不合理。
2) 模具没有保养：换型时应进行保养包括去尘、加油、拧紧等。
3) 换型的先后顺序没有标准：会有重复、反复的工作。
4) 结构上不容易拆卸。
5) 装配时需要多次调整：对缝、对口、对线等。
6) 重量问题，需要吊装设备。
7) 首件合格品之前的调试。

为了解决以上问题，可以按以下方法进行思考：

1) 有些工作可以在停机之前做好准备。

2）有些固定工作是否可以简化，如由螺栓固定变成凸轮固定。
3）是否可以考虑使用一些专用的换型工具。
4）是否可以通过改变结构，消除或减少调整等来减少停机时间。

根据以上几点，结合工作中的经验，总结出快速换型的现场改善落地方法即关田法快速换型。

2. 关田法（KANDA METHOD）快速换型

换型标准化时间操作步骤：

1）实测换型工作的整个过程（从停机到开机），对整个过程进行浪费分析（主要是现状定量化）。
2）整个过程分成停机换型工作和非停机准备工作（主要是对停机时间改善）。
3）对停机换型工作等待、方法、标准、配合等的改善（主要是对管理方法改善）。
4）对停机换型进行工具、工装、结构、调整的改善（主要是对夹具工装改善）。
5）进一步把原来需要在停机阶段所做的工作放至非停机准备阶段进行，并且标准化（主要是对标准化改善）。

换型标准化时间操作步骤如图 2-36 所示。

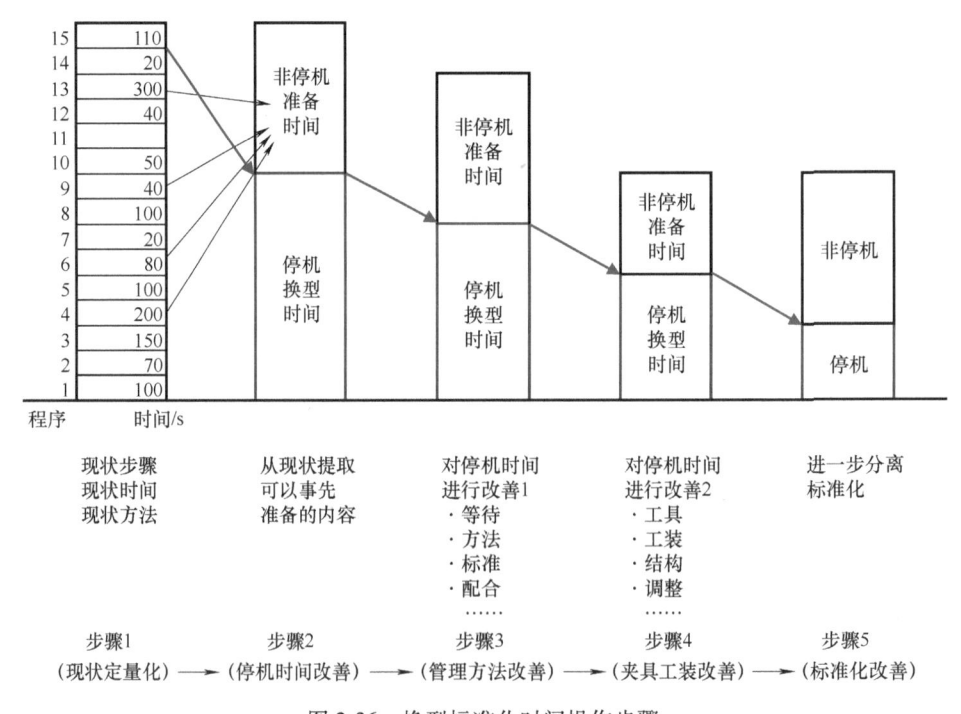

程序	时间/s
15	110
14	20
13	300
12	40
11	
10	50
9	40
8	100
7	20
6	80
5	100
4	200
3	150
2	70
1	100

步骤1（现状定量化）→ 步骤2（停机时间改善）→ 步骤3（管理方法改善）→ 步骤4（夹具工装改善）→ 步骤5（标准化改善）

图 2-36　换型标准化时间操作步骤

关田法（KANDA METHOD）快速换型首先从现状定量化开始，进而从停机时间、管理方法、夹具工装和标准化四个方面进行分析改善。下面通过一个具体案例进行实操阐述。

3. 关田法（KANDA METHOD）快速换型案例研究

（1）案例设备的概要　三台设备为一个加工单元，同时进行产品换型。三台设备分别是1号机、2号机和3号机。对换型的全过程进行分析和改善。

1）方式：现场连续实测、问题点汇总、分析瓶颈。

2）分析角度：以发现的问题点为基础，进行梳理。发现目前不需要资金投入，将马上能改善的部分作为本次改善的切入点。案例分析设备布局如图2-37所示。

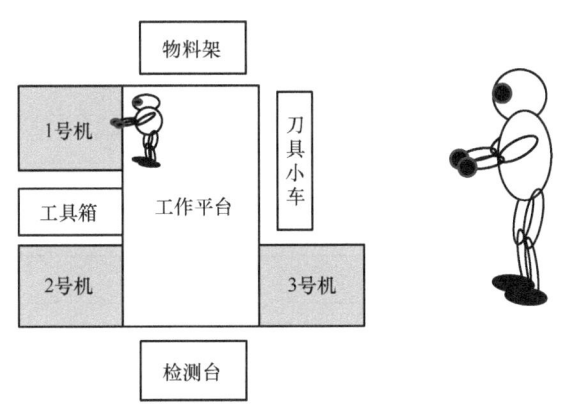

图2-37　案例分析设备布局

（2）现状定量化　连续观测分析设备换型的整体过程和各个环节内容，见表2-28。

表2-28　设备换型调查分析表

时间	工作分类	工作时间	时间累计	工作内容	问题点

连续观测分析实际换型工作的各个环节，并对这些工作环节分类，测量其开始和结束时间，同时观测分析可以改善的问题点。连续观测的设备换型调查分析结果见表2-29。

表 2-29 设备换型调查分析结果

时间	工作内容
10:39:15	1号机停机
10:41:15	2号机停机
10:45:15	3号机停机
10:48:15	步行至工具箱准备工具
10:49:15	推小车至刃磨间领刀具并填写单据
10:54:15	领完刀具,继续至工具箱准备刀具
10:56:15	开始拆刀具,1号机预拆
10:58:15	2号机预拆
10:59:15	3号机预拆
11:01:15	拆1号刀,气管清理油污
11:02:15	拆2号刀,气管清理油污
11:05:15	拆3号刀,气管清理油污
11:07:15	清理结束,放回部分工具
11:08:15	清理机床(擦拭)
11:10:15	移动刀具
11:11:15	取1号刀具
11:12:15	步行至1号机,装1号刀具
11:17:15	1号刀安装结束,步行至小车取2号刀,步行至2号机装2号刀
11:22:15	2号刀安装结束,步行至小车取3号刀,步行至3号机装3号刀
11:32:15	3号刀安装结束,清理油污
11:33:15	从工具箱取出挂轮,开始装挂轮(1号机)
11:36:15	安装挂轮结束,调整托架距离,清理机床,调整机床时出现故障(1号机)
11:46:15	调整鼓形量(1号机)
11:48:15	调整托架距离(2号机),清理机床
11:50:15	修理1号机床,技术人员与工人进行交流
11:51:15	调整轴交角(2号机)
11:53:15	调整轴交角(3号机)
11:55:15	调试1号机床
11:58:15	步行至工具箱,取工具
11:59:15	继续调整1号机

（续）

时间	工作内容
12:01:15	1号机床停止运转，开始调试2号机，到1号机取测试件
12:12:15	调整鼓形量（2号机）
12:15:15	调整托架距离（3号机），清理机床
12:25:15	调试3号机
12:27:15	调整鼓形量（3号机）
12:29:15	试运行1号机
12:32:15	试剃A齿5次，观察
12:39:15	测量测试件（仪器）
12:41:15	继续测试1号机，试剃A齿2次
12:48:15	测试2号机
12:53:15	调试机床（2号机）
12:55:15	试剃B齿4次，观察
12:02:15	清理测试件及手上油污，测量（仪器）
13:04:15	继续试剃B齿1次
13:06:15	调整3号机床
13:10:15	试剃C齿6次
13:21:15	换测试件，之前的测试件有拉痕，继续试剃
13:25:15	清理测试件
13:26:15	送检（第一次）
13:43:15	检查结束，三个齿均有问题，依照检查报告，调整3台机床
13:54:15	调整结束，试剃A齿1次
13:56:15	试剃B齿1次
13:58:15	试剃C齿1次
14:00:15	清理测试件
14:02:15	送检（第二次）
14:11:15	检查结束，仍有问题，依据检查报告继续调整机床参数，次序为3、2、1
14:24:15	试剃A齿1次
14:26:15	试剃B齿1次
14:28:15	试剃C齿1次
14:29:15	清理测试件油污

(续)

时间	工作内容
14:30:15	使用仪器自检
14:31:15	将工具送回至工具箱内
14:32:15	装好机床门，开始生产
14:44:15	检查结束（符合要求），开始批量生产

换型 共用246min

换型工作从10:39开始，到14:44结束，历时246min，共进行了64个操作。

（3）观测结果分析　换型时间共用246min，64个环节的操作。这64个操作可以分成几大类型。例如停机、调整、送检等。观测结果分析如图2-38所示。

分类	时间/min	比例（%）
调整	84	34.15
测试	78	31.71
停机	28	11.38
送检	26	10.57
装配	24	9.76
准备	5	2.03
生产	1	0.41
合计时间	246	

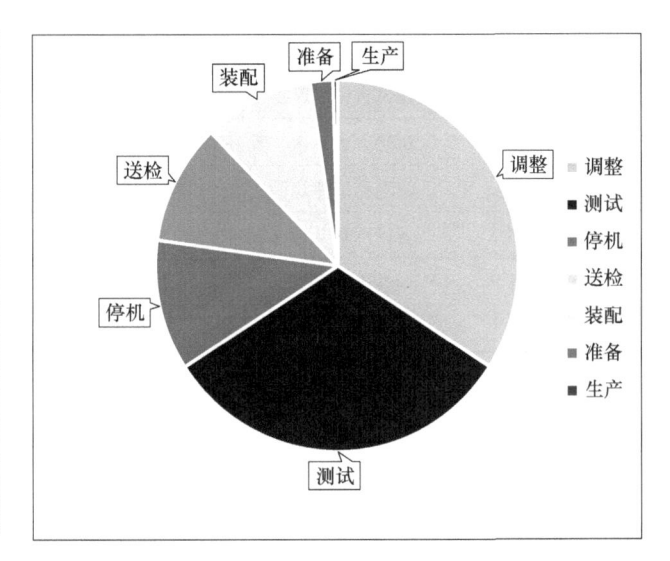

图2-38　观测结果分析

在总体时间内，实际进行换型的操作就是装配工作，仅占总时间的9.76%。其他的调整、测试占据了大部分时间。可压缩的时间很多，故有很大的改善空间。

应根据现场测量和分析的结果，考虑改善方案。

（4）换型操作改善

1）停机操作改善。

根据现状测试表中可以看到第一部分是停机操作。

停机操作占用了28min。操作顺序是先逐一把三台备全部停止，再逐一拆卸刀具。对这个操作流程进行改善：先停止一台设备并进行刀具拆卸，然后再停止下一台设备，拆卸刀具，这样就可以减少设备停止时间。停机操作改善如图2-39所示。

时间累计/min	工作内容	非停机准备
	开始的28min	
2	1号机停机 全停卸刀	最后一个工作加工时顺次停机
6	2号机停机	最后一个工作加工时顺次停机
9	3号机停机 顺序卸刀	顺次停机,只发生一次停机时间
10	步行至工具箱准备工具	事先准备
15	推小车至刀磨间领刀具并填写单据	
17	领完刀具,继续至工具箱准备刀具	事先准备
19	开始拆刀具,1号机预拆	最后一个工作加工时顺次预拆
20	2号机预拆	最后一个工作加工时顺次预拆
22	3号机预拆	顺次预拆,只发生一次预拆时间
23	拆1号刀,气管清理油污	最后一个工作加工时顺次拆刀、清理
26	拆2号刀,气管清理油污	最后一个工作加工时顺次拆刀、清理
28	拆3号刀,气管清理油污	顺次拆刀、清理,只发生一次拆刀、清理时间

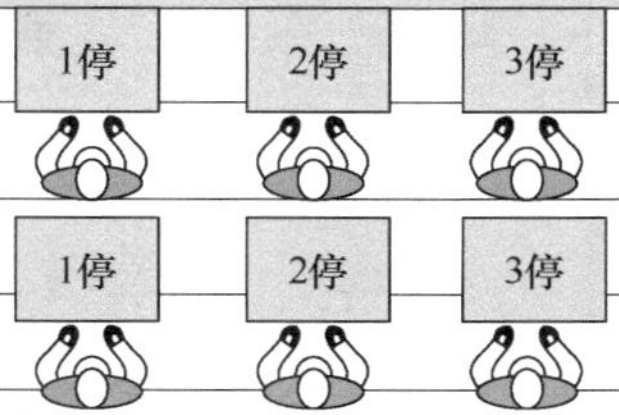

可以节约80%的时间

图 2-39 停机操作改善

这样可以节省 80% 的停机处理时间。

2）管理方法改善。

管理方法改善主要是针对停机换型工作内容、方法等的改善。

① 刀具小车位置改善。换型用的刀具小车放在设备的外围，每次都要走过去拿取、放置刀具等。实际上可以把刀具小车放到三台设备中间，这样就可以减少不必要的走动，具体如图 2-40 所示。

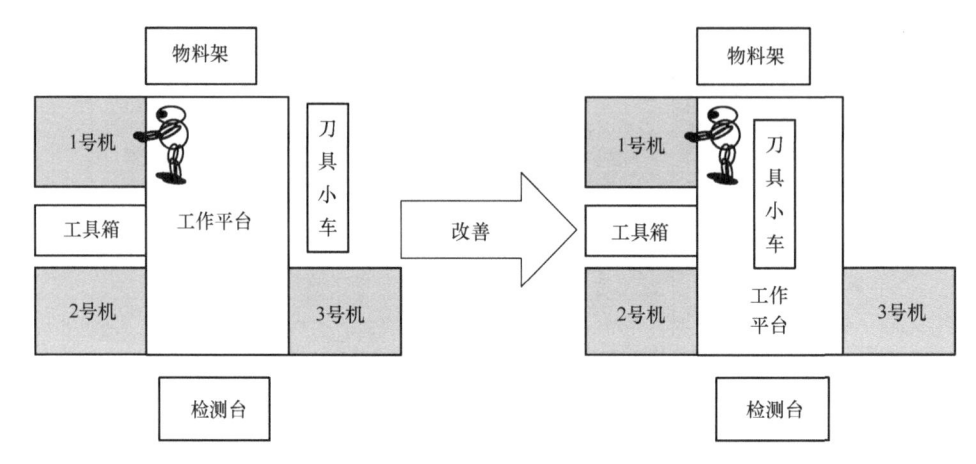

图 2-40 刀具小车的位置改善

如果把工具小车放在 3 台设备的中间，则操作工来回走动的距离减少，调整的时间也会缩短（50%）。改善后的结果如图 2-40 右图所示。

② 其他管理改善。在换型过程中，会用到许多工具和工装。在实际工作中，因这些工具、工装无固定位置的摆放，会造成一定的寻找和确认时间。这时就需要通过固定工具、工装位置来消除寻找时间。

试加工后，要进行的便是检验，有时会需要一定的等待时间，从而造成浪费。可以根据换型的时间进度，提前设定检验顺序和时间，以消除检验中等待所造成的时间浪费。

在整个换型过程中，会存在一些测试工作。测试的顺序、工具、方法都是根据工人的经验，如此便会造成一定的浪费。应对测试的顺序、工具、方法进行标准化，以提高测试工作效率。

需更换的刀具在停机后才领取，延长了设备的停止时间。可以安排在停机前领取刀具，以减少不必要的设备停机时间。

其他管理改善方案见表 2-30。

③ 工装夹具改善。换型工作中花费最多的时间是调整时间，约占用时间总量的 80%。调整的工作也是根据工人的经验进行，非常浪费时间。通过分析研究发现，调整工作可以分为两步进行。

表 2-30　其他管理改善方案

	改善方案
1	刀具盘的定制做到"一看一拿，无须核对"。减少在测试过程中，因为不必要的寻找，造成时间的浪费。特别是调试工具的型号，在实际过程中，操作工还需要特意寻找
2	送检的轻重缓急，针对送检等待时间过长，制定送检"急诊号"这样可以大大缩短因等待检验而造成的时间浪费
3	设备测试的标准化。在整个过程中，当进行测试、拿物品等操作时，出现的确认现象过多。确认是对工作的负责，是好事情。但是过多的确认会给工作带来负担，从而增加整个测试过程的时间。所以，对测试进行标准化，可以减少不必要的时间浪费
4	调试前预先领出刀具，不占用工作时间，可节省约 7min 时间

第一步调整到基本位置；第二步再微调到精确位置。同时在设备上标注基本位置的刻度。通过以上改善，可以减少定位次数，缩短调整时间，具体如图 2-41 所示。

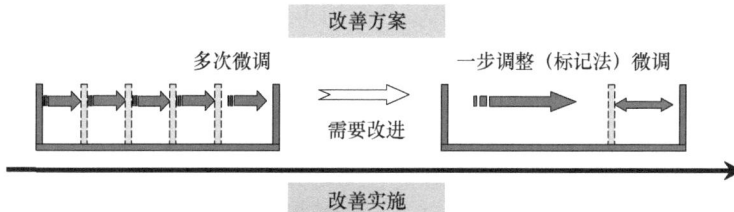

图 2-41　工装夹具改善 1

设备在换型操作时，工人要打开设备的进出料玻璃门，伸手到设备里进行操作,很是不便,应改进进出料门,使之变成可以敞开的门,从而利于操作,如图 2-42 所示。通过以上改善,可以减少一部分调整的时间。

工装夹具:制作相应的工具,并对设备进行部分的改进,便于调整。(主要体现在3号机)

图 2-42　工装夹具改善 2

④ 操作标准化。

总结有经验的设备人员的操作,并进行标准化。在班组内部召集有设备调试经验的人员开展一次小型研讨会,并请教车间齿加工技术调整工 A 师傅,把第一次的对刀距离定在离剃齿工艺要求上偏差的 0.60mm 左右再进行微调。经验证,六个齿全部可以按此方法执行,3 台设备可以节约约 10min 时间。

结合以上的改善方案和改善成果,标准化实施换型作业,制定换型作业标准,见表 2-31。

表 2-31　操作标准化

剃齿机换型作业指导书			
型号:YYYYYYY		设备编号:111　　加工零件:轴齿	
序号	作业项目	具体内容	时间/min
0	拆上一个产品的刀具、夹具	拆去上一个产品的剃刀和夹具	10
1	调整前准备	准备工艺、工具(包括刀具)、工件	5
2	安装刀具	定位面不允许有铁屑、毛刺等杂物,垫片的厚度=0.5~25 倍剃刀宽度	10
3	调整刀具与工件的轴交角	$\phi=\beta\pm\beta_\text{工}$(同向相加,异向相减)	5
4	安装工件	刀具中线和刀架的中线与工件的中心重合	15

(续)

剃齿机换型作业指导书				
型号：YYYYYYY		设备编号：111	加工零件：轴齿	
序号	作业项目	具体内容		时间/min
5	调整鼓形量	鼓形机构		5

⑤ 换型改善案例汇总。

通过以上停机操作改善、管理方法改善等，改善前后的比较见表 2-32。

表 2-32 改善前后的比较

	改善前		改善		改善后	
分类	时间/min	比例（%）		分类	时间/min	比例（%）
调整	84	34.14	→	调整	42	17.00
测试	78	31.71	→	测试	23	9.50
停机	28	11.38	→	停机	6	2.28
送检	26	10.57	→	送检	5	2.11
装配	24	9.76	→	装配	17	6.83
准备	5	2.03	→	准备	4	1.63
生产	1	0.41		生产	1	0.41
合计时间	246			合计时间	98	

总体时间从原有的 246min 降低到 98min，减少换型时间 148min，大幅度提升了换型效率。但是调整的时间仍然有 42min，这将是下一步的持续改善课题。

4. 关田法（KANDA METHOD）快速换型小结

（1）关田法（KANDA METHOD）快速换型重点　快速换型分析，改善操作流程如下：

现场测时→问题分析→停机非停机分离→管理改善→技术改善→标准化→标准化培训→标准化管理→持续改善。

这里现场测时是十分重要的，只有正确、及时地进行现场测时，才能有的放矢地发现问题，解决问题。

现场测时不单纯是测量时间，其目的有三。

1）每个作业内容和目的的确认。为了能够进行改善，在测时时就要有目的地区分各种不同的工作内容，如本案例中从头到尾共区分了64个工作内容。

2）测时过程中的问题发现。在现场进行测时，实际上就是对换型整体的诊断过程，需要不断地诊断出问题、课题和改善的可能性。例如在本实例中，观测到三台设备全部停机后才进行的卸刀工作，这时就可以考虑停一台，卸一台的改善思路，并且在现场就可以进行实际确认。

3）正确地测量出每个作业的具体用时。

（2）关田法快速换型改善思想的步骤　思想就是思维方法，这个内容是最重要的，也是新乡先生快速换型的原点思维。总结起来如下：

1）三定一可的思想。

关田法（KANDA METHOD）5S的核心思想是定品种、定数量、定位置、可视化。在换型过程中将会应用到各种工具、工装、零件、仪器等，这些物品应该按使用的需求，进行三定一可的管理。

① 定品种，就是明确换型所需要的必要工具、工装、零件、仪器等。

② 定数量，就是确定所需物品数量，不需要进行任何选择，拿来就用。

③ 定位置，就是将所需的物品根据实际换型的操作，放置在固定的位置，不需要寻找。

④ 可视化，就是通过标签、颜色等，一眼就可以看见所需工具、工装、零件、仪器等，实现可视化。

2）并行作业的思想。

在换型工作中，有些工作是可以同时进行的。例如，在准备刀具的同时，可以同步进行设备清理等。本案例中的三台设备在改善前是全部停止之后再进行卸刀的，改善后则为逐一停机同时卸刀，这也是并行作业的思想。

3）调整为零的思想。

在本例中，调整所用的时间最长，这也是大部分换型工作的主要问题点。模具、刀具等装上之后，并不能马上进行正式生产，需要花费大量的时间进行调整，而且调整时间是不可控的，这主要取决于调整工人个人的熟练度，即经验式的工作。

如果对这些经验式的工作进行研究，形成标准和固定程序，就可以大大减少调整的时间，以至消除调整。例如，本案例中把调整刻度化，从而减少了调整时间。

需要明确的是，调整其实是不必要的时间，是一种浪费。

4）辅助工具的思想。

在实际工作中，在一些个性岗位上，经常会发现一些个性的工具、工装等，我们一般称之为二类辅助工具或二类辅助工装。这些二类辅助工具容易进行操作，可以提高操作的效率和质量。所以在换型工作中，也可以通过对换型工作的研究、开发、制造一些简单、实用的辅助工具，以提高换型的工作效率。例如在本案例中，对设备进出料门的改进。

5）机能标准的思想。

标准化是把经验、技巧变成标准、技术。

首先要总结研究有经验人的操作方法，寻找操作的规律和科学方法。例如本案例中调整方法的经验研究。在研究经验的基础上，根据工艺水平的现状，制定合理的换型操作标准。换型操作标准的三要素是：顺序、内容、时间。然后对标准加以实施，进行持续改善。

6）教育培训的思想。

标准并不是制定好就结束了。要能够真正科学高效地实施，教育培训是十分必要的。这个教育培训不是课堂上的教学，而是现场的培训和实施过程的评估。

快速换型的改善，首先是基于管理的改善。需要对现行的方法进行标准化、简易化和可视化改善。通过管理改善，大部分的问题都可以解决，同时这种管理改善是不需要投入的，而且效果比较显著。

快速换型的改善也是一个持续改善的过程，不要追求一步到位，要持续按以上步骤不断循环改善，不断追求更高境界。

2.5.6 设备效率浪费降本改善小结

设备的效率改善，关键是减少设备的不必要停机，以及设备换型停机和设备故障停机。

设备故障停机，大都会理解为是设备本身的问题，实际上大部分的设备非正常停机的背后，都存在着人为因素的影响。所以在改善设备停机的浪费中，既要解决设备本身性能等问题，更重要的是解决人为因素的影响。

人为因素的影响主要是两个方面。

1）日常的设备清洁润滑点检。

2）日常的设备初期隐患及时发现。

作为专业的设备管理，也不能只限于设备的修理，从防患于未然的角度出发，应做到预检、预换、预修，从而提高设备开动效率，降低生产成本。

2.6 提高人的工作效率的降本

人的成本改善，也就是提高人的工作效率。

从直接变动成本入手，首先考虑人的成本，这样也可以暴露其他成本的浪费。人的成本主要从人的工作效率上入手，其浪费结构如图2-43所示。

人的工资是固定成本，但是加班、增加人员数量、无效工作等，都属于浪费成本。人的浪费成本分析从以下几个角度进行。

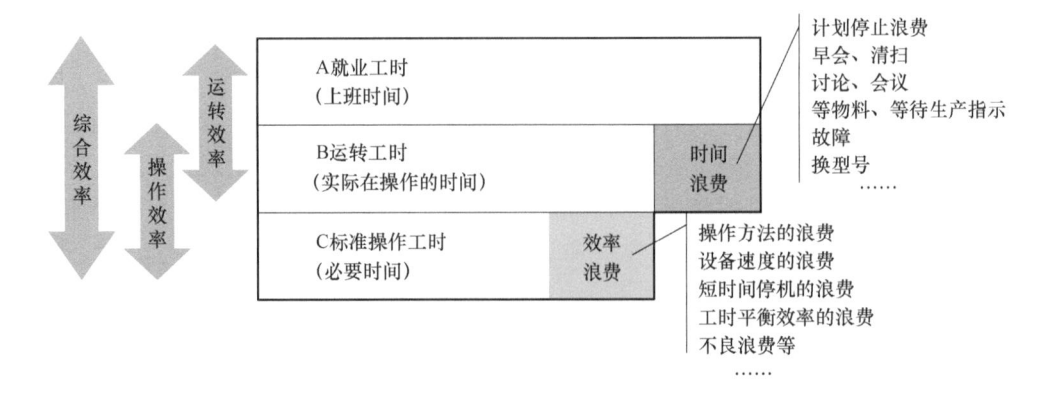

图 2-43　人的成本浪费结构

从运转效率看，A 的就业工时为 8h，B 的运转工时却只有 7h，这两个之比即为运转效率。造成这 1h 停机的原因有：计划造成的物料、生产指示等待；设备故障、调整等造成的等待；其他无计划的会议等，这些等待是需要改善的对象。

B 的运转工时与 C 的标准操作工时相比，仍然会有些差距，这个差距是操作效率的浪费，是由操作方法的浪费、设备速度的浪费、短时间停机的浪费、工时平衡效率的浪费，不良浪费等造成的，这些也是改善的主要对象。

人的效率浪费，有一些人认为是员工素质低，员工责任心不强所至。我认为这种认识是错误的。

大部分的操作工人是非常朴素的，愿意接受管理，愿意按标准执行。造成人的效率浪费的原因主要还是在领导，主要还是在管理。

例如计划造成的物料、生产指示等待；设备故障、调整等造成的等待就是管理浪费。

例如操作方法的浪费，设备速度的浪费、短时间停止的浪费、工时平衡效率的浪费，也是管理浪费。

以上这些浪费是人的效率浪费的主要原因，所以提高人的工作效率，应该从领导入手，从管理入手。

2.7　不良浪费的降本落地改善

2.7.1　不良的浪费和降本

我曾经在一个企业指导过降低废品率 50% 的项目。

这个企业生产微型的高精密机械产品，从下料到加工装配的过程中，产生的废品非常多。这些废品不能重复利用，只能作为废材处理，占据了生产成本很大一部分。所以公司决定将废品率的降低作为降低成本的一个主要改善方向。经过一年的改善实施,最终达到了预定的废品率降低50%的目标,降低了废品产生的成本,为这个企业创造了直接利润。这个项目作为外国专家引进项目,取得了上海市的奖励。

不良可以分成两种:首先是废品,是不良造成的最大浪费;其次是返修返工的不良品。

废品不良直接导致的就是材料成本的浪费,在这背后还有着为加工、组装、搬运、处理这些废品所用的人力、物力、设备、管理等的成本浪费,是最大的不良浪费。

即使是返修返工的不良品,最终也有可能变成合格产品,但是在返修返工的过程中,同样产生了不必要的加工、组装、搬运、处理,以及人力、物力、设备、管理等的成本浪费,也是非常大的隐形浪费。

为了避免废品,减少不良,企业的组织内专门有质量部门、财务质量核算功能,并配备企业质量高管、市场质量窗口、采购质量工程师等。在整个制造链的全过程中,投入了大量的成本。

有些质量管理专家说过,质量问题25%与技术有关,75%是与人和管理有关。我非常赞成这句话,也在实践这个思想,并且总结了形成了改善质量,形成了降低成本的关田法3N。

2.7.2 不良的真正原因

造成质量问题的真正原因是什么?

关田法(KANDA METHOD)的质量管理哲学:产品的最终质量取决于过程质量;过程质量又取决于过程中每个人的工作质量;工作质量又取决于过程中每个人对质量保证的态度;而人的质量保证态度又取决于管理对于质量保证的要求。

结论:质量出了问题,就是管理人和操作人对质量保证的态度出了问题。

关田法认为:质量问题不是操作者没有做到,而是我们的管理没有做到。

所以,降低质量成本,要从质量管理上入手,要提升管理的质量和保证质量的认识。

关田法认为这个认识程度反映在两个方面:一是操作者对工作认真负责的态度;二是管理科学性和有效性的落地,两者都是与人有关的问题。也就是说质量问题的人为因素是主要的,关田法把它定义为人为质量。

2.7.3 不良改善的关田法

人为质量管理,是关田法(KANDA METHOD)质量管理哲学的原点,也是质量管理的落脚点。

当然，人为质量问题并不一定全是人造成的，甚至有些问题在当时的条件下是不可避免的。从关田法（KANDA METHOD）的人为质量视角看，主要从以下两个方面考虑人为质量问题。

1）人为可控质量：操作者严格按标准工作，保证不产生质量问题。

2）人为可检质量：即使是一些人为不可控的质量问题，但操作者可发现（包括不可避免问题）问题，且保证不传递问题。

人为质量问题占质量问题的大部分，其关键词是人为可控和人为可检。这也是关田法（KANDA METHOD）的质量管理灵魂。

质量不是检查出来的，而是生产出来的。人为质量管理就是要在生产过程中保证质量，这就是过程质量。关田法（KANDA METHOD）的人为质量管理就是对过程中的人为质量进行管理。

在生产过程中，当零件、产品等出现质量问题时，很多人会归结为设备故障、工艺问题、材料质量、工作工具等原因，但是其中往往会忽略人的因素，忽略了人的主观能动性。关田法认为，大部分的质量问题是与人有关问题，是人为质量问题。人为质量管理的重点就是在过程中进行人为可控、人为可检的质量管理。人为质量的构造如图2-44所示。

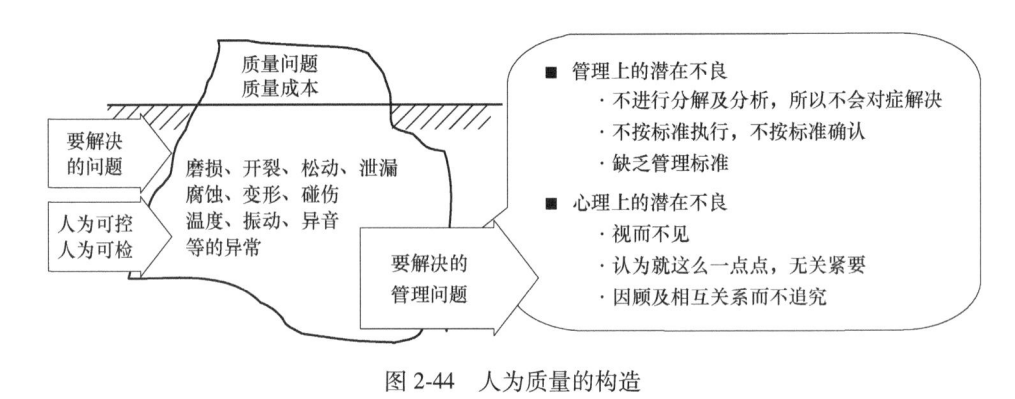

图2-44 人为质量的构造

由图2-44可以看出，在不良的背后，存在着大量的人为可控、人为可检问题，这些问题大都是可以发现的，但是如果不及时得到解决，就会发生质量问题，即人为质量问题。

人为质量问题的更深层次问题是管理上的潜在不良和心理上的潜在不良。

管理上的潜在不良，主要是对发生的问题只从表面现象去处理、解决，并没有从根本上分析解决，更没有把解决的成果落实到管理标准中。因此这样的情况会反复发生，无法根本解决。

心理上的潜在不良，存在于管理者和操作者的心里，主要在对工作、对质量认真、求真的态度上。以不良的心理进行管理、操作，就会忽视标准，忽视轻微的问题，最终造成真正不良的产生。

人为质量管理就是要消除人为可控、人为可检的质量问题，进而提高质量的意识，消除管理上的潜在不良和心理上的潜在不良。

实现过程人为质量管理的方法就是3N，即不接受、不制造、不传递。

工作中，每个环节、每个人都①不接受：在进入本道工作前，检查上道工序及用料的质量；②不制造：严格执行本道工艺标准要求，保质保量完成工作；③不传递：在传递给下一道工序之前，检查自己工作的质量。

关田法3N管理方法操作步骤（10个步骤）。

步骤1：梳理每个工位的质量问题。

步骤2：汇总人为质量问题。

步骤3：对人为质量问题分类。（不接受、不制造、不传递）。

步骤4：研究三类质量问题的控制方法。

步骤5：制作工位个性3N指导书。

步骤6：制定3N准则和标准。

步骤7：制作《3N执行记录表》。

步骤8：3N作业指导书培训并实现现场的可视化管理。

步骤9：制作《3N问题汇总统计分析表》。

步骤10：全面开展、检查实施、持续改善。

操作者的主要工作是生产（加工、组装、搬运等），这里的不接受、不传递的检查是操作者的自主目视检查（不需要工具，不需要仪器等），通过短时间的目视检查，保证不接受、不传递。

这样，使操作者在同一岗位上扮演三种不同的角色：即在生产制造之初，先进入顾客的角色，对前道传递的产品按规定检查其是否合格，一旦发现问题则有权拒绝接受传递，使质量问题得以及时发现与纠正，并避免了不合格品继续加工所造成的浪费；在接受了前道工序的合格品后，再回到制造者的角色，在本岗位作业时严格执行作业规范，确保产品的合格率。当完成本岗工作，向下道工序传递产品时，又处于供应商的角色，必须传递合格产品，否则会被下道工序的"顾客"拒收。

由于"3N"原则使每个操作者都要身兼"三职"，所以当员工作为"顾客"时，会很认真地使用自己的权利，体现对别人的制约；而作为制造者时会很尽心，因为他要拿出自己的合格产品；做供应商时又会很负责，因为他要把手中的产品推销给别人。这个循环体现了人处在不同角色时的竞争心理，有效地促进了相互制约机制的形成，进一步提高了人的自觉程度。这也是精益以人为本的具体体现。

2.7.4 不良浪费的降本落地改善小结

1. 实施质量的过程质量改善，质量管理重点如下：

1) 每个人、每个工位、每个操作过程是否有3N标准。

2）每个工位、每个操作过程的每个人是否都熟知 3N 标准。

3）每个工位、每个操作过程的每个人是否都熟练掌握 3N 标准。

4）每个工位、每个操作过程的每个人是否都按规定记录了 3N 记录。

5）每个工位、每个操作过程的每个人是否都按规定正确、按时记录了 3N 记录。

6）哪个人、哪个工位、哪个过程同样的人为可控质量问题（本道工序）反复出现。

7）哪个人、哪个工位、哪个过程同样的人为可控质量问题（本道工序）没有降低。

8）哪个人、哪个工位、哪个过程同样的人为可检质量问题（来料，上道工序）反复出现。

9）哪个人、哪个工位、哪个过程同样的人为可检质量问题（来料，上道工序）没有降低。

10）哪个人、哪个工位、哪个过程影响质量的工装、工具、模具等问题本人没有提出。

11）哪个人、哪个工位、哪个过程影响质量的工艺等问题本人没有提出。

2. 3N 实施的终极目的是 3N 的意识改善

（1）作业者的意识　如果作业者"不接受"目视检查的实施，必须使其彻底理解这一检查的必要性。

必须使大家理解"人，不知何时会犯错，由其他人进行检查，容易发现本人发现不了的问题，从而引起下道工序的注意，相互协助"。

（2）管理者的意识　通常，不良的出现会认为是操作者的技能不足、素质不高所导致，但其实这是管理的指导不足而造成的，在引起重视后。可通过观察现场作业，归纳总结同样的问题，并实施适当的指导，以降低不良的出现。

（3）责任的意识

1）人为质量问题的责任到人：什么工位（谁）、发生次数（偶发，常发）。

20 世纪 80 年代初期在中国农村推行了一项重要的改革，"分田到户、包干责任"的制度，激发了农村的活力，是责任到人的成功事例。

2）人为质量问题的量化：什么问题、什么位置、发生次数（偶发，常发）。

关田法（KANDA METHOD）3N 质量改善法是人为质量管理的终极落地之处，也是降低质量成本的终极落地之处。

2.8　委外加工的改善降本

一部分工作的委外加工，或请一些外部人员来参与生产等工作，也是成本的一部分。这部分的成本，主要从合理性、效率性方面进行管理和改善。

（1）改善的具体视点

1) 委外加工的配合情况、时间、质量。

2) 委外加工内容的合理性、是否可以变成内部加工。

3) 委外加工的成本是否合理、是否符合市场价格、是否可以进一步优化。

（2）外部劳务费

1) 时间上是否充分利用外部资源。丰田汽车临时工上班的时间为 6h：上午 3h、下午 3h。

2) 技能上是否充分利用外部资源。

3) 外部资源的标准是否合适，包括工资、劳保、加班等。

4) 外部资源的管理，如是否根据时间进行调整；上下班时间、上下班人员数量等。

合理的委外加工和管理也是降低成本的一环。

2.9　降低成本的 5S

1. 成本浪费和 5S

5S 的主要目的就是消除浪费，也是降本改善的有效切入点。

在工作现场，看得见的人、设备、物料、能源，看不见的技术、流程、特许等都是工作的投入。利用这些投入，生产市场才能创造出需要的产品，从而产生价值和利润，使组织持续发展和壮大。为此，必须要控制投入，增大产出。高效的投入是增大产出的最有效手段。实现投入被高效利用的方法之一就是 5S。

丰田汽车的工厂会在中间休息时，将工作现场的一般照明灯都关上，只剩下安全照明灯。

在细微之处即可反映控制管理水平。我曾经服务过几百家企业，这样实施的企业确实不多。一个照明灯用电确实不多，但是一百个照明设备，一千个照明设备呢？一个企业有多少个照明设备，假设这些照明设备全年工作 250 天，每天上午和下午各关闭 10min，那么总体会节省多少电费呢？这就是 5S 改善活动的根本，节省用电，减少浪费。这是能看到的消除浪费的活动，丰田汽车还有很多看不到的消除浪费的活动。

与客户项目组成员访问丰田汽车进行改善指导时，发现在其现场很少看到垃圾箱，即使有垃圾箱，里面也很少有垃圾。为什么？这是丰田企业在实施 5S 的改善活动中，为减少浪费，减少排放的改善成果。在汽车制造过程中，会产生一些垃圾和废物。例如剪下来的线头、包装纸箱等。在丰田汽车，通过 5S 的改善活动，从整理不必要的物品进一步发展到不产生不必要的物品，所以在丰田汽车的各个生产环节，设定了产生垃圾的最大量，以及一台车产生垃圾的最大量。通过这个 5S 的活动，各个工序、每个人都积极从如何不产生垃圾入手进行改善，完成了很多减少垃圾、消除垃圾的改善活动。丰田汽车的人员向我们展示了一台车规定的垃圾量，而且表示还在持续开展减少垃圾的改善活动。这些垃圾本身就是浪费，所以减少垃圾，就是直接降低成本的改善活动。

我所在的日本能率协会有 1700 多名专业咨询人员。我们在办公室也实施了 5S 改善活动。印象非常深的是有一年，公司开展"KECHIKECHI 运动"，日语"KECHI"带有吝啬的意思，也就是节约运动。办公室的节约运动，就是注意照明的使用注意复印纸的使用、注意空调的使用等。这些活动看起来都是十分不起眼，同时也没有多少成本的活动，但是 1700 人经过一年的改善活动，使办公费用降低了 5%。由此可以看出，在很多地方，只要大家都注意了，就会产生巨大的效果。

2. 全员参加的浪费问题清扫

清扫就是点检，发现问题，特别是发现隐患问题，从而进行改善解决。成本 5S 也一样，应全员参加，使每个人都对工作中的成本进行点检，并寻找问题。

下面通过一个实际的成本 5S 改善事例，说明全员参加的成本 5S 点检和改善。

在对工作的整理、整顿、清扫过程进行点检，发现了一系列问题：

1）工业用水的利用问题。工作中大量的用水被排出，有些可以重新利用，有些可以回收。

2）企业照明。仍然使用传统的照明灯，和 LED 灯相比，浪费大约 50%以上的电费。

3）零部件维修全部委托外部。时间长、成本高，分析有哪些零件的修理可以在内部进行。

4）工作中，由于工位间的工时不平衡，经常出现等待现象。

5）有些加工环节进行委外加工，可以考虑内部进行部分加工。

6）设备的利用率比较低，是否可以考虑集中相关工件，并进行处理以提高效率。

7）采购成本中有些零件是否可以重新选择供应商，以降低成本。

8）品种比较多，是否可以考虑多能工，实现柔性岗位。

9）工序间的配合和计划衔接有问题，造成产量受影响，需要改善。

10）有些岗位不一定需要固定的人员，可以考虑临时岗位，临时人员。

11）改善后优化出来的人员可以考虑新的工作内容。

诸多问题经过点检被梳理出来。针对以上问题，全员参加分析讨论，制订改善方案，同时测定改善的成果金额。问题梳理和改善方案见表 2-33。

根据以上的汇总方案，实施改善，减少浪费，降低成本。

3. 降低成本的 5S 持续改善

5S 是管理的手法，也是持续改善的手法，采用这个手法，可不断发现问题，解决问题，从而持续消除浪费。在工作现场的成本浪费，体现在工作的各个环节，所以，在平时工作中就要不断从成本角度出发，对工作进行检查，发现成本问题。

表2-33 问题梳理和改善方案

序号	项目名称	降本问题和改善	预计投入	降本测算 年度预计用量	年度预计降本金额/万元
1	污水处理排放水部分回收利用	现污水处理站气浮装置使用了大量的新鲜水与空气混合，目前从自来水的使用量上看每月消耗均值在千吨左右，不仅加重了用水消耗，而且经处理后排放的水得不到利用 如投入少量的资金加装一套排放水回收利用装置，在排放水适度时加以使用；如排放水少或不符合使用要求时，也可继续使用自来水（原设施保留）	材料+人工费约4000元	年度预计可节约水用量3000t左右	0.81
2	厂房照明置换	将厂房照明更换为节能灯具，约还有110盏未更换，每盏可减少250W-185W=65W，每小时可节约7kW，按每天开灯10h，全年200个开灯日计算全年可节约10×200×7=14000（kW·h），14000×0.65=9100（元）	约2万元	年度预计可节约电用量14000kW·h左右	0.91
3	电器模块修旧利废	针对各类电器控制模块损坏，积极发挥电器技术人员的能动性，开展模块维修，降低采购成本	5万元	44315台（机械加工产量）	48.48
4	工时优化	测试工位现在工时为74.72min/台，按每天8h，工作250天，需要34名测试工 工艺和流程进行改善，降为59.8min/台，需要27名测试工 工时降幅为19.97%，人员配置减少7人		44315台	42.00
5	取消毛坯件委外加工	每件毛坯件委外加工费用约为35元/台。建议取消委外加工，改为由供方直接供应成品。预计可降本10元/台		44315台	44.32

（续）

序号	项目名称	降本问题和改善	预计投入	降本测算	
				年度预计用量	年度预计降本金额/万元
6	清洗工序部分转移	力争完成3种工件的清洗工作，减少1.5个拆包装和清洗工序的人工成本［按4万/（人·年）］		44315台	6.00
7	连杆成品采购	新设计连杆成品拟由自制改为采购，已进行了相关的前期工作，更改后连杆预计可降本25元/根，折合发动机降本100元/台		1000台	10.00
8	优化生产组织方式	通过提高装配和测试车间员工技能，采取"一人多岗"的方式开动"小二班"弥补产能。1人2道岗，避免新增约50人，按派遣和实习生发放工资，预计减少160万元；（30名派遣工×4万+20名实习生×2万=160万)		44315台	160.00
9	提升JPH,减少加班	通过JPH的提升，提高班产量，减少加班和延班费用的产生。预计减少21.5天加班，减少加班费用137万元		44315台	137.00
10	JPH提升后节电	减少加班时间，预计减少电能消耗5万元		44315台	5.00
11	人员置换	采用派遣劳务和实习生结合的用工方式，降低劳动力成本预计20万；（退休20人×5万-20名派遣工×4万=20万)		44315台	20.00
12	转岗分流	消化和分流职能划转（人员功能变化）后的生产辅助人员。［内保转岗补退休（内部保证的转岗位弥补退休人员）2人×5万=10万，退休13人×5万+8名派遣工×4万=97万]		44315台	97.00
		合计			571.52

例如某企业执行的成本 5S 持续改善的检查中，采用了成本 5S 对能源使用的检查标准，见表 2-34。

表 2-34　5S 对能源使用的检查标准

设备运转	24h 连续运转设备（清单）：必要性，合理性，设备状态
	8h 连续运转设备（清单）：必要性，合理性，设备状态
	非连续运转设备：管理，合理性，设备状态
加热设备（清单）	加热设备开、关管理，保温管理，余热利用，数量、功率合理性
照明（生产，非生产区域）	照明开、关管理，照明布局（含开关）合理性
空调（含风扇）	设备开、关管理，设备布局（含开关）合理性
用气（压缩空气、蒸汽）	供气设备开、关管理，供气设备的数量、能力、必要性
	用气设备泄漏排查
用水	用水工位开、关管理，用水设备的数量、能力、必要性
	用水设备泄漏排查
其他	辅料（油、工具），费用（中小修、工位器具）等

根据 5S 对能源使用的检查标准，结合生产区域平面布局图，开展定期与非定期检查，发现问题，解决问题。生产区域平面布局图如图 2-45 所示。

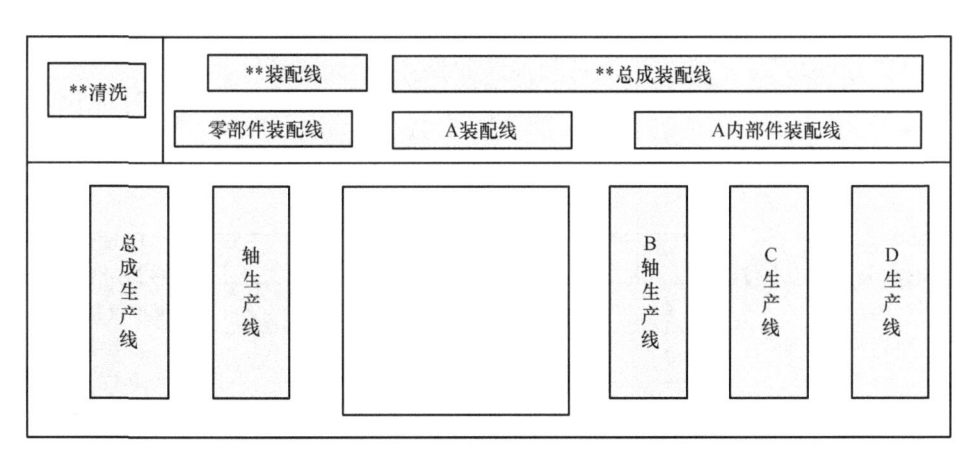

图 2-45　生产区域平面布局图

能源类问题检查表见表 2-35。

表 2-35 中一些具体问题点的分布如图 2-46 和图 2-47 所示。

针对以上检查的问题点，提出改善的方案见表 2-36。

表 2-35 能源类问题检查表

部门：＊＊＊　　　　　　　　能源类检查表　　　　　　日期：＊＊月＊＊日

No	项目类别		数量	功率	能源类别	状态描述	备注
	运行设备	24h 设备				无	
		电加热清洗	2			设备出入口口径过大，以及抽风机的风量大小控制问题	热量散失
		蒸汽加热清洗				1. 设备出入口口径过大，以及抽风机的风量大小控制问题 2. 蒸汽加热的适时控制（根据水温），且设备的使用呈非连续作业（更需要精细掌控） 3. 存在多处管道、阀门的泄漏情况	热量散失
		供暖水管道	1			有 1 处室外管道防护层破损	
	照明	厂房	18 套		电	曲轴、缸盖总成生产线：中后部	无效照明
						发动机装配：全部	可以根据需要做分段控制
						部分员工更衣室照明灯常开	无人情况
		生产线（105W）					
	压缩空气	管道、设施	5			上下缸体线：5 处	总阀门平时常开
			3			曲轴生产线：3 处	1. 设备侧阀门有关闭要求，但基本没有实行 2. 泄漏处 50% 为管道、阀，以及配套设施处
			2			凸轮轴线：2 处	
			4			连杆：4 处	
			7			缸盖装配：7 处	
			3			发动机内部件装配线：3 处	
			4			发动机总成装配线：4 处	
			4			附件箱装配线：4 处	
		加工设备	2			现场存在操作工不在，设备空转情况：2 处	

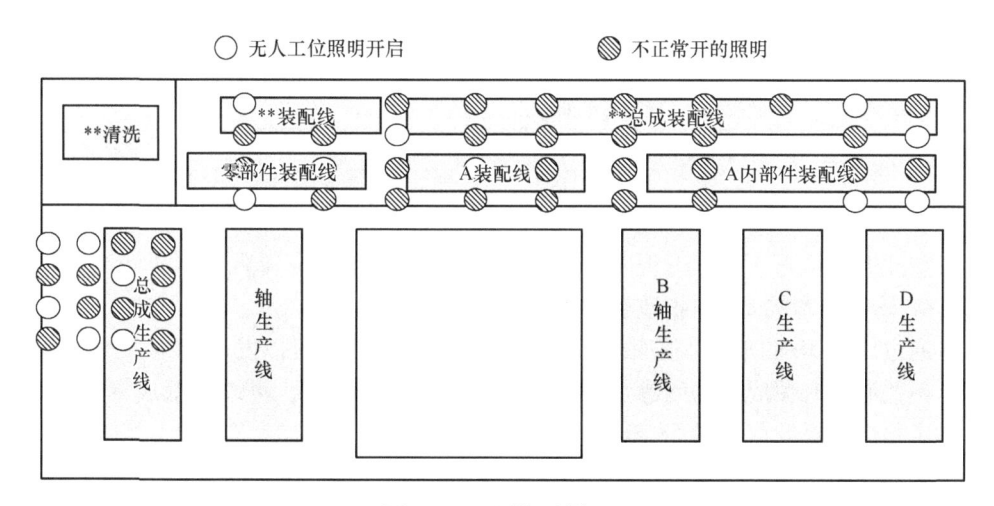

图 2-46　照明问题检查

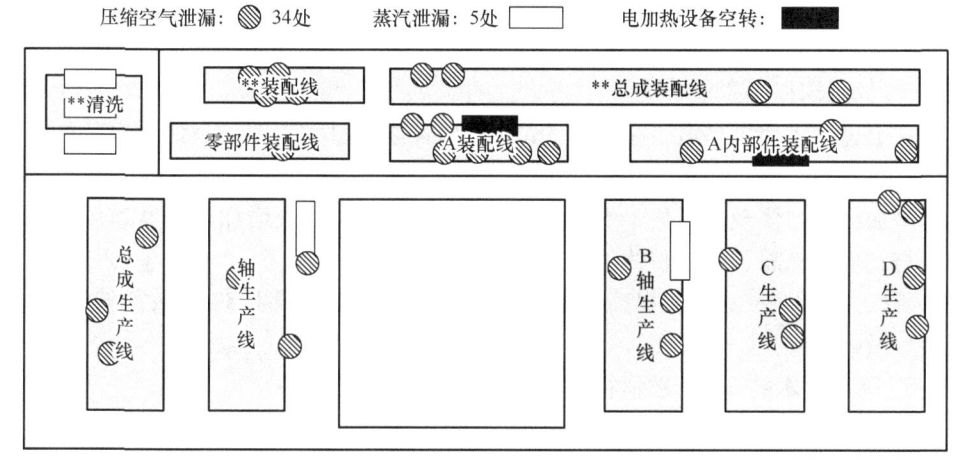

图 2-47　泄漏、电加热问题检查

表 2-36　检查问题解决方案

照明	1. 彻底排查照明，严格区分可开灯，不可开灯
	2. 可开灯的应进行开关时间管理
	3. 由专人定期检查风扇、空调等
	4. 增加局部照明开关
动力	1. 加温（蒸汽等）设备的保温管理
	2. 连续运转设备的排查及必要性分析

(续)

泄漏	1. 泄漏的彻底排查与维护	
	2. 泄漏的动态管理规定和实施	
	3. 总阀门的关闭制度与执行	
其他	水、油等问题的排查	

如此通过检查，持续发现问题，进行改善，消除浪费，降低成本。

4. 降低成本的 5S 意识改善

通过成本 5S 的整理、整顿、清扫等一系列的实施，可以发现出很多平时不注意、不关心的有关成本的问题点，通过这些问题点的改善，可以降低成本。同时，提高了每个人降低成本的 5S 意识。

例如照明问题、随手关灯问题，如果在家每个人可能都会做得很好，小孩子若没有关灯，父母也会提醒，但在企业中面对这样的问题大家可能不会十分重视和关注，长明灯在很多企业是常见现象。但是如果实施成本 5S，就需要检查必要和不必要的照明，同时规定必要照明的地点和时间，然后进行改善和执行。在执行过程中，大家会自觉地关注与自己有关的照明问题，也会逐渐习惯人走关灯的要求，即成本 5S 的意识提高了。

这个过程还会提高员工在成本 5S 方面的参与度和关注度。例如对设备的开停问题、泄漏问题等，会有人将其作为问题提出来，并提出改善意见。提出问题的人不断增加，同样体现出了成本 5S 的成果，可以带动其他人增加对这些事项的关注和参与，从而提高了组织整体的成本 5S 意识。

所以，成本 5S 意识的提高，不仅要靠培训，更要靠成本 5S 改善的持续实施，应通过做事来育人。

5. 降低成本的 5S 标准执行

在成本 5S 的实施过程中，人的成本意识、管理参与意识不断提高。管理参与意识就体现在标准的执行中。

组织中会有各种各样的标准，如质量控制标准、作业标准、设备维护保养标准等，是保证生产安全高质高效进行的必要条件。但是这些标准并不是要求了就能做到的事情。实际上，企业中出现的一些问题，就是因为没有严格按标准执行才导致的。

是否因为大家不知道标准才会导致出现问题？事实上并不是如此，只是因为员工没有养成执行标准的习惯和意识，认为自己的经验足够，认为以前就这样做并且也没有什么问题……

5S 的实施，通过持续地整理、整顿，持续地发现问题，解决问题，从而逐渐形成执行标准的自觉性，逐渐认识到标准的重要性。5S 的素养也正是要求每个人都能够做到按标准执行。

所以，按标准执行，也是通过 5S 整理、整顿的持续实施，通过持续提高人对标准的认识与重视程度，逐步养成的。

6. 降低成本的 5S 管理改善

标准执行产生的问题，责任并不一定完全在执行者，反而更有可能是管理方造成的。

我一直强调，执行者往往是很朴素的，大部分工人是能够按管理的要求去执行的。所以管理者就要严格按标准要求自己，做好执行标准的榜样。

年轻时，我曾经在一个企业研修，这个企业每天第一个到的就是社长。他每天都提前一点到公司，先打扫卫生，然后再开始一天的工作。这个举动影响了企业的全体人员，使各个部门的部门长也都早一点到了公司，每天的工作也从打扫卫生开始，企业的风气非常好，每天没有一个人迟到，都是按时到公司，生产线都是按时开动，在我在该企业近半年的时间里，没有一人晚到，没有一天不按时开动。

我们的管理干部首先要以身作则，做好执行标准的榜样，这也是管理干部的职责之一。与此同时，也要按标准要求现场和下属。标准就是组织的法律，要严格执行，有问题可以提出合理化建议。

做好标准执行的榜样，不折不扣按要求管理部门，是我们在管理中要进行的改善，这个改善，可以通过 5S 得以实现。

7. 降低成本的 5S 小结

5S 是消除成本浪费的最好方法。

消除工作中的成本浪费，要靠全员参加，持续改善。改善的内容一定要是滴水成河的改善。

通过改善提高人的成本意识，通过改善提高管理的成本意识。

2.10　生产环节降本改善总结

生产环节的降本，关联的人员、部门最多，所以遇到的挑战也很多。

但生产环节的降本，是可以看得见的降本。物料滞留的减少、产品不良的减少、设备故障的减少，是最直观的降本，也是最有说服力的降本。

生产环节的降本，需要生产环节的每一个人参与，每一个人行动，才能实现。生产环节的降本最容易反复，需要生产环节的每一个人持续参与，每一个人持续行动，每一个人持续保持。所以生产环节的降本更是降本人才培养的重要环节。

第 3 章

物流环节的降本改善

3.1 物流环节降本的原点

本章涉及的物流环节是从供应商开始到生产企业库房，再到生产线的流程。如图 3-1 所示。

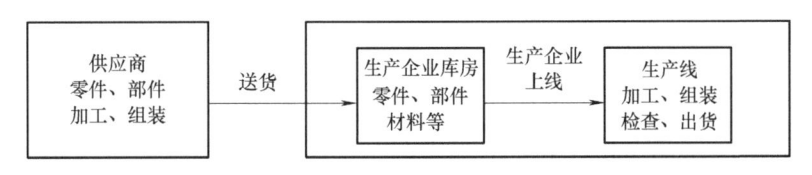

```
┌──────────┐         ┌──────────┐  生产企业  ┌──────────┐
│ 供应商   │  送货   │生产企业库房│   上线    │ 生产线   │
│零件、部件│ ──────→ │零件、部件 │ ────────→ │加工、组装│
│加工、组装│         │材料等    │           │检查、出货│
└──────────┘         └──────────┘           └──────────┘
```

图 3-1 物流环节

从供应商开始送货（也有生产厂家取货的情况）到生产企业库房，在生产企业的库房经过检查后上架保管。

在生产企业库房根据生产线的生产计划，在库房进行配料，然后再送到生产线，在生产线进行加工、组装、检查，最后成品出货。其中：

供应商的送货，称作外部物流，供应商送货的数量、时间、手段、地点等，发生的成本，需要进行最合理的成本设计，最合理的实施和持续降本改善。

库房是每个企业都有的功能，但是库房本身就是物料停滞的地方，如何使物料在这里少停滞，减少库存，是降低成本的主要考虑内容。同时库房的仓储空间如何高效地设计、利用、管理也是降低成本的主要课题。

从库房把物料送到生产线，称作内部物流，如何从准时化的视角考虑必要的物品、必要的数量、必要的时间，实现最合理的内部物流成本，是降低成本必须要考虑的内容。

本章将围绕库存降本改善、物料包装降本改善、内部物流降本改善、外部物流降本改善几方面进行分析，并介绍关田法在物流环节的降本方法和案例剖析。

3.2 库存降本改善

3.2.1 库存浪费和批量生产

1. 丰田汽车追求的零库存

很多企业的物料仓库都很大，存放有大量的物料，并且仍然存在着物料仓库空间不足的问题，每天为物料摆放的场所，物料周转的场所而烦恼。

丰田生产方式追求的零库存，在实际生产管理中采用的是最小库存，同时不断发现和消除现行最小库存的浪费，不断优化最小库存。

日本能率协会的新乡重夫先生，曾经在丰田汽车指导了二十几年的改善工作。在此向各位读者分享一个新乡重夫先生在美国经历过的，降低库存的改善指导工作。新乡重夫先生参观某个美国大公司的物料仓库，该公司有着高科技的库存管理系统和自动立体搬运装置：

1）完全实现计算机库存量管理。
2）物品的入库/出库都是使用计算机控制的自动立体搬运装置。
3）任何物料都在"3min 内"取出。

该库房现场的领导对新乡重夫先生说"随机选一种物料试试看"，新乡重夫先生就随机选了一种物料，请库管人员进行物料出库处理。库管人员首先把物料信息输入计算机，然后自动装置开始工作，再从里面的高处位置取出物料。确实只用了 2min40s。然后现场的领导和新乡重夫先生有了下面的对话：

"怎么样，快吧？"
"呀！确实非常快，了不起！"
"日本有这样的设备吗？"
"没有。"
"我想也是吧。"
"不是的，在日本，特别是在丰田汽车，是根据生产的需求，生产必要的零件，必要的数量，在必要的时间提供给必要的生产环节，即及时（Just in Time，JIT），因此不需要像这样大的物料仓库和设备。"

新乡重夫先生这样一回答，使现场的领导沉默，并脸上露出非常尴尬的表情。

是投资几个亿，采用自动立体仓库的生产方式？还是采用准时化的生产方式，实现最小库存？哪一个更高明呢？哪个更可取？答案是显而易见的。

降低库存，通过实施浪费的改善和合理的管理，确实可以减少一定量的库存。但是从库存的源头考虑，我们会提出是否需要库存呢？是否需要这么多的库存的疑问？当然从现在的科技手段和管理方法及生产现状来看，虽然零库存是大家追求的目标，但事实上还是需要拥有一定的合理库存，但是这只是合理库存，即最小库存。

丰田生产方式把库存看作是一种浪费，是一种掩盖问题的消极方法，如图 3-2 所示。

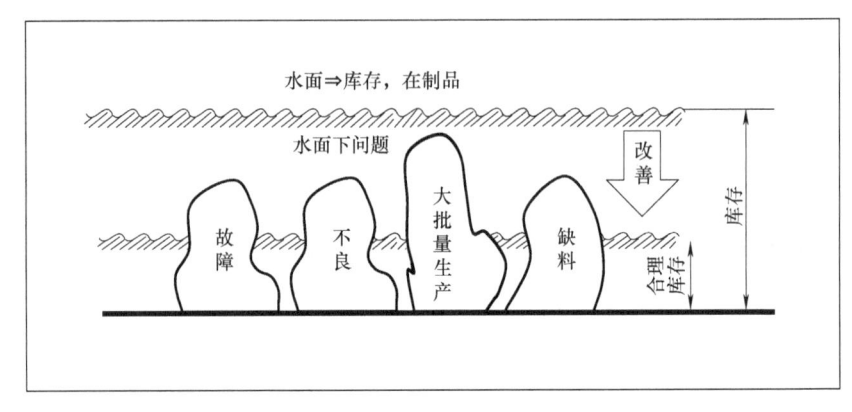

图 3-2　库存浪费

因为有大量的库存，所以掩盖了水面下的各种问题，如故障、不良、大批量生产和缺料等。问题越多，库存越多，越不利经营，浪费成本。

不断降低库存，不断暴露隐藏在水面下的问题，才能不断改善，不断降低库存，才是真正降低库存的必经之路。

2. 降低库存和生产批量

降低库存，当然要改善故障、不良、缺料等问题，其中，大批量生产是造成大量库存的一大问题。因为需要生产不同的产品和型号，为了减少切换，一般会采用大批量的生产方式，这样也就需要大量的库存来对应，从而造成了大量的库存，产生浪费，如图 3-3 所示。

如果缩小生产批量，逐步实现多品种小批量混流生产，使用单件流生产方式，就可以降低库存，减少库存浪费。缩小生产批量降低库存量的改善效果如图 3-4 所示。

A、B、C 三个品种的产品，都以小批量进行生产，通过图 3-3 和图 3-4 的对比可知库存明显降低了，从而减少了一部分的浪费。故从这里就可以看出缩小生产批量对降低库存的重要作用。

这种改善，在生产方面要同时实施以下内容：

1）缩短生产切换时间的改善，保证高生产率。

2）小批量生产的材料利用率改善。

3）重点设备的故障维修改善。

4）瓶颈工序能力的改善。

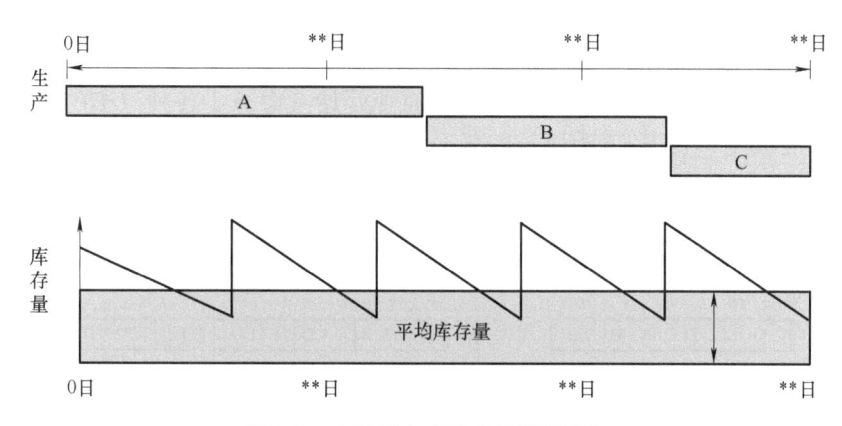

图 3-3 大批量生产造成的库存浪费

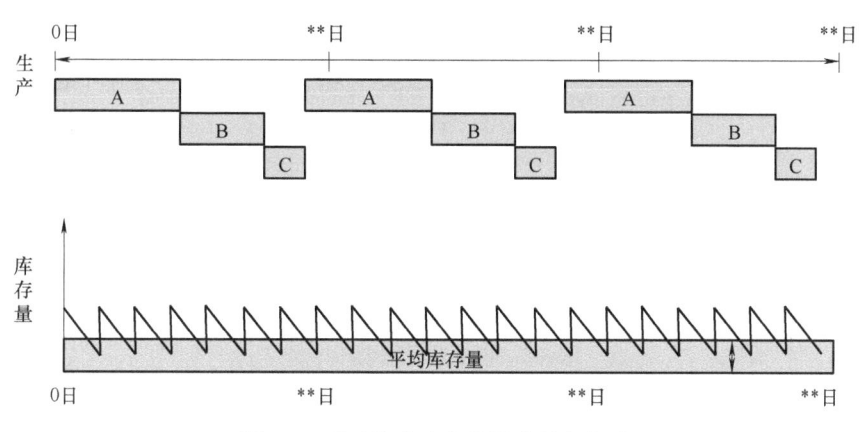

图 3-4 通过缩小生产批量降低库存量

5）不良、调整等的改善。

缩小生产批量需要逐步进行，边改善，边缩小生产批量，使库存量逐渐接近合理库存量和最小库存量。这便是降低库存浪费最大的改善。

下面通过一个事例分析，学习缩小生产批量，降低库存量的改善。

3. 小批量连续生产的改善案例

一个有代表性的外资合资汽车整车厂家，随着在中国事业的扩展，汽车生产的数量和品种越来越多，这些不同品种的汽车都在一个生产线上进行生产，生产形式是大批量生产，会先生产同一品种的车辆，然后再切换成另外一种型号。因为每种车辆的配置和工艺不同，所以生产的时间也不同，因此产生了三大问题：

1）当各个品种车辆切换时，会造成很多浪费。

2）各个品种车辆生产的时间不同，造成了各个生产环节人员、设备配置的浪费。

3）在这种生产情况下，因为大批量生产，需要大批量的库存对应，所以造成了大量库存。

为了消除以上浪费，降低库存成本，企业开始考虑减小各种汽车的生产批量，尽量考虑混流生产的生产计划与实施。为此，制定了小批量混流生产计划，如图 3-5 所示。

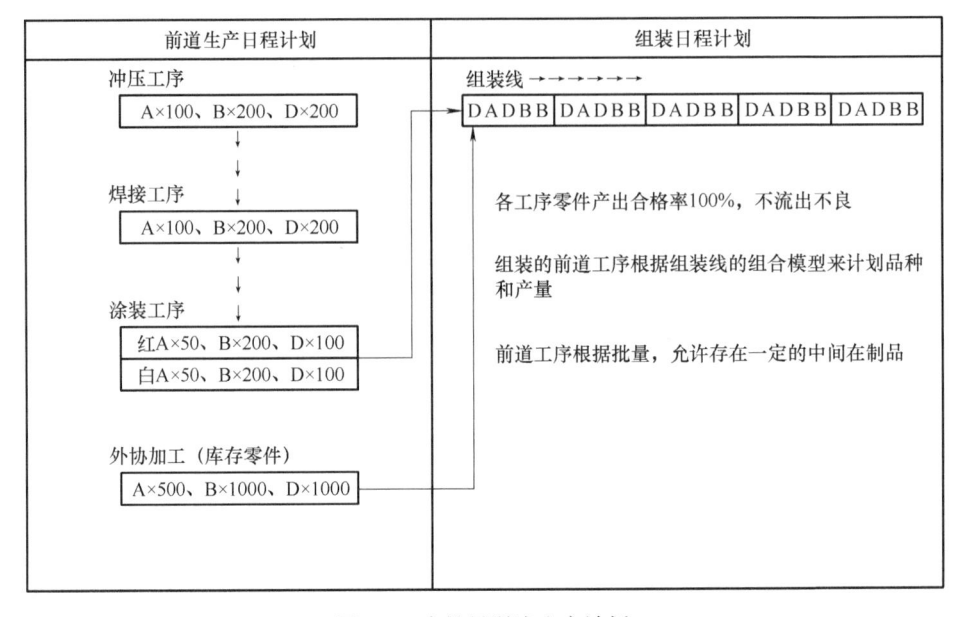

前道生产日程计划	组装日程计划
冲压工序 A×100、B×200、D×200 ↓ 焊接工序 A×100、B×200、D×200 ↓ 涂装工序 红A×50、B×200、D×100 白A×50、B×200、D×100 ↓ 外协加工（库存零件） A×500、B×1000、D×1000	组装线 →→→→→ DADBB DADBB DADBB DADBB DADBB 各工序零件产出合格率100%，不流出不良 组装的前道工序根据组装线的组合模型来计划品种和产量 前道工序根据批量，允许存在一定的中间在制品

图 3-5 小批量混流生产计划

这个计划的实施，考虑了诸多方面的问题，最终得以实施和实现了小批量混流生产，降低了 65% 的库存量。

这个企业，在我理解的范围内，是中国首家形成汽车整车小批量混流生产的汽车企业。

3.2.2 库房浪费和物料管理

1. 库房物料浪费和 JIT

库房存储的物料，是否都是必要的物料？是否都是现在需要的物料？这些物料数量是否都是现在生产需要的物料数量等，从这些视角来看，存放有大量物料的仓库，会有哪些浪费，例如：

1）不是现在需要的物料。
2）是现在需要的物料，但是数量过多。
3）今后不知何时用的物料。
4）长期储备的物料。

5）不良物料等。

这些物料，都是企业不创造价值的资产，是浪费的资产。

丰田生产方式的 JIT（Just in Time，准时化生产），意味着必要的物品，必要的量，必要的时刻，是降低库存浪费的核心价值观。要从这一核心价值观来看待库存浪费，来管理不必要的库存，来改善库存浪费，从而降低成本。实现 JIT 并不是一步到位的，而是不断追求持续改善的过程。日常的管理工作就是需要通过不断努力，发现浪费，改善浪费，才能逐渐实现 JIT 这一目标，从而提高效率，降低成本。

2. 库房物料浪费分析和改善

根据以上思维，对库房的物料现状进行分析。

主要从库存数量、销售金额和库存金额来进行分析和发现浪费，也就是落地的库存成本分析。

库存物料构成的浪费分析如图 3-6 所示，其中 A、B、C、D 四种物料分别对应各自的库存数量、产品销售金额和物料库存金额。

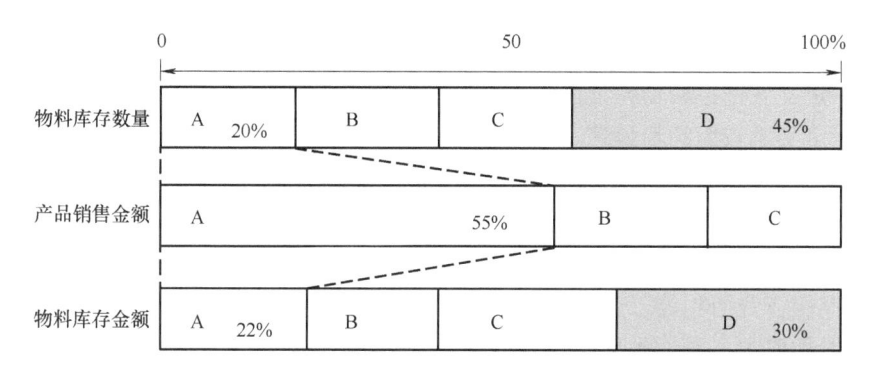

图 3-6 库存物料构成的浪费分析

从图 3-6 中可以看出，A 物料占总体库存数量的 20%，但其做成产品后的销售金额占总体销售金额的 55%，占用物料库存金额也只仅为 22%。由此可见，A 物料是当前畅销产品所用的物料，经常流动，库存数量不多。

D 物料占物料总体库存数量 45%，但占总体物料库存金额的 30%。从中可以看出，D 物料并不是经常流动的物料，所以积压在库房的数量比较多，占用库存金额也比较大。

从这一分析就可以看出，D 物料是一个比较大的浪费。占用了大量的库存资金和库存空间，是性价比非常低的库存，是库存浪费的改善重点。

对 B、C 物料也可用同样思维进行分析。

这些物料一般都是按常规的方法存储在库房中，或者说 A、B、C、D 这些物料都是混放在一起保管于库房，如图 3-7 所示。

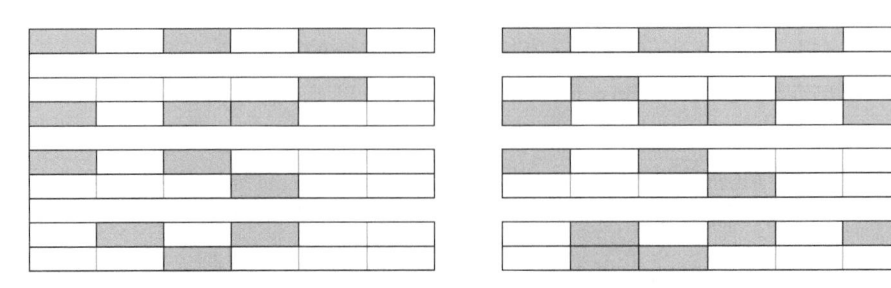

图 3-7　不同类型物料的混放

图 3-7 中灰色部分是 D 物料。这样的混放，造成了大量的库房空间浪费，同时也给常用物料的使用带来了许多不便，例如增加了物料的寻找时间，增加了物流路线长度，增加了物料处理时间等的浪费。

改善这一浪费，应按以下步骤进行重点实施。

（1）定义物料分类

1）定义物料的各种类型，如过去三个月内没有使用的物料、旧型号产品的物料。

2）定义先行采购物料批量和现在生产批量大小的关系。

3）定义季节用的物料等。

定义这些物料的目的是为了明确哪些是死库存，哪些是长期不用的库存，哪些是短时间内不用的库存，哪些是经常使用的库存。

同时还要分析各类物料库存保管的成本费用。如果有些物料库存将要创造的利润和库存保管费用相等，这样的物料库存实质上就是不创造利润的物料，长期保管反而会增加成本，要作为重点改善对象。

还要重点考虑体积比较大的物料，一般这类物料占用空间大，但是创造的利润一般比较少，所以也要作为重点改善对象。

通过以上分类，明确要改善的物料的分类和数量。

（2）死库存的彻底清除　有些物料并没有质量问题，是可以使用的，但是由于各种原因一直没有被使用，今后也不会再用，这样的库存便是死库存。死库存是企业的负面资产，所以在定义了物料的分类后，应马上处理这些死库存，以提高库存空间利用率。

（3）短时间内不用的物料的隔离保管　对于短时间内不用的物料，应隔离保管，以提高库存空间利用率和库房作业效率，如图 3-8 所示，图中灰色部分的 D 物料属于短时间内不用的物料。

（4）库存物料分类处理管理标准化　在改善死库存、短时间内不用的库存后，如果不能持续保持，仍然会产生死库存，也仍然会发生短时间内不用的物料大量占用库存空间的现象，久而久之又回到了改善前的库存状况，造成库存浪费。所以，

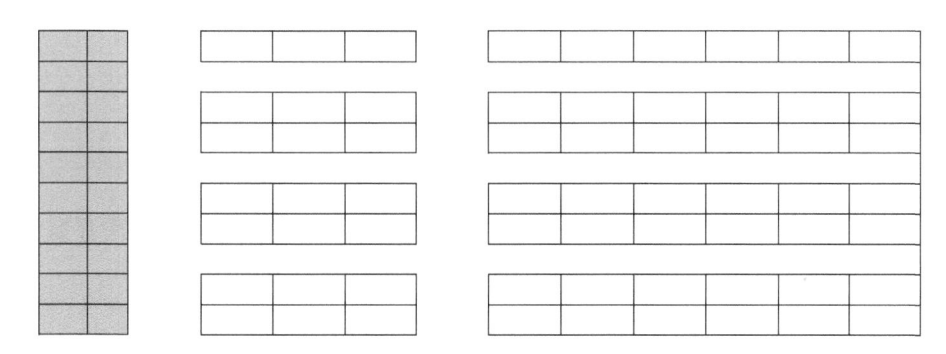

图 3-8　短时间内不用的物料的隔离保管

以上改善一定是持续性的改善，应随时处理死库存，随时变更短时间内不用物料的保管库位，这便需要管理的标准化、日常化。

这些标准化的制定和执行，要考虑现场自主、自动处理和解决问题的标准，尽量减少不必要的上报、讨论和走流程。否则，标准执行就会大打折扣。

3. 库存浪费降本改善案例

笔者曾经指导过一个企业改善，其间发现了这个企业各个生产环节都有着大量的库存和在制品。有些在制品已经在现场放置了很长时间，乃至在生产环节的各个地方，形成了许多中间制品库房。在成品库房中，也放置着大量的成品库存，品种也很多。大体测算了一下，中间在制品和成品库存的总量相当于两年的产量！

这些库存都是企业的资产，都是投入了大量的生产设备、人员、材料生产出来的，长期放置在库房，就是一直在消耗企业的利润。

造成这些库存积压的原因各种各样。有些是过量生产造成的，有些是客户合同取消造成的，有些则是试制产品。这些库存，大部分都不会被使用和销售。

那么，为什么不处理这些库存？因为一旦要处理这些库存，就可能需要降价销售，或要作为废品处理，如此便造成了资产贬值，所以一直作为资产而留在仓库里。十分浪费！

类似的企业可能还是有一些的。

为了盘活这些积压的库存，我们开展了库存浪费降本改善活动，改善实施过程如下。

（1）库存管理系统　为形成高效的库存管理系统，具体进行了以下分析和改善。

1）现状物品管理的分析和改善。

① 将库存品划分为原料库存、中间品库存、成品库存。

② 清理原料库存、中间品库存、成品库存，确定各类状况和数量。

③ 将库存量与仓库账本进行核对。

④ 针对现在库存品的使用可能性。

死库存、积压库存、正常运转库存，诊断

a. 制定死库存的处理方法，并马上实施。

b. 制定积压库存的管理和改善方案，逐步实施。

c. 制定提高正常运转库存的库存周转效率改善方案，降低库存。

制定以上改善方案后，根据不同情况，逐步实施，处理相关库存。

2）今后库存管理方法的设计。应涉及库存的区域、库存的方法、库存数量的检验，汇报制度和在库包管的责任制度等，以研究实现计算机管理。

（2）在库管理系统的形成

1）设定各种成品的库存基准。通过利用 ABC 分析，明确各种产品的订货情况，设定合理的库存基准。

2）设定原料库存、中间品库存、成品库存等的基准。

3）设定目标库存量。

① 设定目标值。

② 开展达到目标的改善活动，如缩短生产周期、减少换型时间、提高销售、订货信息精度等活动。

4）设计最小合理库存系统。

① 设计库存管理系统。

② 提高库存管理信息精度和出入库时间等。

③ 设计实际数据收集管理系统。

④ 配备在库管理运营体制、各种规章制度、标准作业书等。

5）提高生产计划、工序计划管理的精度。

为保证库存管理系统的实施，建立了生产计划和工序计划管理的配合体制。

通过以上改善实施，使积压两年的库存全部得到解决。同时在新的库存管理系统执行下，减少了 80% 的库存，降低了库存成本，为企业创造了大量的利润。

这个项目得到了上海市政府的表彰。

3.2.3 库房空间浪费和降本

1. 库房功能区域浪费和改善

库存的浪费主要有两个方面：

1）库存物料的浪费。

2）库存空间的浪费。

本节介绍库房空间浪费改善的降本。

库房有各种各样的功能，其区域构成如图 3-9 所示。如何高效地设计和管理这些功能和区域，是降低库存空间成本的重要内容。

2. 非物料保管区域的浪费和降本改善

库房功能区域还可以划分成物料保管区域和非物料保管区域。

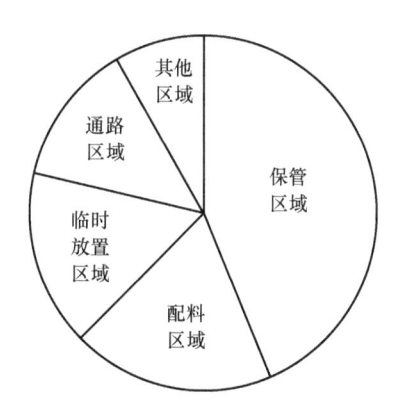

图 3-9 库房功能区域构成

非物料保管区域是库房的必要功能，但是是不直接创造价值的库房空间，高效、合理地利用这一部分空间，是降低库房空间成本的重点，因此，应首先关注物料非保管区域的成本浪费和改善。

非物料保管区域包括配料区域、临时放置区域等区域，是大部分企业库房都拥有的功能。这些区域需要多少空间，怎么管理才能实现最小的配料区域和合理的临时放置区域？

在我接触的企业中，有一些企业的库房由于这些功能占比较多，使物料保管区域不足。造成这种问题的原因有很多，其中主要原因是库房工作流程和工作标准问题所造成的浪费。

一般企业的库房作业流程是直列作业型，即集中作业，如图 3-10 所示。供应商早上发来的物料，由库房人员集中卸货，集中上架。然后根据生产需要，在库房物料保管区域内集中拣货，准备生产需要的物料。最后集中对上线前的物料进行确认，最终集中上线。

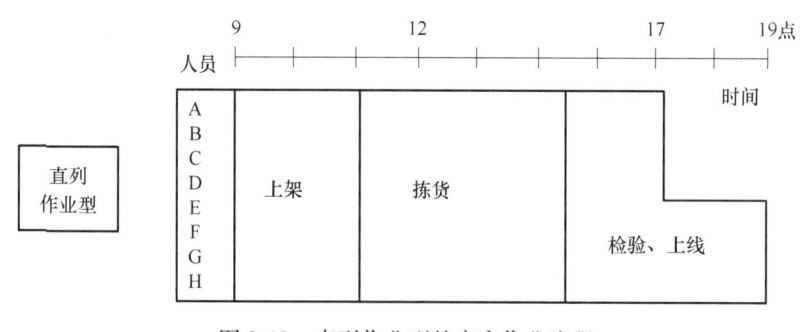

图 3-10 直列作业型的库房作业流程

这样的库房作业流程，人员、设备、物料都是集中作业的，因此就需要集中作业的场所和设备，就需要较大的作业区域空间，从而形成了很多库房区域的浪费。

我经常对企业库房进行的指导改善方法是采取并列作业型的库房作业流程（见图 3-11），上架，拣货，检验、上线的三大库房作业同时并列进行，这样就分散了作业内容和作业人员，当然也就减少了不必要的配料区域和临时放置区域。

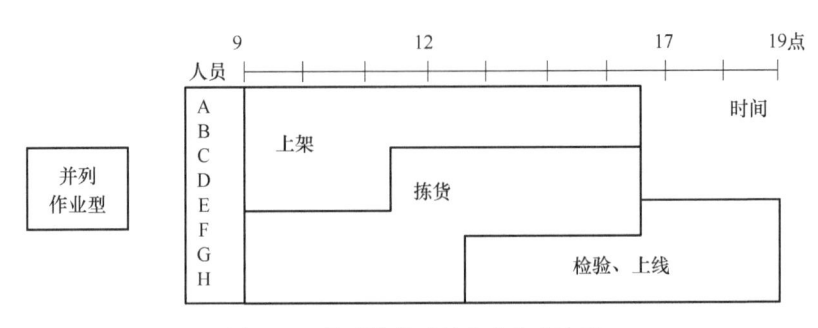

图 3-11 并列作业型的库房作业流程

当然，这种改善需要生产的配合和供应商的配合。

3. 物料保管区域的浪费和降本改善

物料保管区域应从立体的空间角度来考虑。这样的空间是否被充分利用起来，是否科学地进行了管理，这些问题可以通过物料保管区域的空间利用效率分析得以定量化，从而考虑改善的内容和目标。

物料保管区域的空间利用效率分析如图 3-12 所示。

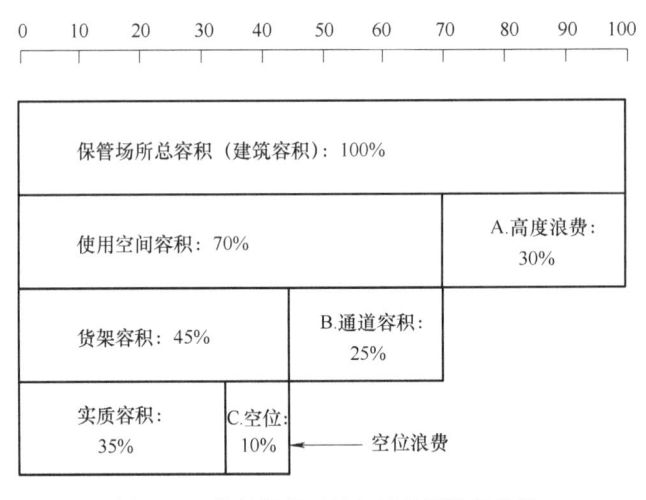

图 3-12 物料保管区域空间利用效率分析

物流的保管区域是立体的，故应从立体的空间来分析物流保管区域的浪费。

1）高度的浪费。一般库房的库位都是立体空间库位，采用高位叉车进行装货、卸货。如何有效利用仓储的高度，是提高库房利用效率的一个重点，如图 3-13 所示。

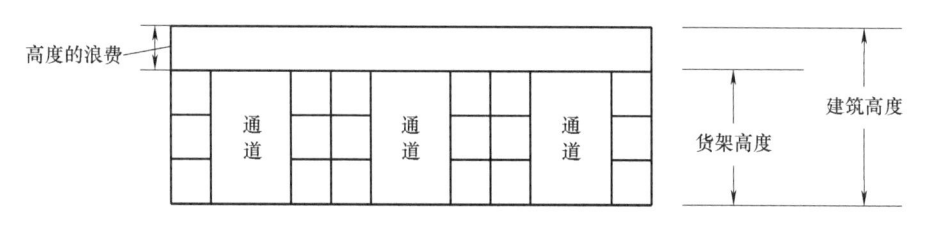

图 3-13　库房高度的利用效率

注：1. 高度浪费中的"建筑高度"为保管区域的有效梁下高度（cm）。
　　2. "货架高度"为能储存的最上层的上边高度（cm）。

正常情况下，考虑照明、防火，剩下的空间就是仓储可以利用的空间高度。这时要综合考虑高位叉车的能力、物料的重量、货架的承受能力，以及作业效率，从而综合考虑高度的合理利用。

2）通道容积的浪费。通道容积是指通道占用的空间，这一部分空间是必要的，且不能存储物料。合理的平面布局，合理的通道设计是提高仓库利用效率和物流效率的一个重点，如图 3-14 所示。

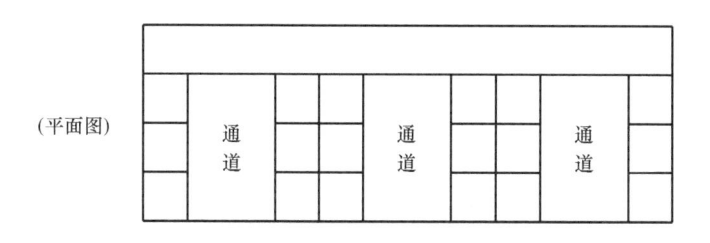

图 3-14　库房通道的利用效率

注：在通道和保管区域间虽然有划线分开，但如果在通道一侧放置保管品
　　（包括临时放置）时，应作为储存区域计算。

通道部分虽然是必要的，但是通道的数量、长度、跨度、位置等需要根据物料的情况进行合理的设定，否则就会造成通道容积的浪费。例如，需要叉车的地方要考虑叉车的行走宽度、转弯半径；不需要叉车的地方就可以根据实际需要，采用最合理的通道宽度。另外，通道长度直接影响物料仓库的作业效率，可以通过库房的物流路径优化改善，以及上架、拣货的工作流程改善，确定合理的通道长度。

3）空位的浪费。从图 3-12 可以看出，有 10% 的空位浪费，这是指物料区域没有全部利用，存在空位的情况，如图 3-15 所示。

这些空位本应该是放置物料的区域，但是由于物料的形状、大小、重量、数量等原因，造成这种空位的浪费，也是仓储空间浪费的一种。

一般库位放置的物料是固定的，所以物料的增减也会影响空位的产生，造成浪费。

图 3-15 空位的浪费

注：1. 空位浪费=每个位置容积-储存实质容积。
2. 空位浪费要巡视整个货架的各层，从而目视估算出空位浪费比例和状况。

改善的方法就是实现自由库位。所谓自由库位就是根据物料的数量、大小、时间，动态设定物料放置的地点，这样就可以最大限度地减少空位浪费。

自由库位的管理相对比较复杂，实际操作中可以把库房存储区分成固定库位和自由库位，灵活组合。现在利用库房的计算机管理系统，比较容易实现这种动态的自由库位管理，以降低空位浪费。

3.2.4 库存降本小结

总结以上分析和改善，库存降本主要应从三个方面进行。
1）生产批量的改善。
2）死库存和短时间内不用的库存的改善。
3）库存空间的改善。

这些库存降本的改善不是一次或者几次就可以完成的。因为生产是动态变化的，物料也是动态变化的，所以随时会产生不同的库存浪费，这样就需要在平时工作中进行常态化的库存浪费改善，如此才能保持一个合理的库存状态。

上述库存降本的改善是库存降本改善最基础的部分，不是全部。因为库存不是独立存在的，会受到供应商、生产环节、财务、销售等环节的影响，库存的降本改善要和这些改善联动才能取得更好的、长期持续的改善效果。

3.3 物料包装降本改善

3.3.1 物料包装降本改善的故事

笔者曾经在一个汽车整车企业从事改善指导工作，与企业的供应商共同研究如何降低成本，其中就包括物料的包装成本。

这个供应商企业的产品属于体积比较大、重量比较轻的泡沫物料，而且对外观要求比较高，所以采用了硬纸箱包装。纸箱尺寸比较大，每次送货后，有些纸箱会因破损、变形而不能使用，成了废品。另外纸箱的空间比较大，回收时占用物流车辆空间，所以回收率也很低。

这种物料每年生产约4万件，每年物料包装用的纸箱成本占物料成本的5%，是直接成本浪费。

和供应商共同研究后，将物料纸箱改善为可回收的循环物料器具，既能保护物料，又可循环使用，环保降本。

首先设计了可回收的循环物料器具，试用后，效果比较好，但是由于泡沫物料器具体积比较大，回收时占用物流车的空间，这样增加了回收成本。

为此，重新设计了可折叠式循环物料器具，可以降低器具体积的70%，从而降低了器具回收成本。

可回收的循环物料器具的设计、制造等费用，由汽车整车企业和供应商各自承担一半，预计两年可以回收成本，之后收益也是各半。

如此成功地降低了物料包装成本。

3.3.2 物料包装功能分析

物流环节的降本，会采用各种各样的方法和途径，但是往往会忽视包装的降本。从以上事例可以看出，包装成本占物料成本比较大的比例。根据物料的不同要求，包装的成本约占物料的5%~10%，这一成本，并不会直接增加物料的附加价值，有时甚至由于过度包装，会造成更大的浪费，是不可忽视的物流成本。

包装不单纯是为了保护物料，还具备各种各样的功能。首先要明确和定义这些功能，并从中发现浪费的功能，进行改善，以降低包装成本。包装功能课题分析见表3-1。

表3-1 包装功能课题分析

包装功能分析项目	功能分析
防止物料破损	在包装内固定物料
	保证包装内的物料没有松动
	能够承受规定的冲击
防止物料变形	可承受物品上下堆放
	防止物料落下时变形
防止物料表面外伤	防止物料被划伤、磕碰伤
	防止物料变色
	防止物料被污染
防止物料变质	防锈
	防雨

(续)

包装功能分析项目	功能分析
容易搬运	有必要的把手
	有必要的强度
容易保管	可以层堆
包装空间小	空间利用率高
使用后处理简单	容易回收
	容易废弃
物流车装载率	车载率高
物料的标识	容易识别
	可提高品牌知名度

3.3.3 物料包装功能浪费分析和改善

根据不同的物料性质，包装材料既要满足必要的功能，又要实现最低包装成本。这时就需要对必要功能进行分析和改善。

考虑降低成本的有效性和规模，可以首先选定一些可以降低包装材料成本的样板物料，样板物料选择可以参考以下条件。

1）进出货量比较大的物料。
2）包装费用和物流工作量比较大的物料。
3）包装引起的投诉比较多的物料。

针对上述样板物料，进行功能定义和分析，如图 3-16 所示。

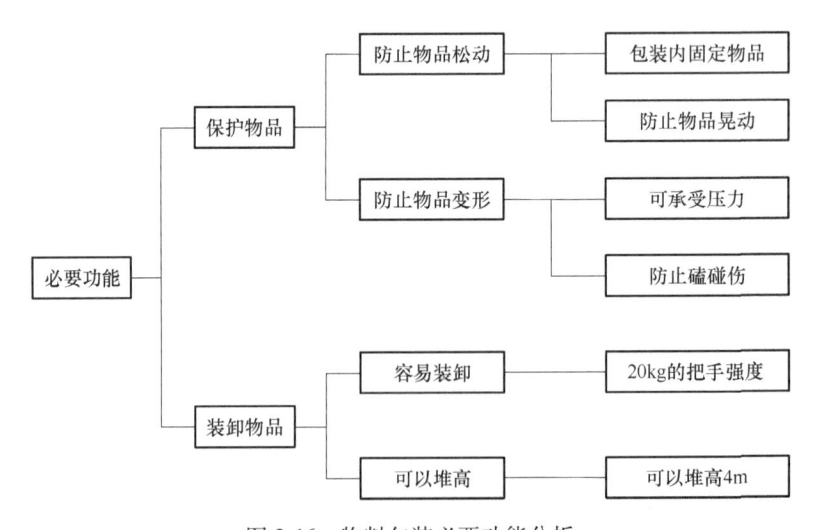

图 3-16 物料包装必要功能分析

根据以上的必要功能,对样板物料包装进行综合分析,从整个物流链整体来考虑必要的机能。单纯地采用简易的包装来降本,可能造成物品的损坏,产生赔偿,反而增加了质量成本。要综合考虑包装的总成本最低。根据必要功能分析现有包装的浪费,包括:

1)是否满足必要功能,是否有过分功能、多余功能。
2)是否符合现有的物流搬运手段。
3)造成投诉的包装问题是什么等。

这些功能的改善,可以从以下几个角度进行分析。

1. 工厂内和库房内必要的包装功能

1)是否可以节省包装作业时间。
2)是否不需要特殊设备就可以处理。
3)是否可以堆高,提高库房空间利用率。
4)包装印刷是否明了、清楚。

2. 搬运过程中的必要包装功能

1)包装材料的重量是否合适。
2)包装结构是否紧凑。
3)包装是否可以承受一定的冲击。
4)是否容易在物流车内固定。
5)可回收的包装是否可以折叠。

3. 满足客户的需求包装功能

1)是否可以防止污染。
2)是否可以防止变质。
3)是否容易打开包装。
4)废材是否可以最小化。
5)外观造型是否美观。

3.3.4 包装功能的改善

包装的功能是为了满足一定的要求,所以,如果改变了要求,就要改变、优化功能,以达到降低包装成本的目的。

可以从以下几个方面进行包装功能的改善。

1. 放置方法的改善

分几层堆放的物料包装,需要包装具有一定的承压能力。将放置方法改变成以货架的方式放置,就可以降低对包装承压能力的要求。虽然货架需要一定的投资成本,但是包装是大量使用的材料,考虑到降本的长期效益,采用该方法总体是可以降低包装材料成本的。

2. 物流流程的改善

物料从供应商到中间仓库，送到生产线边，需要多次转运、分包。可将物流流程改变成由供应商直接送到生产线边，这样会简化了包装，消除了分包，减少了搬运。

3. 模块化物料供应改善

将几个单独物料的供应，改变成把这些物料组装成一个模块，然后再进行包装、发送。如此，可以减少单个物料的包装和处理费用。

以上改善，要根据物料的情况和生产的情况来综合考虑，采用适合的降本改善方法。

3.3.5 提高包装空间利用率的改善

物料的形状有各种各样，这样放到包装内就会形成一定的空间，影响包装空间的利用率。特别是一些异形的物料，物料包装空间浪费更大。完全解决这些物料空间浪费是困难的，但是可以通过一些可行的方法，提高包装空间的利用率，从而降低包装成本。

提高物料空间利用率的改善，可以从以下几个方面入手：

1. 装箱的改善

对于一些异形的物料，可以考虑研究装箱的方法。例如，对锥形物料，可以研究如何通过将两个锥形相对装箱，提高空间利用率；在一些大型物料中的空隙处，可以放置一些小型物料。

2. 整机的包装改善

有些物料，整体装配后，再包装，会占用很多包装空间，造成浪费。例如电风扇，如果是整机包装，就需要比较大的包装容器，而且包装空间损失比较大。这样的物品就可以考虑不进行整机包装，而是把各个零件进行包装，当到达使用场所后，再简单安装起来。这样就可以节省很多包装成本。电商平台销售的一些电器、家具等物品，都是基于这样考虑进行的包装，用户收货后再进行简单的安装。

3. 缓冲材料的改善

运输过程中，有些物料并不是各个包装面都需要承受缓冲的，所以要对必要的缓冲要求进行分析，在保证缓冲的前提下，只在需要缓冲的部位加入缓冲材料，从而减少不必要的缓冲材料。

4. 内包装材料的改善

有些大的包装箱内含小包装箱，如轴承等。可以做一些代替小包装的框架，使其正好放到框架的每个格子里，这些框架可以在大包装内多层放置，从而取消小包装箱。

5. 回收包装材料（循环使用包装材料）的改善

对于可回收的包装材料，要考虑回收时的物流空间。所以可以考虑做成：

1）可折叠的回收包装。

2）可拆卸的回收包装。

3）可压缩的回收包装。

4）可重复利用的包装材料。

3.3.6 降低包装成本的案例

笔者曾经指导过的一家汽车整车制造厂商，在包装材料降本方面，主要进行了四个方面的改善。

1）根据以上包装材料降本改善方法，通过对包装材料的必要机能分析，设定了改善浪费机能的改善方案。

2）对包装使用的环境、条件进行分析，并设定改善方案。

3）进行供应商包装标准化改善。

供应商的供货包装不统一，这样就造成了运输和存放的不标准和空间浪费。为此，首先考虑对供应商的包装进行标准化改善。比如塑料箱可以采用国际标准，物料铁箱根据行业内常用的尺寸进行尺寸统一等。同时制作供应商包装指导标准发放给供应商，要求其按照标准供货，如图 3-17 所示。

标准塑料箱尺寸表

型号	外长/mm	外宽/mm	外高/mm	承重/kg
A	300	200	148	8
B	400	300	148	14
C	400	300	280	20
D	600	400	280	30
H	600	400	148	30
LA	300	200	128	
LB	400	300	128	
LD	600	400	128	
PA	800	500	280	
PB	1000	400	280	
PC	1200	500	280	

图 3-17 供应商包装标准化改善示例

统一了供应商的包装标准后，物流的运载效率大幅地得到了提高，也节省了器具。

4）部分物料直接上线，改善包装方式，省去拆包配料时间，做到来料直接上线，如图 3-18 所示。

改善前：须拆箱　　　　　改善后：放到器具箱内直接运送上线

图 3-18　直接上线

经过以上步骤改善，改善效果见表 3-2。

表 3-2　包装降本改善收益

改善项目	件号数量	成本 B/千元	收益 C/千元	B/C
零件 1	12	7****	9****	1.32
零件 2	3	2**	1****	44.93
零件 3	2	1****	8****	6.84
零件 4	4	3****	9****	3.13
零件 5	2	8****	2****	3.27
零件 6	2	2****	2****	9.79
零件 7	2	2****	3****	1.59
零件 8	8	3****	1****	5.1
零件 9	12	3****	3****	1
零件 10	3	5****	1****	2.25
零件 11	4	5****	1****	2.25
零件 12	2	1****	6****	4.12
零件 13	3	1****	1****	8
零件 14	105	7****	3****	5.43
合计	164	1*****	5*****	2.82

3.3.7　物料包装降本改善小结

包装材料降本改善主要有三个方面：

1）包装功能的分析改善。

2）包装空间的改善。

3）包装标准化的改善。

实际改善的实施，一定要从整个制造链的全局考虑包装材料的降本，这样才有实际意义。

以上针对包装材料的降本方法也是抛砖引玉的方法，要根据自身企业的物料情况和管理状况进行行之有效的包装材料降低成本改善。

3.4 内部物流降本改善

3.4.1 企业的两种物流

生产企业的物流可以分为外部物流和内部物流。

1）外部物流：从供应商到生产企业的库房物流，我们称之为外部物流，也称为厂外物流。

生产企业大都拥有大量的供应商。这些供应商外部物流的时间、供货距离、供货数量等往往是不确定的，因而会造成生产企业在物料方面需要有大量的库存来保证生产。另外，供应商的供货距离、产能和物流能力不同，也会造成不能按时到货，致使企业生产停止或计划变更。

2）内部物流：从生产企业库房到生产线边的投料，我们称之为内部物流，也称为厂内物流。

生产企业从库房开始，根据生产计划进行配料，然后根据生产需要投放物料到所需的生产区域或工位，开展一系列物流工作。从生产角度考虑，希望线边物料越少越好，这样就会减少取料的移动距离和时间，减少确认、寻找物料的时间，但这样就需要物流方面经常不间断地小批量运送物料到线边。从物流角度考虑，希望一次送更多的物料到线边，这样物流效率高。但是这样会造成生产线边的物料区域比较大，同时也会产生缺料、错料的可能。

对于多品种、小批量的需求市场、生产也必须形成多品种、小批量的体制，从而减少浪费，对应市场。同时，生产现场的有序性，大都由物料所决定。物料的多少、放置的方法、包装的处理等问题，决定了生产现场有序性程度的高低。

现在大多企业的物流改善大都从外部物流入手，也就是对供应商提要求，让供应商来保证物流，对应以上问题。但是，大都不是很成功。

关田法认为，对应多品种、小批量的生产体制物流，首先要从生产企业内部入手。先从内部物流开始进行改善，然后扩展到外部物流，这样才能达到有效的物流全流程的改善目的。只有首先做好生产的内部物流，形成内部物流的高效运作，才能要求和促进外部物流的改善。就像只有先收拾好自己的房间，才能摆放新买来的家具一样。

降低库存和减少生产批量，就需要减少物料上线数量，合理增加物料上线次数，降低无效物流工作，降低无效物料的浪费，从而降低成本。

生产线边的材料滞留浪费，也是降本落地改善的主要内容。

在实际工作中，关田法的物流改善指导，主要采用物料上线的四定一可方法进行改善，以降低内部物流成本。

3.4.2 物料上线的四定一可

关田法的物料上线管理和改善的基础为四定一可。精益现场物流的真髓是发现和创造物的价值,主要体现在以下几个方面。

1)在必要的地方:有计划地进行机械加工、装配、焊接等。
2)根据必要的时间:物流时间应有一定的提前量。
3)必要的数量:保证最少在线的最优物料数量。
4)通过必要的路径:要有物流的路线、位置。
5)提供必要的物料:要有数量、质量、时间的保证。

为实现这一理想目标,关田法汇总了生产物流四定一可管理改善法。

1)定品种:确定相关机型与相关工位的必须物料。
2)定数量:包括各个物料的标准数量、警戒线数量、投料数量、标准料架的摆放数量、非标准料架的摆放数量。
3)定位置:确定料架的位置,确定物料在料架里的摆放方法。
4)定路线:确定投料的时间、次数,投料的方法、数量和投料路径。
5)可视化:确定过目知数,品种标签对应。

下面通过一个具体案例,说明物料上线物流的分析和改善。

3.4.3 物料上线四定一可改善案例分析

某企业内部物流改善项目的目标是优化上线物流,减少浪费成本。改善的方法是四定一可。

1. 定品种、定数量改善

明确每个工序、工位必要的物料品种。特别是在混流生产的情况下,投料时要根据各个工序、各个工位所需要的物料品种和数量进行投放。

投料时,为减少线边物料空间,减少操作人员的走动,应根据生产的节拍时间,设置每种物料的数量。这里需要确定最大上线数量和每个包装的数量。

定品种、定数量工位物料明细表示例见表3-3。

表3-3 定品种、定数量工位物料明细表示例

序号	工位号	名称	箱型	责任人	单箱数量	最大上线数量	单班上线次数
1	100	加速踏板	D	李四	27	81	3
2	200	左门玻璃下线条	H	王五	180	180	1
		侧护板挡块	H	张三	360	360	1
		支架	H	张三	200	200	1
		大型货车螺栓	H	张三	180	180	1

（续）

序号	工位号	名称	箱型	责任人	单箱数量	最大上线数量	单班上线次数
3	200	左隔热垫	D	李四	20	40	5
		右隔热垫	D	李四	20	40	5
		进风口盖板	H	王五	80	80	3
		上送风腔	D	王五	40	80	3
4	200	左门线束	H	张三	60	60	3
		左限位器	D	张三	90 小箱	90	2
		前围左安装支架	D	张三	180	180	1
		销子	D	张三	360	360	1
5	200	右门线束	H	张三	60	60	3
		右限位器	D	张三	90 小箱	90	2
		前围右安装支架	B	张三	180	180	1
		前侧护板密封条	D	张三	180	180	1
		前侧护板前密封条	H	张三	360	360	1
		前侧护板后密封条	H	张三	360	360	1
6	300	转向管柱支架	H	张三	40	120	2
		离合器踏板支架垫块	B	张三	180	180	1
		油管橡胶护套	B	张三	100	200	1
		前围橡胶管护套	B	张三	100	200	1
		离合器出油管	D	张三	80	80	2
7	400	天线	F	王五	40	80	3
		左边板	H	王五	200	200	1
		右边板	H	王五	200	200	1
		右插片	H	王五	200 小箱	200	1
		左插片	H	王五	200 小箱	200	1
		电线夹支架	H	李四	100	100	2
8	500	左后视镜罩	D	王五	30	60	3
		右后视镜罩	D	王五	30	60	3
9	500	装饰板	H	张三	30	60	3
		洗涤器喷嘴总成	H	李四	200	200	2

　　有些物料须放到标准的物料箱内，这时需要确定箱子中所放置的物料的品种和数量，如图 3-19 所示。

图 3-19 定品种、定数量

2. 定位置

定位置旨在减少或消除作业人员因物料产生的不必要走动，因此要进行线边物料布局改善。

现状布局有以下几个问题。

1）物料摆放地点只是规定了区域，但没有固定在相应区域的固定地点，因而存在许多不必要的走动。

2）物料工位没有标准尺寸和形状，器具摆放起来比较凌乱，经常需要寻找物料或在投料时发生二次搬运。

3）没有规定投料数量，造成物料过多或过少，有时会发生缺料从而影响生产，造成停线。

图 3-20 所示为改善前的平面布局图。

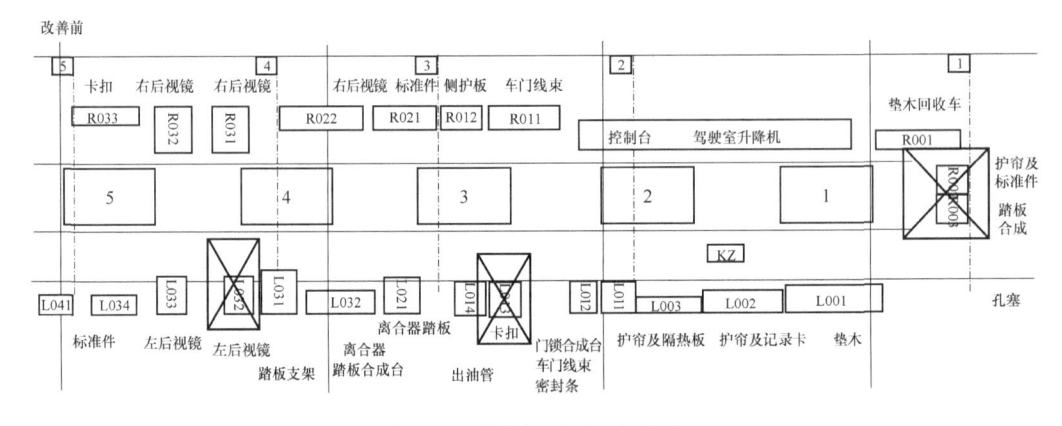

图 3-20 改善前的平面布局图

针对以上问题点，在此工序，重新进行了平面布局改善，固定了物料的摆放位置，如图 3-21 所示。同时，在各个物料工位器具放置的地方，画上黄线，固定位置，如图 3-22 所示。

3. 定路线

规划物流路线。根据各个工位对物料的需求，事先设计好投料路线，投料时按时间、品种、数量和投料路线，按工位顺序投料，具体如图 3-23 所示。

改善后

编号 (工序号)	1	2	3	4	5
左侧定置	100	200	300	400	500
	驾驶室支撑	驾驶室支撑	左车门线束	转向管柱支架	左后视镜
	车门护帘	前围隔热垫进风口盖板	10款后视镜	离合器总称	限位器下级小件
			左侧护板		标准件架
工序名称 (流水线)	驾驶室存放	下载区	驾驶室本体上线	安装车门线束	安装油管离合器总成	安装后视镜
		下载机	右车门线束		右后视镜
	加速踏板		10款后视镜		
	车门护帘		右侧护板		下载小件
右侧定置	驾驶室支撑				限位器

图 3-21 改善后的平面布局图

图 3-22 定位置

图 3-23 定路线

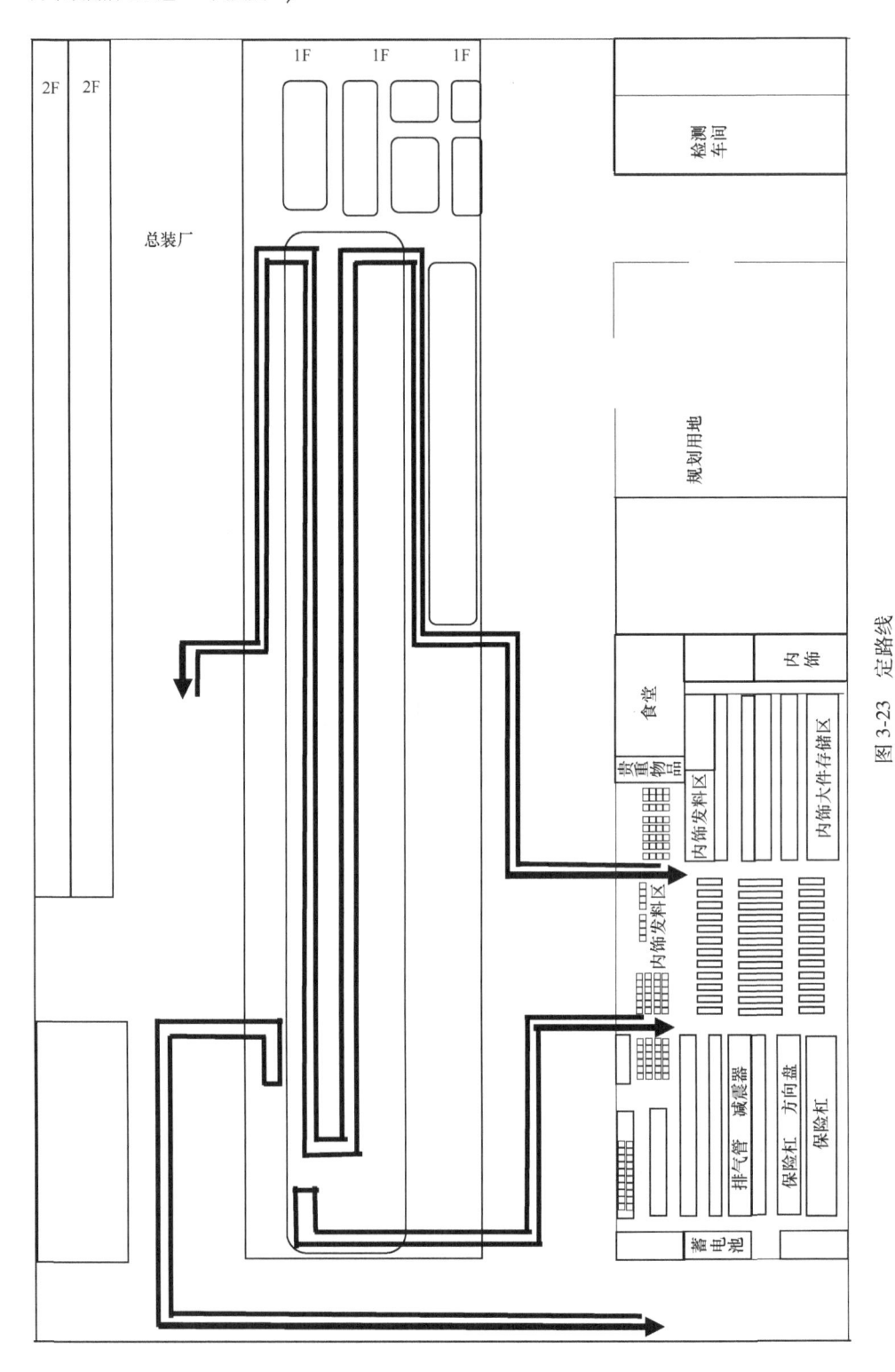

4. 可视化改善

主要是对物料进行可视化改善，其目的是使物料一目了然，具体内容包括用不同颜色表示不同物料，在物料箱上设定标准的物料标签或物料流转卡。例如，同样的零件，当要区分左右的时候，可用颜色进行区分，非常直观，不容易拿错，如图 3-24 所示。同时设计标准物料卡，并将其固定在物料箱上。标准物料卡结合定品种和定数量，在物料卡上标明确定的物料品种和数量，以及其他必要信息，如图 3-25 所示。

图 3-24 标准化颜色：绿色为左装配物料，蓝色为右装配物料

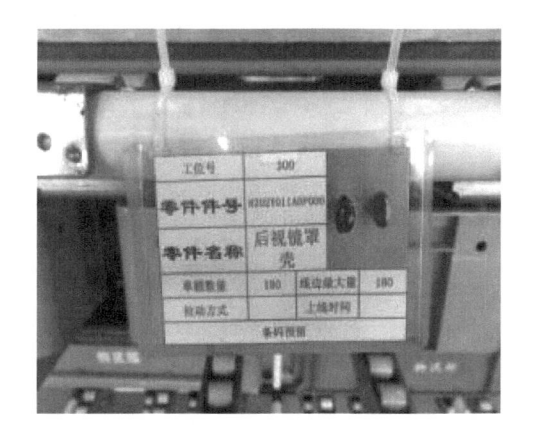

图 3-25 标准物料卡

5. 工位器具改善

结合线边物料的区域标准化和投料路径标准化，对物料的工位器具进行改善。

（1）工位器具直接上线　制作标准工位器具，物料和器具同时上线、摆放，减少了上线后的二次搬运，提高了投料效率，降低了磕碰风险，如图 3-26 所示。例如，出油管及转向管柱支架器具物料减量，配料后直接拖运上线，减少了搬运。

（2）减少线边物料　结合定品种、定数量，根据实际使用情况，逐渐减少线边物料，如图 3-27 所示。将器具改善为流利架，料箱上线，减少了线边物料数量，既轻便又直观同时今后也可根据不同的需求进行变更改制,如图 3-28 所示。

图 3-26 工位器具直接上线

图 3-27 减少线边物料

图 3-28 器具改善为流利架,料箱上线,减少了线边物料数量

(3) 减少线边物料区域　在实施四定一可的同时,通过减少线边物料,合并线边物料器具,达到减少线边物料区域的目的,如图 3-29 所示。

(4) 物料四定一可改善成果

1) 线边器具数量减少 16%。

2) 在制品(WIP)库存天数减少 58%。

物料四定一可改善成果如图 3-30 所示。

改善前　　　　　　　　　　　　　改善后

两个器具物料合并在一个流利架上，减少占地 0.9m²

图 3-29　减少线边物料区域

线边器具数量/个：改善前 19，改善后 16
线边器具数量减少 16%

WIP 库存天数/天：改善前 0.97，改善后 0.41
WIP 库存天数减少 58%

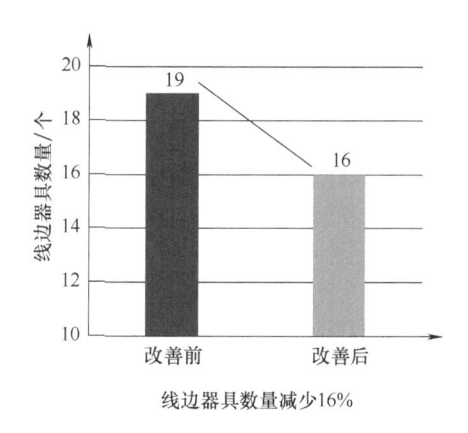

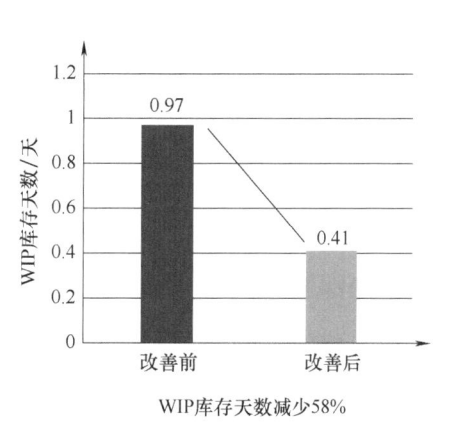

图 3-30　物料四定一可改善成果

3.4.4　内部物流降本改善小结

在第 2 章生产环节的降本中，就谈到了如何降低线边不必要的物料浪费。结合本节的内容，综合考虑内部物流降本改善的实施。

四定一可是在实际工作实践中总结出来的方法，是一种减少上线物流的浪费，降低上线物流的人力成本、设备成本和管理成本的实践方法。

四定一可的实施需要循序渐进，不断提高，不断优化，同时应随时注意实施过程中出现的各个问题，及时改善，并保持标准化。

生产线是按一定节拍生产的，但是大部分的上线物流是集中投料的，看似高效，实际上人为地造成了不必要的上线物流高峰和低谷。集中投料上线，造成了投料高峰，但是我们的人员和设备都会根据高峰时的上线投料来设置，投料高峰过后人员和设备基本上都没工作，因此造成了浪费。

四定一可改善就是解决这种浪费的合理的方法和思路。

3.5 外部物流降本改善

3.5.1 外部物流降本改善的基本

外部物流改善有三大主要目的。

（1）实现生产与销售同步以全面满足客户 即在正确的时间生产出正确数量的正确产品。

（2）减少库存以创造持续流动 持续减少库存，以提高资金周转率，降低成本。

（3）物料搬运最小化 物流的目的是使配送的物料尽可能地靠近物料的使用位置，使物料使用搬运费用最低。

这就是 JIT 物料上线的思维方式和方法。

通过 JIT 物料上线，既可以实现短时间的物料供应，也可以实现在线物料最少。这也是应对多品种、小批量混流生产的必经之路。

一个成品生产厂家，一般都有许多供应商，少则几十家，多则几百家，甚至近千家。用统一的 JIT 物料上线方式实施有些难度。这时就需要根据不同的情况，不同的管理水准，设定适合且可操作的 JIT 上线方案和管理标准。

3.5.2 外部物流降本改善方法

理想的 JIT 物料上线是根据生产的进度和品种，按时把需要的物料直接送到对应的工位。但在实际工作中，供应商很难做到直接上线。

实际的外部物流可以结合实际生产和物流情况，采用不同的方式，提高效率，降低成本。

1. 生产厂家在线排序直投上线

在实际工作中，外部物流的供应商根据生产厂家的要货计划，将物料按时、按量地送到生产厂家的库房或在线物料超市，然后生产厂家的内部物流再根据当天的生产计划，按生产顺序和品种、数量进行拣货，以 JIT 物料上线方式将物料送到各个生产工位，如图 3-31 所示。这种方式就是生产厂家在线排序直投上线，是常用的方式。但是，这种物流方法会使供应商和生产厂家均有库存，物料要经过两次转运才能进入生产环节，会有浪费和出错的可能性。

2. 供应商生产线排序直投上线

这种方式是供应商排序直接投料到生产厂家的生产线，如图 3-32 所示。

在该方式下，供应商的生产环节也是按照客户的生产线节拍和品种排序来生产

图 3-31 生产厂家在线排序直投上线

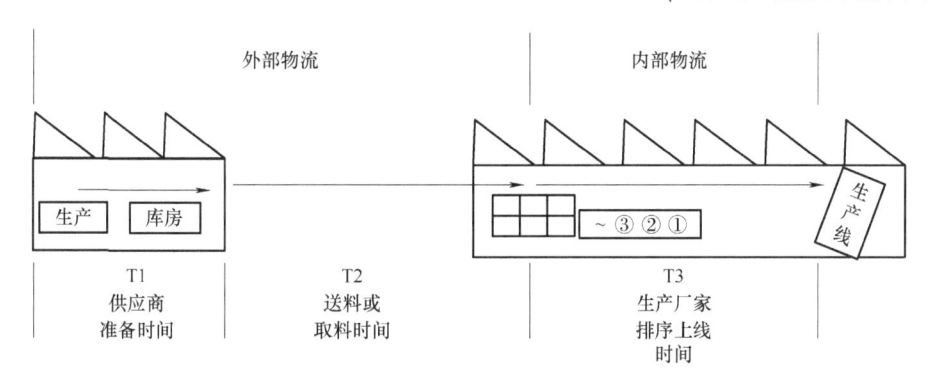

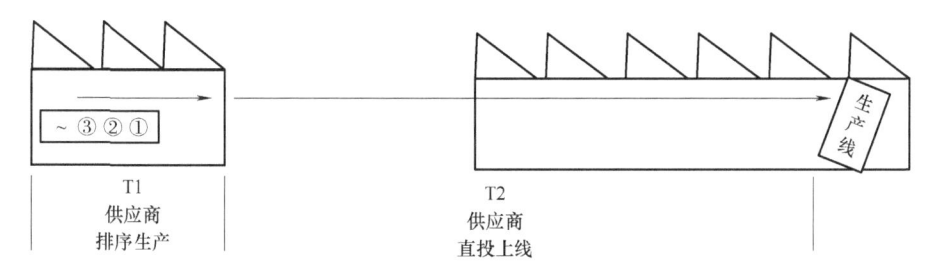

图 3-32 供应商生产线排序直投上线

的,然后直投到客户生产厂家的生产线。这是最佳的物料物流系统。但是这样的物流方式需要供应商与客户的生产厂家同步进行排序生产,然后直投客户生产线,对供应商的要求极高。有部分企业或部分品种是这样实施的。

3. 供应商库房排序直投上线

作为一流的物流流程和一流的供应商,还可以通过以下物流方式直投客户的生产线边,如图 3-33 所示。

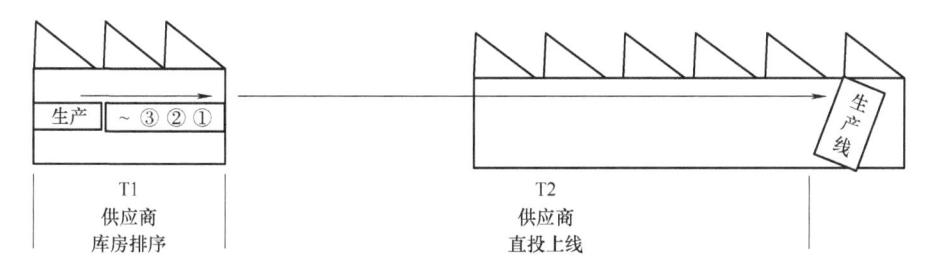

图 3-33 供应商库房排序直投上线

该种方式已经被越来越广泛地采用,并且高效地实施,特别是汽车行业,有很多汽车零部件的厂家已实现了这种物流模式。

4. 供应商物料超市排序直投上线

作为直投方式的补充,也有在生产厂家的生产区域设置供应商专用的物料超市的,供应商自己计划以保证物料超市具有一定的在制物料,同时根据客户生产需求，在物料超市排序直接投放到客户的生产线，如图 3-34 所示。

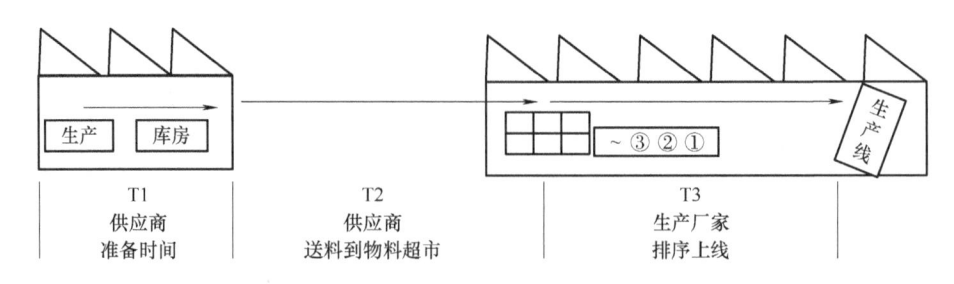

```
T1              T2              T3
供应商           供应商           生产厂家
准备时间         送料到物料超市   排序上线
```

图 3-34 供应商物料超市排序直投上线

总结一下，共有 4 种基本外部物流模式。
1）生产厂家在线排序直投上线。
2）供应商生产线排序直投上线。
3）供应商库房排序直投上线。
4）供应商物料超市排序直投上线。

在实际应用中，并不是单一模式的实施，而是根据不同物料、不同生产环节和不同的供应商，综合使用，从而达到最高物流效率。

在判断应用何种方式进行投料时，应根据物料的分类分别采用相应的物流方式。

3.5.3 外部物流降本改善的物料种类

1. 物料的分类

物料有各种属性和特点，在实施改善和管理时有必要进行必要的分类，根据不同属性和特点，采用相应的物料处理方法和管理方法。

物料有大有小，重量和体积也不同。例如货车的车架，长的可能达 10m，重量也很重，又如弹簧，比较小，也比较轻。

同一种物料，因有些属性，品种就会多。例如同样的物料，因颜色不一样，左右不一样，上下不一样，就会有很多变化。但是标准件却大都一样，变化也比较小。

物料的采购成本也不一样。汽车行业的纸板、垫片等相对费用比较低，但是有些物料却十分昂贵，例如发动机、某些进口件等。

对于这些不同的物料，需要进行分类，并进行有效的管理和改善。分类标准一般有以下几种。

1）贵重、体积大、变化多的，作为重要管理物料，称作 A 类。
2）非标准件、体积中等或体积小的，作为普通管理物料，称作 B 类。
3）标准件、体积小的，作为一般管理物料，称作 C 类。

表 3-4 所示为物料分类表，从中可以看出，物料可以分为 9 个类别，其中，A 类重要管理物料还有贵重、体积大、变化多等更多细分方式。

表 3-4　物料分类表

类别	类型	分类	分组	举例
A	贵重	AA1	体积大且变化多	发动机、车桥、仪表板、变速器
		AA2	体积大	侧壁、扰流板、催化转化器
		AA3	变化多	接线盒
		AA4	其他	导航系统
	体积大	AB1	变化多	车架、横梁、车轮、降噪板、油箱
		AB2	其他	进气管、门、水箱
	变化多	AC		发动机支架、软管、小管柱、后视镜
B	非标准件	B		灯、橡胶金属铰链
C	标准件	C		螺栓、螺母、垫片

2. 物料的上线方式

物料上线方式见表 3-5。

表 3-5　物料上线方式

物料分类					物料上线方式				
					排序上线				直投
					供应商生产线排序直投上线	供应商库房排序直投上线	生产厂家在线排序直投上线	供应商物料超市排序直投上线	批量投料在线缓冲
类别	类型	分类	分组	举例	JIS1	JIS2	JIS3	JIS4	JIS5
A	贵重	AA1	体积大且变化多	发动机、仪表盘、挡泥板、轮胎	1	1	3	2	3
		AA2	体积大	侧壁、横梁、管路	1	1	3	2	3
		AA3	变化多	发动机起动装置	1	1	3	2	3
		AA4	其他	支架、灯传感器、电子控制盒	1	1	3	2	3
	体积大	AB1	变化多	门内饰、散热器	1	1	3	2	3
		AB2	其他	门玻璃、倾斜器	1	1	3	2	3

(续)

物料分类					物料上线方式				
					排序上线				直投
					供应商生产线排序直投上线	供应商库房排序直投上线	生产厂家在线排序直投上线	供应商物料超市排序直投上线	批量投料在线缓冲
类别	类型	分类	分组	举例	JIS1	JIS2	JIS3	JIS4	JIS5
A	变化多	AC		后视镜、轮毂防护罩			1		1
B	普通	B		车灯、收音机天线	1	1	3	2	3
C	小型便宜	C		螺栓、弹簧、螺丝					1

注：1表示最佳选择，也是物流效率最高的物流选择；2表示其次选择；3表示最次选择。

其中，有一些物料可以考虑特殊处理。例如标准件，使用的数量大，且变化比较小，就可以批量上线，在线边形成一定的缓冲物料，如C类物料。

对于体积不是很大，但是变化比较大，且比较贵重的物料，可以考虑生产厂家自行管理和排序上线。

具体实施要根据实际情况，在可能的情况下，组合实施。同时要和供应商形成共赢的物料物流方式，只有共同的持续改善，才是形成长期可持续的物流方式。

3.5.4 外部物流降本改善小结

以往的厂内物流只是库房到生产线的送料工作，但是JIT的厂内物流完全要颠覆这一想法。

JIT将物流的送料工作视为生产线的第一道工序，这就要完全按生产计划、节拍做好生产线第一道工序的工作。

这样的生产线第一道工序，就是按生产计划拣货、配料，然后再按生产顺序传到（这里不是送到）第二个工序，如此进行连续生产。

因而也没有什么线边投料、线边物料工位器具等。这就是JIT物流的理想追求。

实际上，有很多企业在一些生产中已经局部采取了这一方式。

所以，在考虑物料上线工艺时，要将其作为生产线的第一道工序来考虑、计划和改善。改善的切入点就是：保证供应商的物料管理、物料仓储的位置管理、上线的分拣配料、JIT上线，以及物流人员的工作量和人员配置。

JIT上线物流的厂内物流上线是生产线的第一道工序。

3.6 物流质量改善降本

3.6.1 何为物流质量

物流质量包括品种、数量、交期、地点等的工作质量,是物流最基本的质量,也是看得见的物流质量。

进一步说,物流质量也包括物料缺货信息的精确度、在途物料的情况、送料人员的工作质量等一些潜在的物流质量问题。

看得见的工作质量,潜在的工作质量,都会直接或间接地影响物流质量,造成物流浪费,成本增加,是我们物流质量降本改善的核心内容。

3.6.2 看得见的物流质量问题分析和改善

首先从日常物流工作中看得见的物流质量问题(见图3-35)入手,进行分析和改善。

1) 破损和污损:在物流操作过程中造成的物品问题。
2) 时间的错误:没有按约定时间送达物品。
3) 品种的错误:没有按约定品种送达物品。
4) 数量的错误:没有按约定数量送达物品。

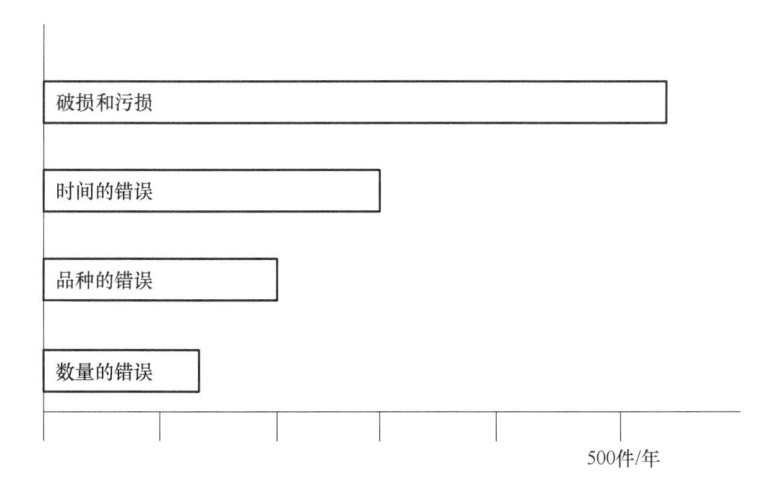

图3-35 看得见的物流质量问题

对于这些看得见的物流质量问题,首先要进行原因分析(见图3-36),然后考虑如何改善。

根据物流环节改善指导的认识,分别说明造成物流质量问题的各种原因。

1) 管理问题:有标准,但不按标准严格要求。

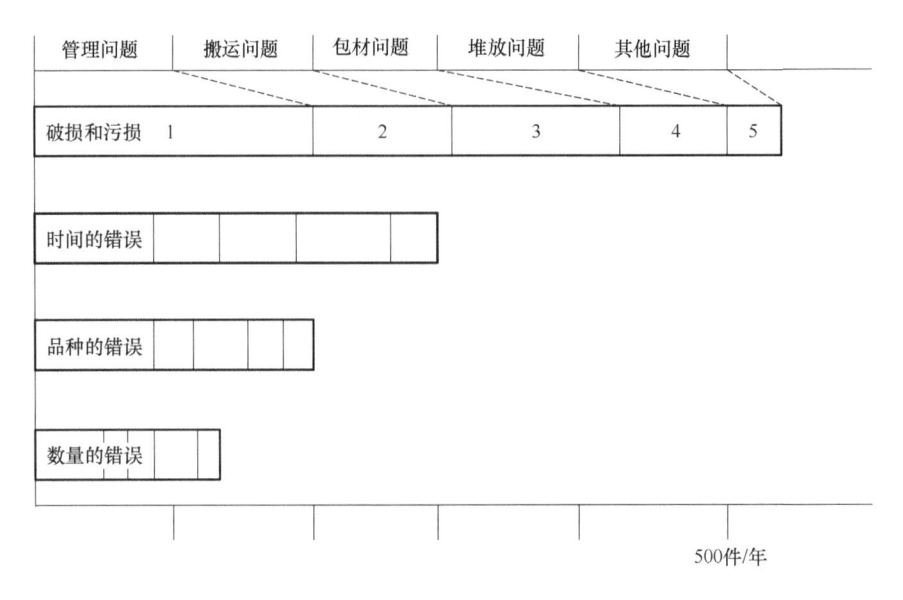

图 3-36 看得见的物流质量问题原因分析

2）搬运问题：物流过程中物品会有多次搬运的过程，没有实行轻拿轻放。

3）包材问题：与物品不匹配的包装，例如对大重量货物，包装没有加强筋，包装材料使用不当。

4）堆放问题：堆高超高，没有按大不压小、重不压轻、木不压纸的堆放标准执行。

5）其他问题。

上述原因只是一些代表性的原因，实际物流的质量问题要根据实际情况进行务实的原因分析，以寻找改善对策。

以我曾经经历过的一个物流环节为例加以说明。

在某个装卸货环节，物品经常会因为被雨淋湿而破损，从而造成赔偿损失。为此实施了很多改善的方法，如尽量将物品放在室内，防止雨淋；购买遮雨布，将临时放置在外面的物品加以遮盖等。但是问题并没有得到任何解决，还需要进一步寻找原因。

为此笔者来到物品装卸现场，实地调查、分析物品被淋湿的原因。

物品装卸的地方是在遮雨棚中，物品也是放在高出地面的货台上，所以不应该出现被淋湿的问题。通过观察，发现遮雨棚有个地方有些滴水，再走进仔细观察了一下，在高出地面的货台上面的遮雨棚，有几个小漏洞，雨水就从这几个小洞漏下，滴到了货台的物品上。问题的原因发现了。

所以，问题改善绝对不能想当然一上来就采取改善措施，而是一定要通过实地调查、分析，寻找到真正造成质量问题的原因后，才能采取相应措施，从而真正解决质量问题。

3.6.3 潜在的物流质量问题分析和改善

在物流工作中，会存在一些非表面化但会影响物流工作质量的问题，也就是潜在的物流质量问题。例如物流的时间不确定、物流的信息不准确等，都会造成物流工作的质量问题，从而造成客户的一些不满。对这些潜在的物流质量问题进行现状分析，如图 3-37 所示。

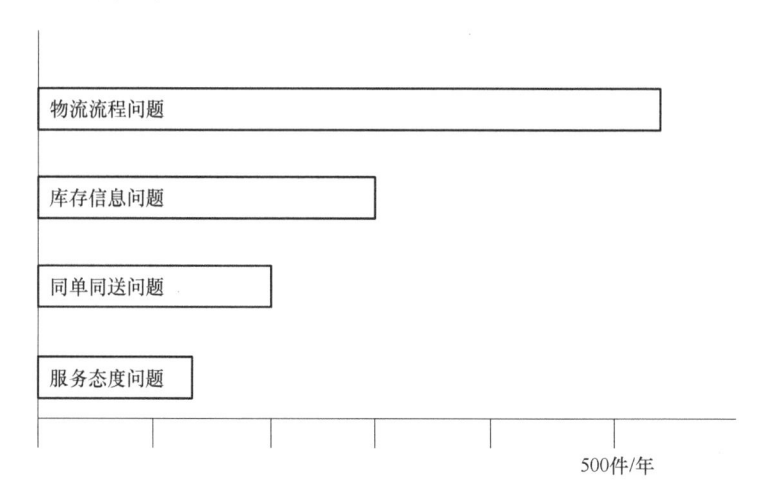

图 3-37 潜在的物流质量问题现状分析

1）物流流程问题：物流流程过长，而且变化很多，造成客户使用非常不方便，经常出现误工、停工现象。

2）库存信息问题：什么物品、数量、时间等库存信息不准确，影响物品使用。

3）同单同送问题：当要发给一个客户的物品数量比较多时，会分成几个包装，有时物流会分开运送，造成同样的物品，分批、分期到货。

4）服务态度问题：回答和解决客户的问题时存在态度问题。

解决这些潜在的物流质量问题要从管理和技术两个方面进行改善。管理上按标准执行，并且不断发现问题，持续改善；技术上应根据实际问题进行技术改进，并解决问题，而且需要持续改善。

3.6.4 物流质量的成本分析和改善

物流质量问题，包括管理上的不标准、流程的不明确等，大都会造成直接的物流成本损失。

对因物流质量问题造成的直接物流成本损失进行分析，如图 3-38 所示。

造成直接物流成本损失的原因总的来说有两个。

1）外部投诉造成直接物流成本损失。其原因大都是由于物品的丢失、破损等直接的物流质量问题造成的，细致分析，应是内部没有很好地控制所以导致这些问

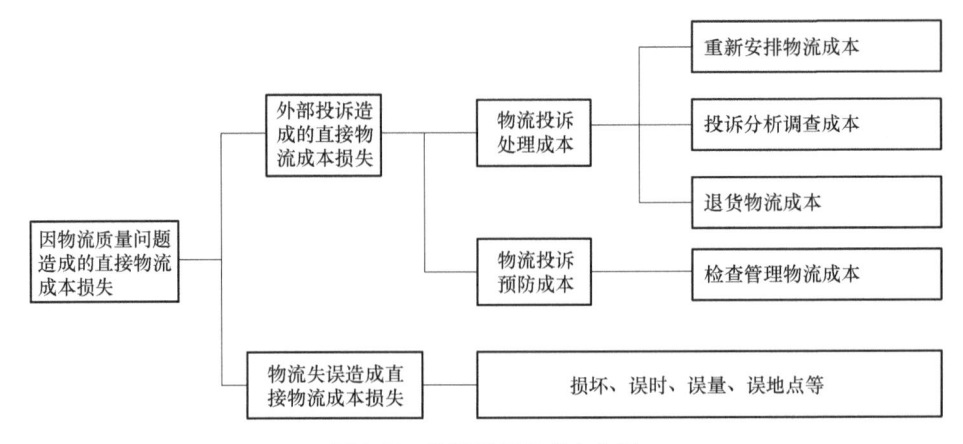

图 3-38 物流质量的成本分析

题直接影响了顾客的使用，从而造成投诉。对这样的投诉需要进行一系列的处理和赔偿，造成了直接物流成本损失。

2）有些物流质量问题，包括损坏、误时、误量、误地点等，虽然在企业内部进行了处理，没有造成投诉，但是仍然造成了直接物流成本损失。

例如我曾经在一个电商企业进行指导，仓库的一个角落就堆积了损坏、误时、误量、误地点的物流物品，需要定期集中进行处理。又例如我曾经指导过一家物流快递企业，其物品转运中心就专门设立了破损物品处理处，将现场的操作人员有时因不按规定轻拿轻放等造成破损的物品集中在此处，由所配备的专职的工作人员每天处理，将其重新包装后再发出去。

这些改善，需要从管理上进行，即管理的标准、流程和执行的改善。我曾经在那家配有物品破损处理处的物流企业的经营会上提出建议：取消物品破损处理处，也不再安排物品破损处理人员，改由现场人员直接管理和处理。因为大部分破损是由于现场人员不注意而造成的，而且现场的管理人员也认为，要保证物流工作速度，破损了反正有物品破损处理处处理。这样就造成了只关心物流速度，而忽视了现场的物流质量管理。

3.6.5 物流质量改善降本小结

本节的物流质量分析和改善，主要涉及：
1）看得见的物流质量问题分析和改善，也就是面向现场的物品实物质量。
2）潜在的物流质量问题分析和改善，主要针对流程和信息的物流质量问题。
3）物流质量的成本分析和改善，主要是针对造成直接物流成本损失的内容。

物流现场的工作相对生产现场而言，标准比较少，规律性也比较差，所以要针对主要问题、主要矛盾、主要损失进行有的放矢的改善，同时带动其他的改善。

例如，看得见的物流质量问题中的重点和关键是什么？潜在的物流质量问题哪个流程、哪个信息具体是什么？对物流损失成本而言，哪个问题造成的物流成本损失最大，哪个物流成本损失经常发生等，应针对重点、关键进行改善。

改善有管理上的改善和技术上的改善。技术上的全部改善，需要时间和费用，所以首先考虑管理改善。

3.7 物流环节降本总结

本章涵盖从供应商开始，到生产企业库房、配料投料，再到生产线的整体物流环节的降本。涉及如下内容。

1）库房物料降本和库房空间降本。
2）物料的包装材料降本和包装必要条件和环境的降本。
3）从供应商到生产企业不同产品的送货效率和成本的改善。
4）从企业库房投料到生产线投料的降本改善。
5）物流全过程的物流质量问题降本改善。

在实际改善工作中，可以考虑全物流环节的降本实施，也可以考虑从物流环节中的瓶颈开始实施降本改善。我比较赞成后一种，因为这样可以针对主要矛盾集中力量进行改善，同时带动其他物流功能的改善。

物流环节中的瓶颈可以从成本的瓶颈、时间的瓶颈、空间的瓶颈等着手，结合自身企业的实际情况，实施改善。

另外，物流环节中的降本，也一定要同生产环节的改善相结合，综合考虑，才能顺利进行，从而实现全生产链的降本。

第 4 章

采购环节的降本改善

4.1 采购管理和改善

4.1.1 采购管理的基础

1. 采购管理的原点

（1）采购成本　采购是制造的上游，在制造成本三要素中，就是材料成本（C），包括生产产品所需要的原材料、零件、工具、工装等，约占成本的70%，所以采购环节的成本决定了大部分的产品成本。可以看出，材料费的确定就基本决定了产品的制造费用，也决定了产品的销售价格。

材料费大部分是采购费用。所以，采购管理、采购改善在消除浪费、降低成本、扩大市场方面具有非常重要的作用。

1）原材料、零件的定义。

① 原料：粉体、液体状物质经调和、化合、溶解等处理后，再成为生产产品的物质。

② 材料：加入固体物质，通过物理性的能源加工成为生产产品的物质。

③ 辅助材料：溶媒、添加剂、黏合剂等不是主要的构成材料，但作为产品构成物，起辅助作用的材料。

④ 零件。

a. 组装部件，是可以在市场上采购到的零件。

b. 外部加工零件，是组装零件，由本公司设计，按规格委托外部厂家加工的零件。

2）原材料、零件的特点。

① 采购规格和性能由设计决定。

② 根据规格和性能决定采购价格及标准成本。

③ 以购入价格（单价）为依据制定生产成本标准。

（2）采购质量和效率　采购来的原材料、零件、工具、工装等的质量（Q）会直接影响制造的质量。有些在制造环节出现的质量问题，往往源于零部件的问题。因此，零部件的质量也是生产环节关注的一个重要因素。

生产需要零件的准时上线，这不但是对库房上线的要求，更是采购环节要考虑的要素。供应商的开发、管理等都是生产上游重要的环节，这就是采购的效率（D）。

（3）采购的 QCD 和降本　为制造出对应市场需求的产品，也需要采购环节从 QCD 的角度出发，为生产提供强力保障。同时根据市场需求，开发新材料、新供应商、新物流方式。

所以，从采购和制造的关联角度看，采购需要从以下三个方面进行持续改善和创新。

1）产品创新：包括新材料、新供应商、新物流方式的开发。
2）流程创新：包括采购成本的优化，供应商组合的优化。
3）思维创新：包括信息共享、网络采购、全球采购。

采购与制造的关联见表 4-1。

表 4-1　采购与制造的关联

制造环节	采购环节
产品创新 　延展优势经营（以客户为中心） 　● 加强商品规划及开发能力 　● 制定自制外包战略	产品创新 　促进购买 　● 开发具有技术力及竞争力的供应商 　● 制定自制外包战略
流程创新 　面对市场做出正确、迅速的反应 　● 大幅降低流程成本 　● 供应商组合	流程创新 　低成本购买及业务的效率化 　● 对应网络时代的公开购买变革 　● 以买家企业为主导的采购物流组合
思维创新 　基于信息共享的机能革新 　● 以顾客为本的考量 　● 共享具有价值的信息 　● 提高目标及评价的透明度	思维创新 　培育具有战略构想的采购工程师 　● 关注顾客导向 　● 关注市场、规格、供应商、价格（材料费、加工及运费等）信息的共享 　● QCD 目标及评价的共享

2. 采购管理的三要素

采购管理是生产的上游保证。采购的对象是供应商。如何选择、开发上游，引进制造，最终形成产品，是十分重要的。供应商开发、信息管理和供应商管理构成了采购的三要素，如图 4-1 所示。

如何充分考虑这三要素，如何做好制造上游的工作，是采购环节需要持续关注和改善的课题。

供应商的开发和管理要根据市场的要求和制造的需求，从不同的角度，合理、高效地进行，要根据需要采购物品的不同而有所区别。

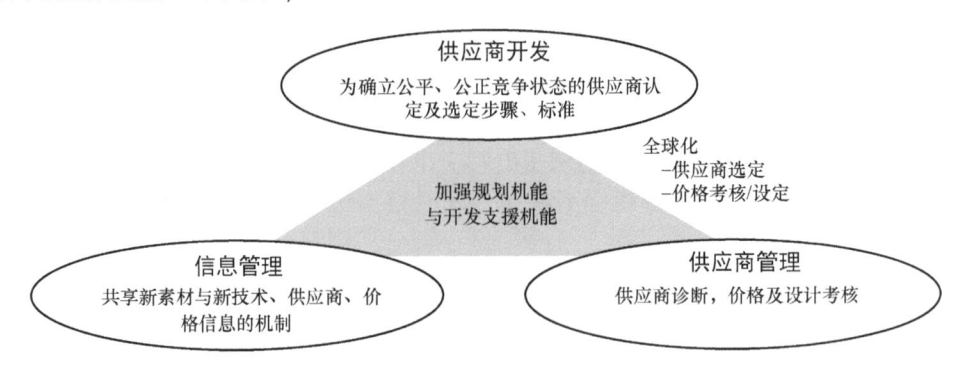

```
         供应商开发
    为确立公平、公正竞争状态的供应商认
          定及选定步骤、标准
                            全球化
                           -供应商选定
         加强规划机能        -价格考核/设定
         与开发支援机能

   信息管理                    供应商管理
共享新素材与新技术、供应商、价      供应商诊断，价格及设计考核
      格信息的机制
```

图 4-1 采购三要素

从标准化程度上考虑，有些采购品相对比较标准，同时又是需求比较稳定的；从供应商的组合上考虑，有时需要单一供应商，有时又需要复合供应商。

这样从标准化程度和供应商组合这两个维度上，可以分四个领域来考虑供应商的开发和组合。

1）市场成本追求型：一般用于标准化比较高的采购品，可从市场上选择多家供应商，在保证质量的基础上，追求成本的最优化。

2）稳定供给追求型：一般用于标准化比较高，但是技术要求也很高的采购品，所以就需要稳定的供应商配合，这时就要考虑一些特定的供应商，在考虑质量、价格的基础上，主要考虑稳定、持续、供给。

3）机能成本追求型：一般用于非标采购件，其网络采购等比较困难，同时要充分考虑成本。这时就需要开发复合供应商，共同比价，进行供应商的横向管理。

4）技术合作追求型：一般用于非标件、重要件，或者成本高昂件，需要和特定的供应商共同开发，共享开发成果。这时就需要对供应商的各方面能力进行科学的判断和优化。供应商组合如图 4-2 所示。

3. 采购管理框架

采购管理框架（见图 4-3）主要包括以下两方面。

1）采购体制：包括采购规划、采购组织、采购流程、网络采购、采购技术、采购信息等。

2）采购成本战略：包括内外制作、采购策略、采购规格、采购方法等。

有些企业在采购方面有很多规定和标准，且非常系统，但是在实施方面却得不到落实和应用。采购部门根据经验和关系进行采购，使很多规定和标准变成形式上的东西。所以采购成本战略就是采购实施的实务过程管理，是十分重要的。

4.1.2 采购体制

采购体制包括采购功能体制、采购流程体制和采购人才体制。

1. 采购功能体制

1）采购的规划与开发功能：包括各种信息的掌握、内外制造的判断、供应商的选择等。

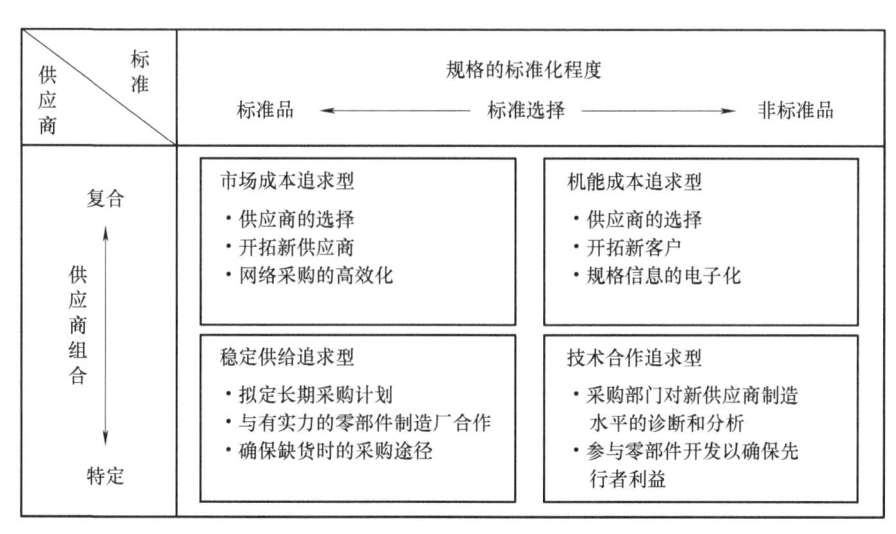

图 4-2 供应商组合

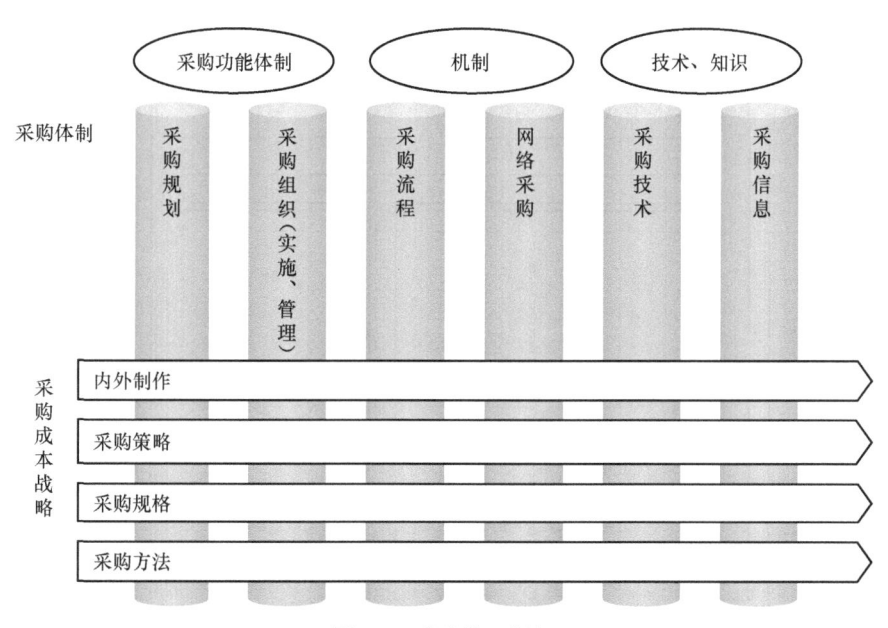

图 4-3 采购管理框架

2) 采购的实施功能：包括供应商的交涉、价格设定、采购计划制订等。

3) 采购管理与改善功能：包括整体采购过程的 QCD 管理功能等。

要将相关部门和外部协同起来，才能真正体现采购这一环节的功能，才能实现精益采购的功能，具体如图 4-4 所示。

具备上述功能，并有效运作，才是精益采购管理的核心所在。

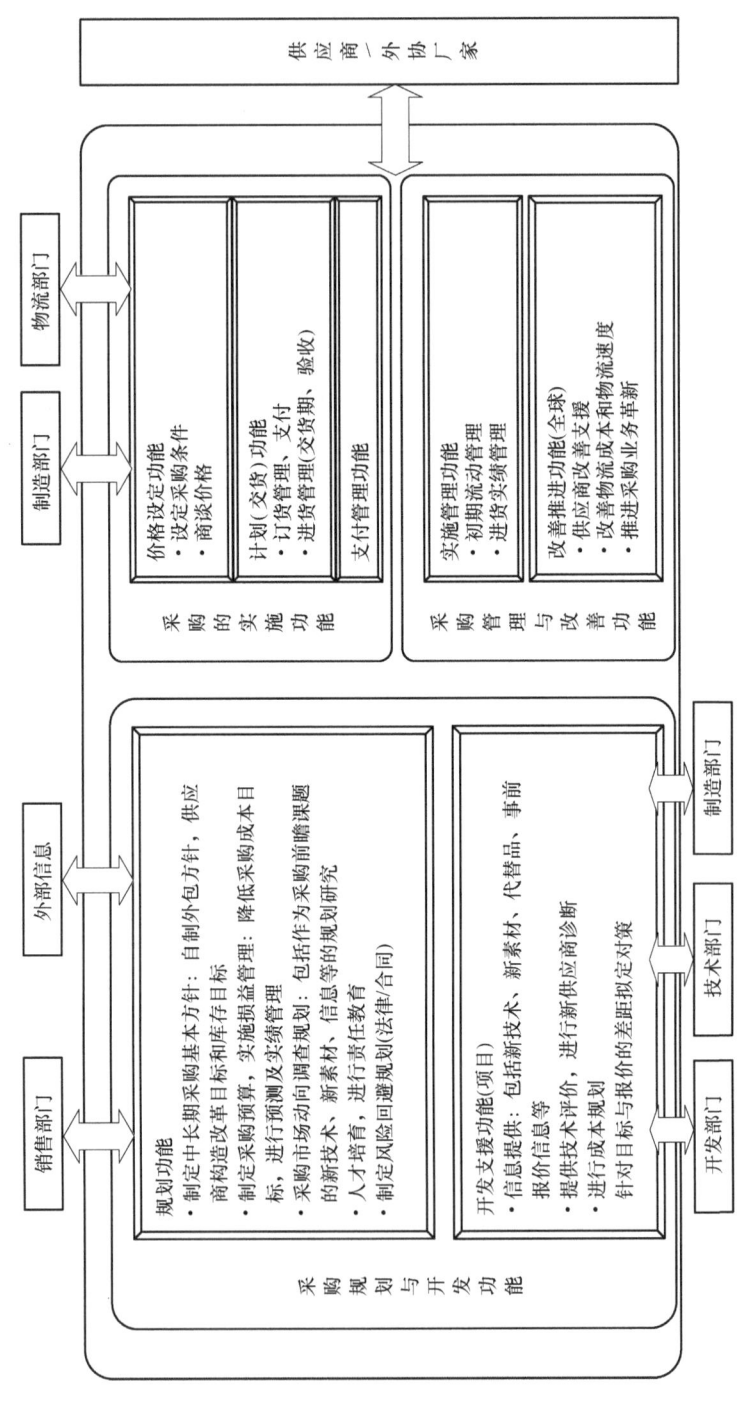

图 4-4 采购功能体制

采购规划与开发功能

规划功能：
- 制定中长期采购基本方针：自制外包方针、供应商构造改革目标和库存目标
- 制定采购预算、实施损益管理：降低采购成本目标，进行预测及实绩管理
- 采购市场动向调查规划：包括作为采购前瞻课题的新技术、新素材、信息等的规划研究
- 人才培育，进行责任教育
- 制定风险回避规划(法律/合同)

开发支援功能(项目)：
- 信息提供：包括新技术、新素材、代替品等
- 报价信息等
- 提供技术评价，进行新供应商诊断
- 针对目标与报价的差距拟定成本规划对策

采购的实施功能

价格设定功能：
- 设定采购条件
- 商谈价格

计划(交货)功能：
- 订货管理、支付
- 进货管理(交货期、验收)

支付管理功能

采购管理与改善功能

实施管理功能：
- 初期流动管理
- 进货实绩管理

改善推进功能(全球)：
- 供应商改善支援
- 改善物流成本和物流速度
- 推进采购业务革新

关联部门：供应商、外协厂家、物流部门、制造部门、外部信息、销售部门、制造部门、技术部门、开发部门

2. 采购流程体制

采购流程体制如图 4-5 所示。

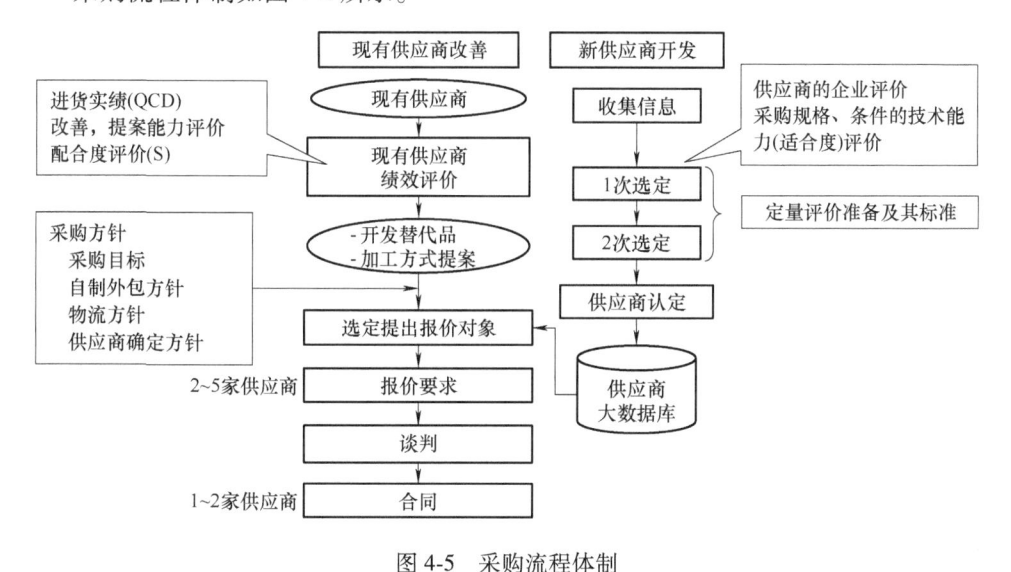

```
进货实绩(QCD)              现有供应商改善      新供应商开发         供应商的企业评价
改善，提案能力评价    →    现有供应商         收集信息             采购规格、条件的技术能
配合度评价(S)                                                      力(适合度)评价
                           现有供应商
                           绩效评价           1次选定
                                              2次选定             定量评价准备及其标准
采购方针                   -开发替代品
  采购目标                 -加工方式提案
  自制外包方针                                供应商认定
  物流方针
  供应商确定方针            选定提出报价对象
                                              供应商
2~5家供应商                 报价要求           大数据库
                           谈判
1~2家供应商                 合同
```

图 4-5　采购流程体制

在采购流程的各个阶段，针对供应商的重要的评价标准如图 4-6 所示。

```
      企业评价              技术力(是否适合)评价            进货实绩评价

M:·经营理念、方针        V:产量的对应能力              Q:不良率
  ·公司规模、主要顾客    Q:质量管理能力                C:·降低成本率
  ·市场占有率、ROE       C:成本管理能力                  ·VE提案件数(金额)
  ·环境方针              D:·计划管理能力              D:·交货期遵守率
                            ·交货周期                    ·交货期对应力
Ce:认证:ISO、QS—9000等  T:·研发及提案能力             S:洽询对应
                            ·要素技术                    ·提供市场及业界信息
                        S:服务、配合度                   ·提供新素材及新技术信息


      1次选定                  2次选定

    新开发供应商                                           现有供应商
```

图 4-6　供应商评价标准

注：M：经营；ROE：权益回报率；Ce：符合欧洲标准；V：产量；
　　Q：质量；C：成本；D：交货；T：技术；S：服务。

上述介绍的采购流程体制内容仅供参考。具体要根据企业自身和产品的特点，制定自己的标准和流程。

这些标准和流程的实施主体是采购工程师，其能力和技术决定了标准和流程的实施效果。

3. 采购人才体制

采购工程师的能力和技术有以下三个要素。

1）目标：根据自身实际工作经验和所负责的工作内容，制定切实可行的目标。

2）OJT（On the Job Training，在职培训）：采购工程师的能力和技术是通过日常的工作、学习而掌握的。所以主要以 OJT 的方式进行学习、提高，并适当结合脱产培训学习。

3）评价：对能力、技术的评价体系和标准。

上述三个要素的关系如图 4-7 所示。

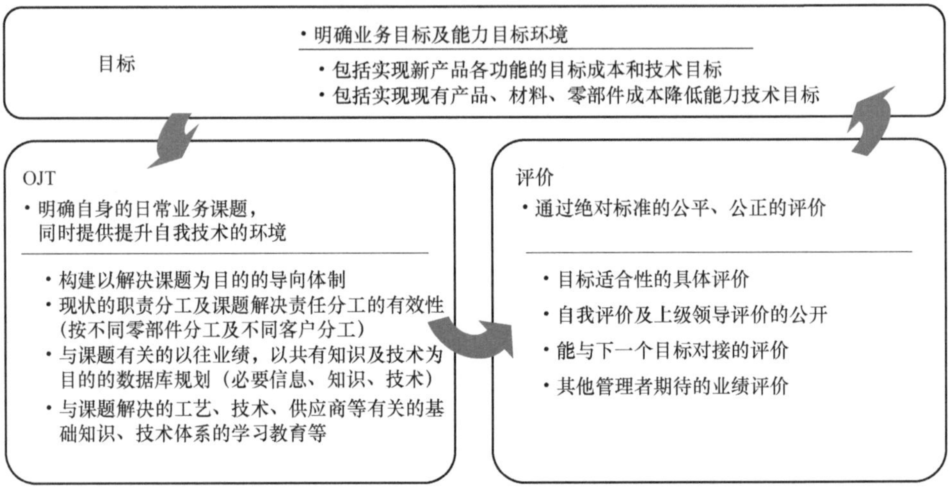

目标
- 明确业务目标及能力目标环境
- 包括实现新产品各功能的目标成本和技术目标
- 包括实现现有产品、材料、零部件成本降低能力技术目标

OJT
- 明确自身的日常业务课题，同时提供提升自我技术的环境
  - 构建以解决课题为目的的导向体制
  - 现状的职责分工及课题解决责任分工的有效性（按不同零部件分工及不同客户分工）
  - 与课题有关的以往业绩，以共有知识及技术为目的的数据库规划（必要信息、知识、技术）
  - 与课题解决的工艺、技术、供应商等有关的基础知识、技术体系的学习教育等

评价
- 通过绝对标准的公平、公正的评价
  - 目标适合性的具体评价
  - 自我评价及上级领导评价的公开
  - 能与下一个目标对接的评价
  - 其他管理者期待的业绩评价

图 4-7 采购工程师的能力和技术的三个要素的关系

采购工程师的能力见表 4-2。

表 4-2 采购工程师的能力

能力项目		主要内容
采购规划能力	采购政策制定能力	针对新产品、现有产品及持续品 1. 能将目标成本及降低成本目标分解到商品各功能中，同时能够对目标成本和实际采购成本的差距设定改善课题和对策 2. 能针对基于短期及长期目标制定相关改革方案，包括采购领域、自制外包及采购市场等 3. 能把握包含竞争对手企业及其他行业在内的先进采购动态，以设定本公司的相关课题并拟定措施方向
	信息分析能力（购买信息）	1. 有效应用信息来源，并根据采购领域的未来课题及来自设计部门的要求筛选候补的采购厂商 2. 能将采购品的要求性能、限制条件等定量化，从采购市场及候补的采购厂商收集代替品信息并对开发做出提案 3. 能对新候补采购厂商进行现场诊断，根据量产阶段的设定品质能力、成本能力及供应能力评价来选择最合适的采购厂商

(续)

能力项目		主要内容
采购执行能力	核查能力（定价）	1. 能根据具有成本竞争力的采购总成本（产品成本、物流费及业务费用）进行事前报价，并对来自候补采购厂商的报价进行核查 2. 能通过现场核查，设定量产阶段具有竞争力的价格 3. 能设定符合公司生产方式的最合适的订购方式及包装形态（包装方法）
	交涉能力	1. 能充分理解采购地区的相关法规、风俗及习惯，并照此来进行交涉 2. 能达成对公司有利的共识，并将之纳入合同中（交易的基本合同、品质保证协定等） 3. 能拟定并实施有理论及有根基的逻辑性交涉方案
采购管理改善能力	改善构思能力	针对现有的采购厂商： 1. 能描绘出符合各公司实力的QCD改善后目标，并确定改善方向定位（拟定改善构思方案） 2. 能使用管理改善（TP）手法，为实现QCD目标，进行目标分解 3. 能使用IE（工业工程）/QC（质量控制）/VE（价值工程）手法，把握现场实况，并能参考企业信息等拟定实现QCD目标的措施
	指导供应商能力	1. 能引导采购厂商高层及执行要员参与为达成目标的改善活动 2. 在解决采购厂商的品质、成本及交货方面，能进行与企业相关部门相配合的指导 3. 能将改善步骤标准化，并将之落实以推进持续改善

为能够达到以上能力，采购工程师要掌握IE、QC技术，同时有比较广泛的人脉。

4.1.3 采购成本战略

采购体制和采购成本战略两方面都十分重要，但是即使有再好的采购体制，如果采购成本战略实施不到位，也仍然无法达到既定的采购效果。

采购成本战略由以下四个部分组成。

1）内外制作：对物品内部制作和外部采购的区分与优化。

2）采购策略：包括采购方的选择和确定、价格设定和构成策略的研究和改善。

3）采购规格：应充分利用VE/VA（价值分析）技术，积极参与供应商的改善研究和实施。

4）采购方法：研究核查供应商的价格成本及管理方式，研究采购方式。

以上四个方面有机组合，即可形成成本最优的采购组合。

1. 内外制作

产品所需要的全部生产过程有些是采购品，有些是自制品。二者如何区分，是否有必要区分，区分的标准是什么，都是采购实施中的重要课题。

那么哪些物品需要采购呢？简单地说，自己做不了的，需要采购；自己虽然可以做，但是买会更便宜，需要采购；自己虽然可以做，但生产能力不够，需要采购。

这些理由只是简单判断。从企业经营、产品经营、精益采购角度，内制品和采购品的区分是非常重要的。

从精益采购的角度出发，内外制作可以分成四个层次来考虑，具体如图 4-8 所示。

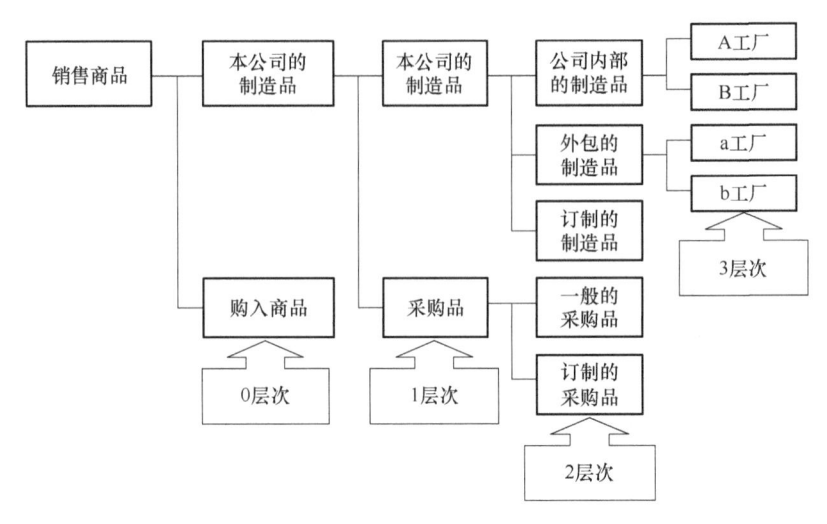

```
销售商品 ─┬─ 本公司的制造品 ─┬─ 本公司的制造品 ─┬─ 公司内部的制造品 ─┬─ A工厂
         │                                    │                    └─ B工厂
         │                                    ├─ 外包的制造品 ─┬─ a工厂
         │                                    │                └─ b工厂
         │                                    └─ 订制的制造品
         │                                                            3层次
         └─ 购入商品 ─── 采购品 ─┬─ 一般的采购品
                                 └─ 订制的采购品
             0层次        1层次                                2层次
```

图 4-8　内外制作的四个层次

（1）0 层次和 1 层次　属于企业的经营决策。

1）0 层次，确定企业产品的具体规格等。

2）1 层次，确定企业制造的部分。

（2）2 层次和 3 层次　落实到采购层次的决定。

1）2 层次，确定直接采购还是外协加工。

2）3 层次，确定供应商。

内外制作精益层次和采购层次见表 4-3。

表 4-3　内外制作精益层次和采购层次

精益层次	0 层次： 确定本企业产品的具体规格等	明确销售产品形象，通过技术、核算、营业等方面来判断产品是由企业自身开发、制造还是由原始设备制造商（OEM）实现
	1 层次： 确定本企业的制造对象	哪些功能在企业内实施，哪些功能由外部引入呢？应与开发、设计部门共同做出计划及判断 在将完成品的一些功能加以分解的阶段中对自制外包做出判断，并对分解功能的自制外包做出判断
采购层次	2 层次： 确定直接采购 确定外协加工	针对本公司的制造能力，判断哪些部分应该外包，哪些应该定制；确定是通过一般购买还是向外购买
	3 层次： 确定供应商	综合判断 QCD，并确定应从何处进行采购

企业内部制作还是外协加工应首先从质量、成本、数量等基本方面进行判断，再进一步从交期、技术及其他方面进行判断。内外制作各层次判断准则见表4-4。

表4-4　内外制作各层次的判断准则

质量	首先根据质量来决定是内部自制还是外协加工
自制要因	1. 客户指定的自制物品 2. 因为规格特别，必须由本公司专用设备制造的物品 3. 有必要保密的物品 4. 内部拥有的特殊专利
外包要因	1. 订单中，客户指定的向外订购的物品 2. 本公司没有所需的技术、设备 3. 外协企业拥有特殊工作许可
成本	从成本角度进行比较，同时考虑外协制作及管理成本，应综合判定
数量及生产能力	考虑数量与成本关系。少量、多品种的外协加工；大量、单一品种的内部制作
交期	根据生产周期时间，确定外协制作还是内部制作
技术	考察企业内部是否需要特殊技术和培养有关人才；外协企业是否能够应对今后的发展市场
其他	考虑大的经济环境，需要变动，技术革新，外协对应等影响

2. 采购策略（见图4-9）

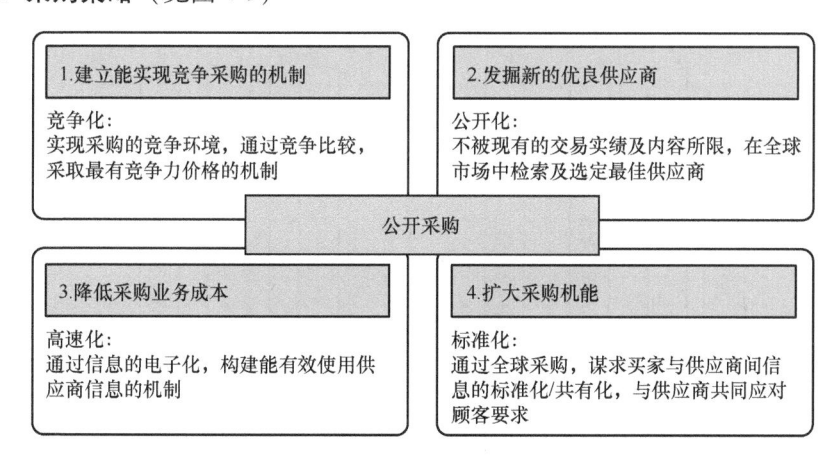

```
┌─────────────────────────┐    ┌─────────────────────────┐
│ 1.建立能实现竞争采购的机制 │    │ 2.发掘新的优良供应商      │
│ 竞争化：                 │    │ 公开化：                 │
│ 实现采购的竞争环境，通过   │    │ 不被现有的交易实绩及内容   │
│ 竞争比较，采取最有竞争力   │    │ 所限，在全球市场中检索及   │
│ 价格的机制               │    │ 选定最佳供应商            │
└─────────────────────────┘    └─────────────────────────┘
                    ┌──────────────┐
                    │   公开采购    │
                    └──────────────┘
┌─────────────────────────┐    ┌─────────────────────────┐
│ 3.降低采购业务成本        │    │ 4.扩大采购机能           │
│ 高速化：                 │    │ 标准化：                 │
│ 通过信息的电子化，构建能   │    │ 通过全球采购，谋求买家与   │
│ 有效使用供应商信息的机制   │    │ 供应商间信息的标准化/共有  │
│                         │    │ 化，与供应商共同应对顾客   │
│                         │    │ 要求                     │
└─────────────────────────┘    └─────────────────────────┘
```

图4-9　采购策略

根据以上策略，对供应商进行发掘与选定，其流程、课题及措施如图4-10所示。其中步骤4和步骤5需要明确的筛选和确定标准，同时要对供应商进行实地考察和分析，最终确定签约的供应商。

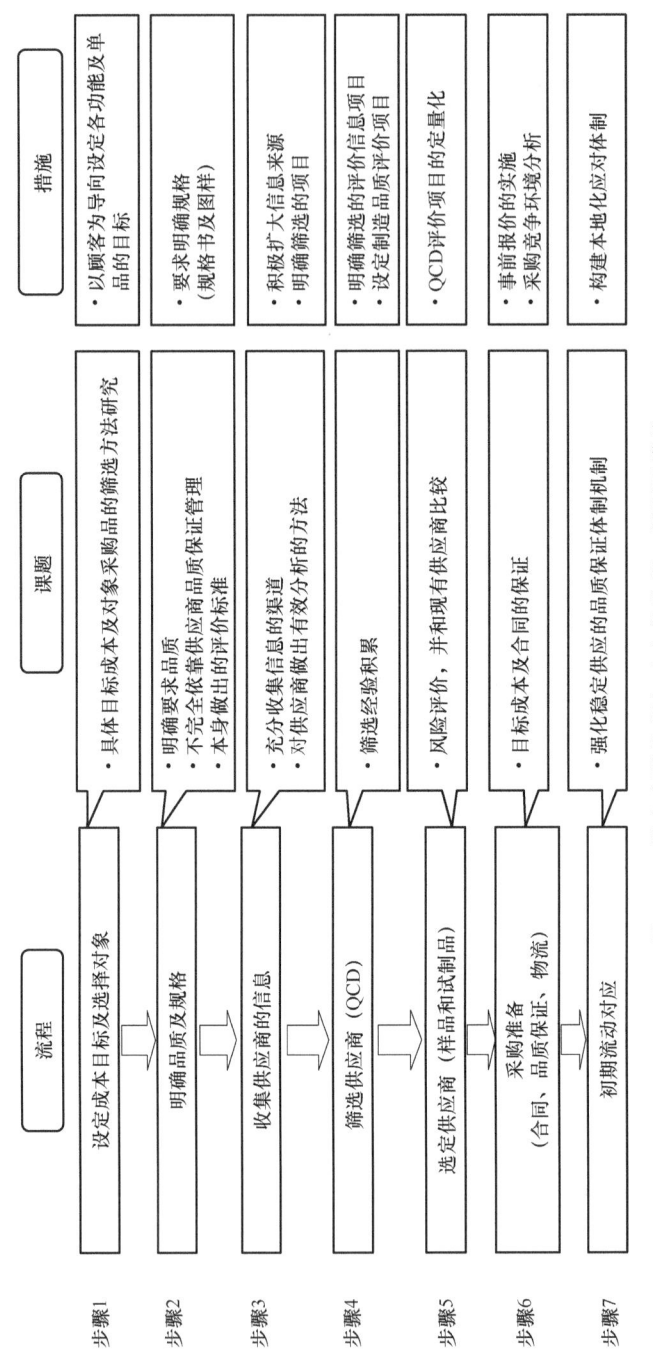

流程	课题	措施
步骤1 设定成本目标及选择对象	具体目标成本及对象采购品的筛选方法研究	以顾客为导向设定各功能及单品的目标
步骤2 明确品质及规格	明确要求品质 不完全依靠供应商品质保证管理本身做出的评价标准	要求明确规格（规格书及图样）
步骤3 收集供应商的信息	充分收集信息的渠道 对供应商做出有效分析的方法	积极扩大信息来源 明确筛选的项目
步骤4 筛选供应商（QCD）	筛选经验积累	明确筛选的制造品质评价信息项目 设定制造品质评价项目
步骤5 选定供应商（样品和试制品）	风险评价，并和现有供应商比较	QCD评价项目的定量化
步骤6 采购准备（合同、品质保证、物流）	目标成本及合同的保证	事前报价的实施 采购竞争环境分析
步骤7 初期流动对应	强化稳定供应的品质保证体制机制	构建本地化应对体制

图 4-10 供应商的发掘与选定的流程、课题及措施

140

最后，要综合考虑外协厂家和本企业的物流，有时本企业的物流成本和所需时间远远大于外协生产成本和相应时间。所以，外协加工委托要综合考虑物流成本和效果，具体要考虑以下事项：

1）以从采购、进货到回收的整体流程为对象，考虑物品费用、采购物流成本、速度的优化。

2）为保证物流效率和质量，综合考虑物品的包装、交货批量和形式。

3）考虑外协厂家对应需求的能力。

4）综合考虑外协费用、物流成本、库存规划等。

3. 采购规格

采购产品的规格根据其 QCD 的要求不同而有所改变。事先要经过充分讨论，从而形成标准规格，包括技术规格和管理规格。

在产品生产的各个阶段也会有规格的变更和修正。例如从新产品的试制到量产，各个阶段均处于设计、审核、修正的多次循环中，最终得以形成产品的规格。根据产品在各个阶段的需求，考虑和设定各个阶段的规格，对供应商进行发掘管理。

技术规格也要分成两类来考虑。一类是比较通用、常用的规格；另一类是特殊的规格。应针对不同规格考虑选用多个供应商还是某一个特定供应商。采购规格管理和应用如图 4-11 所示。

4. 采购方法

采购分成战略型采购与核定和竞争型采购。

（1）战略型采购　主要针对新产品和新材料。

每年企业都会根据市场需求和研究成果等开发新产品。这些新产品可能会出现新功能，也可能在原有功能基础上进行升级优化。每年也要从采购角度同步考虑这些产品的开发和供应商的开发。

产品的新功能及原有功能的升级优化可能会改变供应商的生产过程，这一改变可能是重新审定成本的机会。

所以，将对新产品、新材料的采购称为战略型采购。

战略型采购可以从两个维度进行考虑：

1）规划采购：在产品规划阶段参与采购。在对市场充分调研、掌握动态信息的基础上，参与产品的规划设计和供应商的供货方案。

2）开发采购：根据生产需求开发新的供应商。

（2）核定和竞争型采购　核定和竞争型采购主要针对现有产品所需零件的采购，包括现有供应商和新供应商。

核定和竞争型采购可以从三个维度进行考虑：

1）核定采购：对供应商进行实地诊断、分析，并定量浪费，核定实际成本。

2）竞争采购：由多个厂家对同一零件进行报价，并审核。

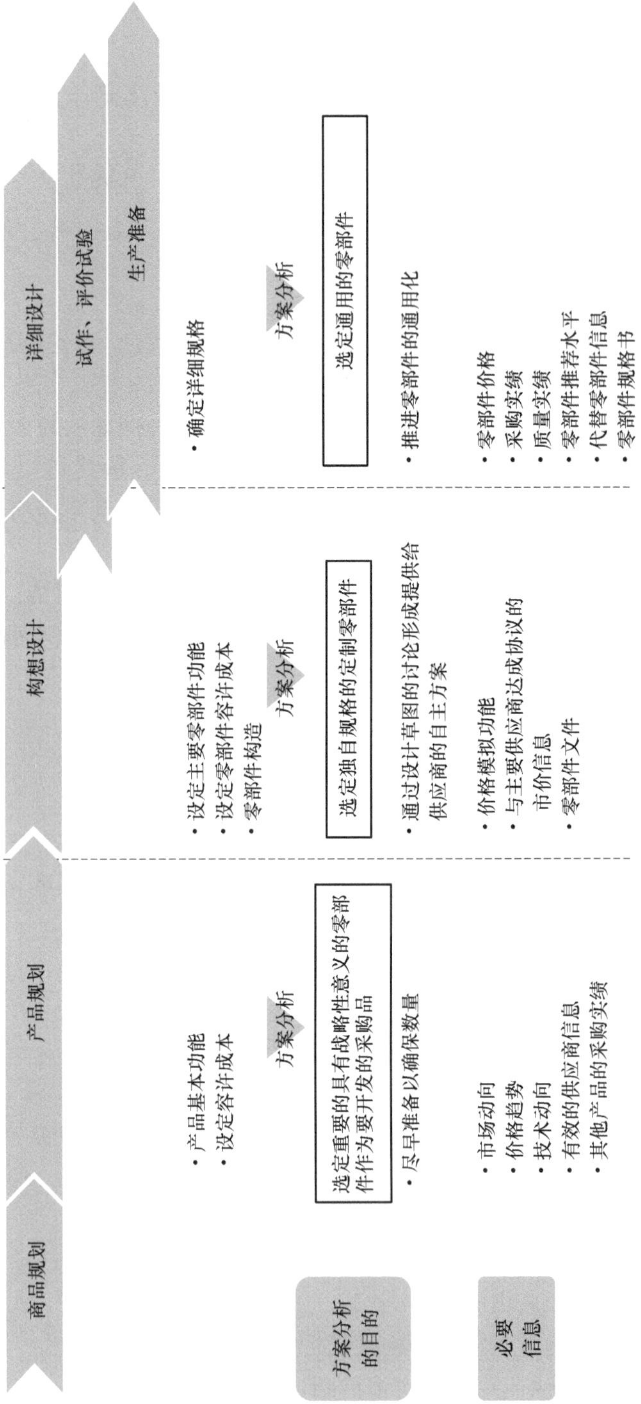

商品规划 / 产品规划 / 构想设计 / 详细设计 / 试作、评价试验 / 生产准备

方案分析的目的

- 选定重要的具有战略性意义的零部件作为要开发的采购品
- 尽早准备以确保数量

方案分析

- 产品基本功能
- 设定容许成本

方案分析

- 设定主要零部件功能
- 设定零部件容许成本
- 零部件构造

选定独自规格的定制零部件

方案分析

- 通过设计草图的讨论形成提供给供应商达成协议的自主方案
- 价格模拟功能
- 与主要供应商达成协议的市价信息
- 零部件文件

- 确定详细规格

方案分析

选定通用的零部件

- 推进零部件的通用化

必要信息

- 市场动向
- 价格趋势
- 技术动向
- 有效的供应商信息
- 其他产品的采购实绩

- 零部件价格
- 采购实绩
- 质量实绩
- 零部件推荐水平
- 代替零部件信息
- 零部件规格书

图 4-11 采购规格管理和应用

3）计划采购：事先确定好战略合作采购价格，然后按约定定期递减采购成本。

采购方式和管理见表4-5。

表4-5 采购方式和管理

采购分类		基本思路	主要措施
战略型采购	规划采购	根据新素材、新技术及采购厂商信息，反映出功能及性能等顾客需要，并与商品规划、商品开发部门共同合作，从商品规划开始进行提案，策划具有竞争力的产品	• 发掘共同开发对象 • 探索新素材及新技术
	开发采购	通过收集、利用采购厂商的新素材、新技术信息，以及VE、IE、QC技术，从开发阶段开始，与开发部门共同合作以设定最低的目标成本	• 发掘供应商 • VE提案 • 零部件、材料的标准化及共享化
核定和竞争型采购	核定采购	有效利用成本表，并进行现场考核，详细核定原材料等的目标采购价格，并加以比较	• 零部件、材料的标准化及共享化 • VE提案要求 • 现场考核及支持
	竞争采购	包括新供应商在内，从多个厂家获取报价，以获得较低的价格	• 转订 • 改变采购途径 • 改变采购单位
	计划采购	根据洽谈前的计划价格，依照订货程序进行采购。根据双方约定，定期降低采购价格	• 洽谈

根据购买零件的不同要求，采用不同的采购方式，其中核定采购是非常重要的采购方法。采购不但需要具有明确的目标价格和谈判能力，更需要对供应商的实际能力和管理进行核定，有时需要和工艺改善一起，解决供应商在设计、生产、管理等方面的问题，共同实现价格的最优化。这就需要采购人员具有高度的核查、核定能力。对供应商的成本核定主要从两个方面着手：

1）成本数据方面。针对供应商的采购、制造、物流等管理数据和文件，核算实际成本。

2）现场生产方面。在供应商生产现场，对生产过程的QCD审核，从而发现浪费，核算成本。

以上两方面要共同进行，应和供应商共同设定合理的目标采购价格。同时协助供应商进行一定的优化，从而消除浪费。除以上的核定外，还要通过价格比较、成本比较的方法进行核定。核定采购方法见表4-6。

表4-6 核定采购方法

分类	核定方法	核定重点	改善方向
通过核定设定目标价格	成本数据核定 ● 利用原材料，加工及装配时间等的成本数据，核定实际成本价格，推定目标采购价格	材料费：材料使用量、成品率 零部件费：代替品、标准品 加工费：加工时间、切换次数 装配费：耗损（等待、步行、熟练） 捆包费：捆包状态、耗损 运费：费用率	● 对现有供应商的改善要求及洽谈 ● VE提案要求
	现场核定 ● 直接访问供应商，对供应商生产现场的QCD竞争力水平和浪费进行诊断	材料费：采购方式、核定方式 零部件费：类似品的使用状况 加工费：多台等待状况、切换时间 装配费：装配程序、同期水平 捆包费：捆包材料、包装方法 运费：装载率、回程的利用	● 对供应商的改善要求及洽谈 ● 对现有供应商的改善指导
通过比较设定目标价格	价格比较 ● 对同一供应商的过往购入单价进行比较 ● 对同类品的购入单价进行比较 ● 对价格变动要因进行比较	● 与以往价格的差异 ● 与相似品价格的差异	● 依最低值排列 ● 改变供应商
	成本比较 ● 根据成本明细报价，对竞争厂商间各费用项目的最低成本进行比较	材料费：采购状态、流通途径 零部件费：单价 加工费：工序数及设备能力 装配费：标准时间、人员构成 捆包费：捆包规格、捆包材质 运费：发送方法、合同形态	● 改变供应商 ● 直接交易

　　成本核定方面，主要对成本三要素进行核定，包括材料费、劳务费和经费。

　　在现场，上述三要素的核定主要从材料费、加工费和包装费来进行，具体如图4-12所示。成本核查细节见表4-7。

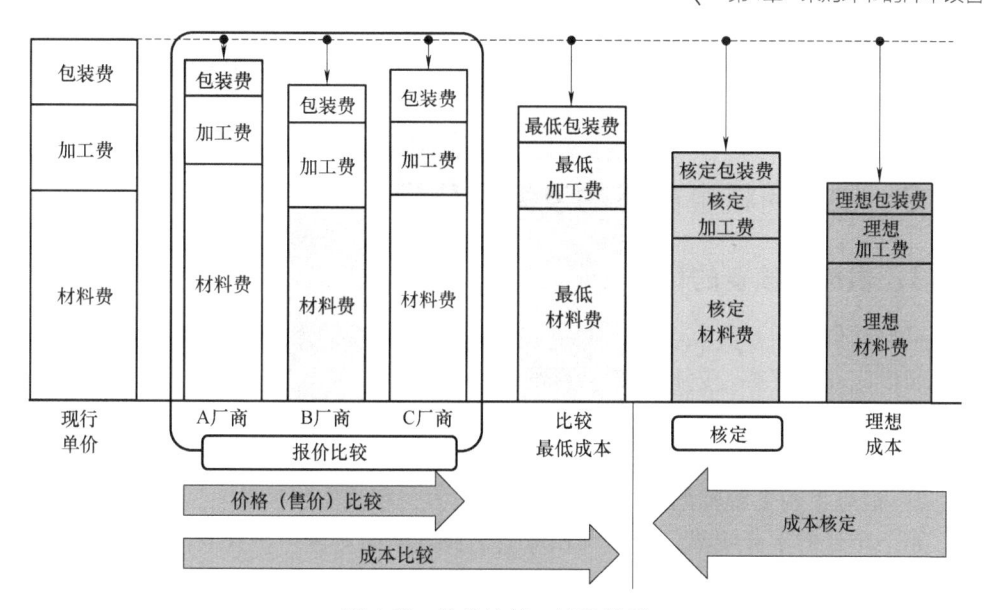

图 4-12 价格比较，核定关系

表 4-7 成本核查细节

	成本项目		序号	定义・计算式
采购成本	制造成本	材料费		
		主材料费 - 支付材料	A	实质使用量×成品率×单价
		主材料费 - 自购材料	B	实质使用量×成品率×单价
		购入零部件	C	实质使用量×单价
		辅材	D	涂料、黏着剂、捆包材料等
			E	A+B+C+D
	加工费	直接费 - 直接劳务费	F	(∑标准作业工数/效率/劳动生产率)×劳务收费
		直接费 - 设备加工费	G	[加工时间+（切换时间/批数)]/设备运转率×设备收费
		直接费 - 组装费	H	(∑标准作业工数/能率/劳动生产率)×劳务收费
		直接费 - 总组装费	I	(∑总组装标准工数/能率/劳动生产率)×劳务收费
		间接费	J	间接劳务费、修理费、电费、煤气费、自来水费、燃料费、保险费等
			K	F+G+H+I+J
	捆包费	捆包作业费	L	(∑标准作业工数/能率/劳动生产率)×劳务收费
			L	
			M	E+K+L
成本小计	销管费利润	销售费	N	售货员工资津贴、旅费、交通费、通信费、消耗品费、广告宣传费、接待交际费等
		管理费	O	董事工资津贴、办公室人员工资津贴、折损费、租税等
			P	N+O 或附加价值×（销售管理费率+利润率）
			Q	M+P
	运费		R	
			S	Q+R
附加价值			T	M−E
附加价值率			U	T/S×100%

核定采购是采购的重要部分，很多企业因为没有核定能力所以无法进行核定采购。采购的核定需要由采购部门作为总体核定部门，协同企业的技术、质量、生

产、工艺等专家，共同进行，是一个综合性的工作。

下面通过案例分析，讨论供应商核定的具体实施方法和步骤。

4.2 供应商核查的目的及案例分析

4.2.1 供应商核查的目的

采购和供应商是共赢关系。只有通过这样的关系，才能从真正意义上实现共赢。而供应商的核查，就是实现共赢的核心步骤。

核查的目的有两个：

1）共同对供应商的生产等系统进行全面诊断，明确革新、改善课题。

2）锻炼采购工程师的供应商管理实战能力，积累实战经验。

第一个目的十分明显，企业和供应商需要共同面对客户，共同面对市场，共同进行改善。

第二个目的也十分重要。采购工程师的供应商管理不单纯是价格交期和交付质量的管理，更重要的是对供应商生产系统全过程的管理。当然，采购工程师不可能全部精通供应商整个生产系统的各个部分，也不可能仅通过采购工程师来进行核查。但是采购工程师要有这种协调能力，能够组织各种专家和有特长的管理人员直接参与供应商的核查。

下面根据以上两个目的，通过一个具体核查案例进行详细剖析。

4.2.2 供应商核查案例分析

1. 企业概要

某中日合资的生产型供应商企业，已经成立十余年，为满足不断变化的市场需求，需进一步扩大产量、降低成本、提升质量。为此，合作双方共同组成了核查项目组，以明确课题，研究对策。

2. 核查总体计划

案例中的核查是一个综合性的核查，主要从三个方面进行：

1）基础管理体制核查。对企业 QCD 管理和技术进行初步核查、打分。

2）生产领域核查。这个是核查的重点，应围绕品质核查、交期核查、原价核查、安全现场核查、库存管理核查的五个方面进行。分析现行生产体系中的 QCD 问题，以成本为核心，提出改善方案。

3）开发技术核查。主要从产品开发的能力和实施效果方面进行核查，提出进一步提高的方向和内容。

供应商核查总体方案如图 4-13 所示。

根据以上内容和方案，分别进行有关内容的核查和分析，本节以生产领域核查为主要内容进行介绍。

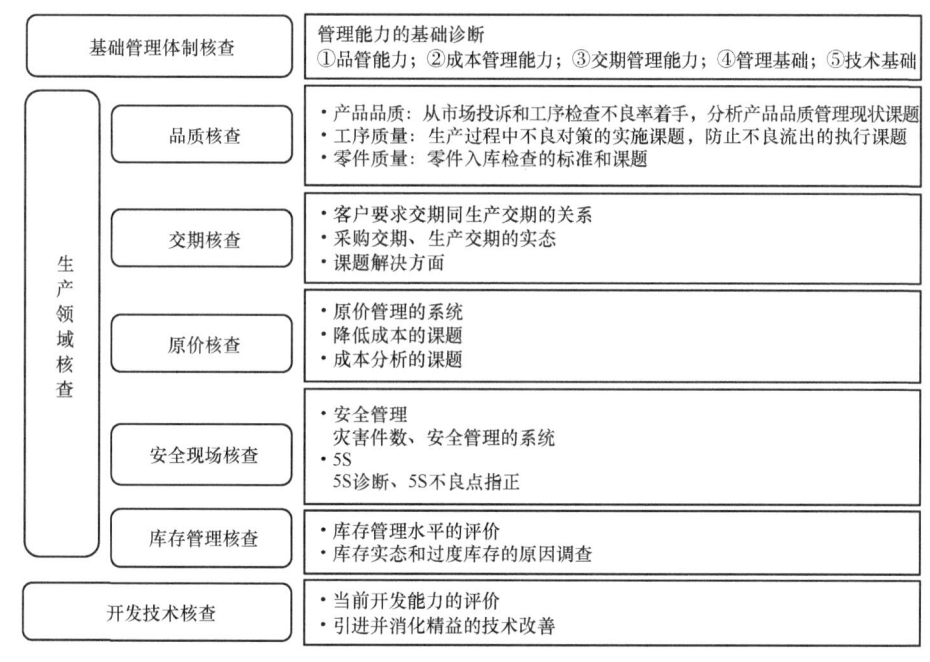

```
┌─────────────────┐    ┌──────────────────────────────────────────────────────┐
│ 基础管理体制核查 │────│ 管理能力的基础诊断                                   │
└─────────────────┘    │ ①品管能力；②成本管理能力；③交期管理能力；④管理基础；⑤技术基础 │
                       └──────────────────────────────────────────────────────┘
       ┌──────────┐    ┌──────────────────────────────────────────────────────┐
       │ 品质核查 │────│ • 产品品质：从市场投诉和工序检查不良率着手，分析产品品质管理现状课题 │
       └──────────┘    │ • 工序质量：生产过程中不良对策的实施课题，防止不良流出的执行课题 │
                       │ • 零件质量：零件入库检查的标准和课题                 │
                       └──────────────────────────────────────────────────────┘
生     ┌──────────┐    ┌──────────────────────────────────────────────────────┐
产     │ 交期核查 │────│ • 客户要求交期同生产交期的关系                       │
领     └──────────┘    │ • 采购交期、生产交期的实态                           │
域                     │ • 课题解决方面                                       │
核                     └──────────────────────────────────────────────────────┘
查     ┌──────────┐    ┌──────────────────────────────────────────────────────┐
       │ 原价核查 │────│ • 原价管理的系统                                     │
       └──────────┘    │ • 降低成本的课题                                     │
                       │ • 成本分析的课题                                     │
                       └──────────────────────────────────────────────────────┘
       ┌──────────┐    ┌──────────────────────────────────────────────────────┐
       │安全现场核查│──│ • 安全管理                                           │
       └──────────┘    │   灾害件数、安全管理的系统                           │
                       │ • 5S                                                 │
                       │   5S诊断、5S不良点指正                               │
                       └──────────────────────────────────────────────────────┘
       ┌──────────┐    ┌──────────────────────────────────────────────────────┐
       │库存管理核查│──│ • 库存管理水平的评价                                 │
       └──────────┘    │ • 库存实态和过度库存的原因调查                       │
                       └──────────────────────────────────────────────────────┘
┌─────────────────┐    ┌──────────────────────────────────────────────────────┐
│ 开发技术核查    │────│ • 当前开发能力的评价                                 │
└─────────────────┘    │ • 引进并消化精益的技术改善                           │
                       └──────────────────────────────────────────────────────┘
```

图 4-13　供应商核查总体方案

3．品质核查

（1）品质核查的三个视点

1）产品质量核查：主要根据市场投诉状况来分析，应核查生产工序内的检查实施情况、产品入库检查的实际数据等情况等。

2）工序质量核查：应核查生产过程中不良对策的实施，是否明确和遵守品质标准，以及核查异常应对情况。

3）零件质量核查：应检查零件入库检查的标准等。

（2）产品质量核查

1）近期的市场投诉数据情况分析，如图 4-14 所示。

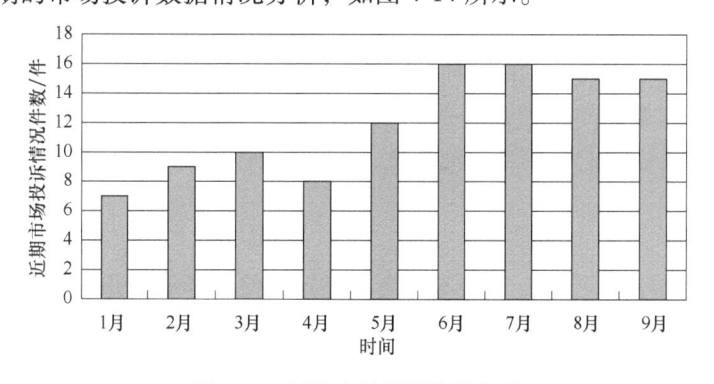

```
近期市场投诉情况件数/件
18│
16│                         ■    ■         ■    ■
14│
12│                    ■
10│          ■
 8│     ■              ■
 7│ ■
 6│
 4│
 2│
 0└──┴────┴────┴────┴────┴────┴────┴────┴────
   1月  2月  3月  4月  5月  6月  7月  8月  9月
                      时间
```

图 4-14　近期市场投诉情况分析

市场投诉总体呈上升趋势，虽然供应商采取了一些措施，但是并没有实际效果。为此，对某个月度的投诉数据进行详细分析。

① 月度有13件投诉，见表4-8。

表4-8 月度投诉分析表

序号	产品	投诉内容	原因	处理方法
1	A 1.2	触屏故障	零件	交换
2	E06	管道破损	零件	交换
3	A 1.2	风扇破损	零件	交换
4	D-0.3 Ⅲ	温度传感器故障	零件	交换
5	A 1.2	温度传感器故障	零件	交换
6	D-1.2	温度传感器故障	零件	交换
7	A 1.2 双	9050故障	零件	交换
8	瓶运送线	控制程序故障	生产	修理
9	A 4.8	尺寸错误	生产	交换
10	B-0.8 Ⅲ	排气孔锈蚀	生产	修理
11	F-1.2	中央处理器（CPU）问题	生产	交换
12	C226	电动机烧损	生产	交换
13	A 0.4	管路锈蚀	生产	交换

② 产品投诉分析。由零件问题造成的投诉有7件，由生产失误造成的投诉有6件，其中，A系列：6件，D系列：2件，B系列、C系列、E系列、F系列、瓶运送线各1件，可以看出A系列投诉最多。

由零件不良造成的产品不良占一半以上，位居第1位。造成这样结果是因为零件的使用环境和厂家设定的产品使用条件不同。例如：触摸屏的使用环境温度比试验温度高，降压管的使用压力比试验压力高。

由于生产失误引起的不良占第2位，主要原因是作业标准书不完备和作业员的疏忽。

课题总结：

① 试验条件不够严谨。应当充分考虑客户的使用环境，并进行最终试验。

② 需完备工序管理，重新梳理各作业标准，要求各作业员了解标准，并贯彻执行。

2) 成品检查核查。按成品一次性合格率和成品最终检查优秀率来判定。成品检查结果见表4-9。

表 4-9 成品检查结果

成品一次性合格率

季度	检查数量	合格数量	一次性合格率（%）
1~3月	42	39	92.9
4~6月	65	60	92.3
7~9月	68	63	92.6

成品最终检查优秀率

季度	检查数量	优秀数量	优秀率（%）
1~3月	52	40	76.9
4~6月	99	76	76.8
7~9月	96	75	78.1

① 成品检查内容现状和问题。

a. 成品性能检查项目共 42 项，包括耐压试验（电器）、试运行、密封试验、3M（脉动式）试验等。

b. 每月平均生产 40 台，一次性合格率为 92% 左右。

c. 修理后在最终入库阶段将产品分为优秀品和一般品，优秀品仅占 70%，一般品占 30% 的，属于刚刚合格，仍然有不同程度的问题。

② 成品性能检查的课题。

a. 当前最重要的是提高一次性合格率。通过几个工程和检查，在最终阶段还有将近 8% 的不合格品。通过实施 3N 管理，彻底消除了工序内的质量问题。

b. 要根除投诉就必须提高成品优秀率，也就是说要求交货的产品都是优秀品。因此应当对所有的产品都依照优秀品的要求进行最终检查。

（3）工序质量核查　对近期的生产流程中各个工序内的一次性合格率数据进行了分析，具体见表 4-10。

表 4-10　近期工序内一次性合格率

工序	期间	检查数	一次合格数	一次合格率（%）
材料剪切	1~3月	441	441	100.00
	4~6月	774	754	97.42
	7~9月	754	745	98.81
材料弯曲	1~3月	146	139	95.21
	4~6月	161	156	96.89
	7~9月	11	10	90.91
孔位定位	1~3月	111	106	95.50
	4~6月	95	94	98.95
	7~9月	46	44	95.65
水压试验	1~3月	66	64	96.97
	4~6月	74	71	95.95
	7~9月	101	97	96.04
门调整	1~3月	28	26	92.86
	4~6月	69	64	92.75
	7~9月	77	71	92.21

(续)

工序	期间	检查数	一次合格数	一次合格率（%）
装配	1~3月	36	33	91.67
	4~6月	72	67	93.06
	7~9月	69	64	92.75
印字	1~3月	72	69	95.83
	4~6月	71	69	97.18
	7~9月	122	112	91.80

1）现状分析。

① 合格率最低的工序是材料弯曲（钢体折弯）工序，合格率为90.91%。

② 其次是装配工序，合格率为91.67%，以及印字工序，合格率为91.80%。

③ 合格率最高的工序为材料剪切工序，合格率为97.42%~100%。

④ 其他工序的合格率多数在94%左右。

2）问题与课题

① 工序标准和标准执行课题。对合格率最低的材料弯曲（钢体折弯）工序进行了观察，并发现以下现象：

a. 钢体折弯的角度没有标准，由作业人员根据经验决定。

b. 检查工具有但却不用。

② 印字工序合格率很不稳定，波动很大，主要是设备的精度问题，应当进行原因追踪，并加以改善。

③ 在整体过程中，质量意识有待提高，各个工序管理要将不良为零作为目标。

（4）入库检查核查 对近期的入库检查内容进行分析，见表4-11。

表4-11 近期的入库检查合格率

零件	期间	检查数	不合格数	合格率（%）
电器管路	1~3月	21	1	95.24
	4~6月	50	13	74.00
	7~9月	13	0	100.00
真空泵	1~3月	28	1	96.43
	4~6月	21	1	95.24
	7~9月	18	0	100.00
压力表	1~3月	50	3	94.00
	4~6月	94	8	91.49
	7~9月	155	9	94.19
加热管	1~3月	31	5	83.87
	4~6月	5	0	100.00
	7~9月	5	0	100.00

(续)

零件	期间	检查数	不合格数	合格率（%）
电动球体管路	1～3月	25	1	96.00
	4～6月	16	0	100.00
	7～9月	12	0	100.00

1）现状分析。

① 近期入库中合格率最低的是电器管路，表4-11中4～6月的数字显示其合格率是74%。

② 其次是加热管，1～3月的数字显示其合格率是83.87%，4～9月的合格率为100%。

2）问题与课题。

① 经常收到关于阀门和计量表不良的投诉，对于此类产品应当实施全数检查和改善。

② 由于厂方的检查标准同客户的使用环境不同，因此要求销售部门认真了解客户的使用环境，并对现有的检查方法加以改善。

③ 针对加热管不良问题，已经对供应商进行了指导，并提出了改善要求，以杜绝这类不良产生。现在有质量问题的加热管已全部更换。

（5）品质核查问题的改善方案

对品质、市场投诉、成品最终性能检查、工序内不良状况、零件入库检查几个方面进行了核查，最终根据核查中发现的问题，提出了方向性的改善方案。

改善方案主要从两个方面进行考虑。

1）防止流出：从零件入库、生产，到最后交货，在此过程中应考虑如何发现问题、解决问题、防止问题的流出。

2）工序过程质量：在生产过程中，如何从质量控制标准、人员培训、问题解决方面进行改善，以防止质量问题的发生。质量问题对策如图4-15所示。

根据对策，请供应商考虑改善的具体内容和计划，同时对于一些具体原因，还需要更进一步的详细分析。

4. 交期的核查

（1）交期的核查要点

1）交货周期和生产周期的现状和课题。核查当前的生产状况是否能够满足交货要求，分析现有生产能力。

2）采购周期和生产周期的现状和课题。掌握当前原材料的采购周期，以及各工序的生产周期。找出瓶颈工序。

3）生产现场在制品管理的现状和课题。

4）课题解决方案。

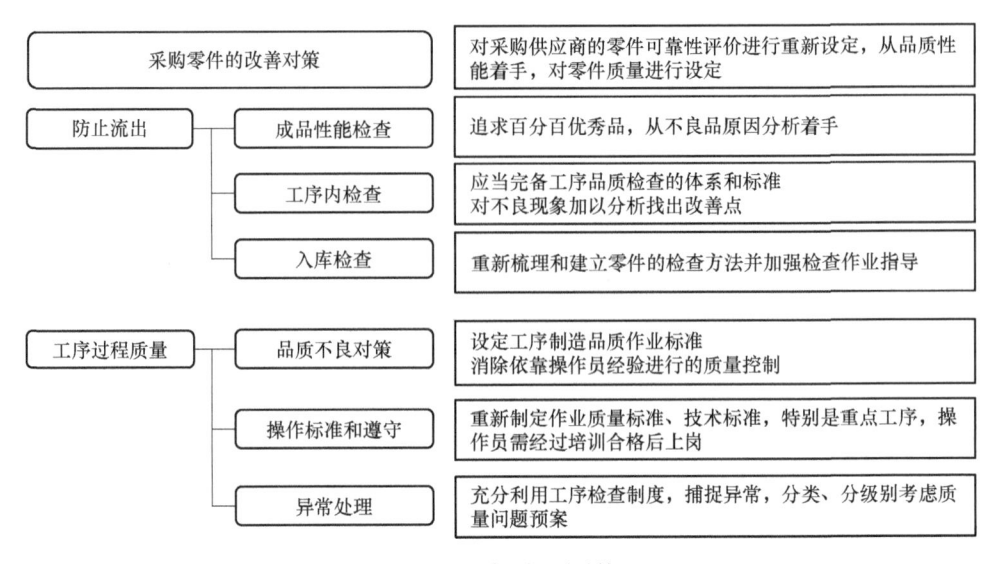

```
采购零件的改善对策 ── 对采购供应商的零件可靠性评价进行重新设定，从品质性
                      能着手，对零件质量进行设定

防止流出 ─┬─ 成品性能检查 ── 追求百分百优秀品，从不良品原因分析着手
         │
         ├─ 工序内检查 ── 应当完备工序品质检查的体系和标准
         │              对不良现象加以分析找出改善点
         │
         └─ 入库检查 ── 重新梳理和建立零件的检查方法并加强检查作业指导

工序过程质量 ─┬─ 品质不良对策 ── 设定工序制造品质作业标准
             │                消除依靠操作员经验进行的质量控制
             │
             ├─ 操作标准和遵守 ── 重新制定作业质量标准、技术标准，特别是重点工序，操
             │                  作员需经过培训合格后上岗
             │
             └─ 异常处理 ── 充分利用工序检查制度，捕捉异常，分类、分级别考虑质
                           量问题预案
```

图 4-15 质量问题对策

（2）交货周期和生产周期的现状和课题

1）现状订单和交期（1~8 月的实绩）。

2）在有中间在制库存的情况下，生产周期是 50 天。

3）在没有中间在制库存的情况下，生产周期是 90 天。

4）特殊订货产品的生产周期是 120 天。

现状订单分布如图 4-16 所示。

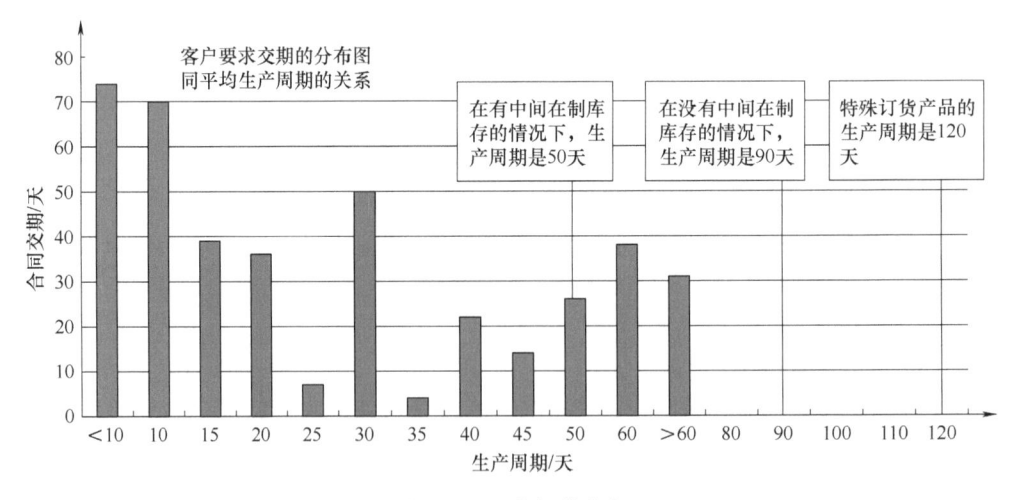

图 4-16 现状订单分布

1~8 月的订单共 551 单，其中 83% 的合同交期是在 40 天以下，其中按时交货订单是 102 单，按时交付率只有 18.5%。生产周期的状况如图 4-17 所示。

第4章 采购环节的降本改善

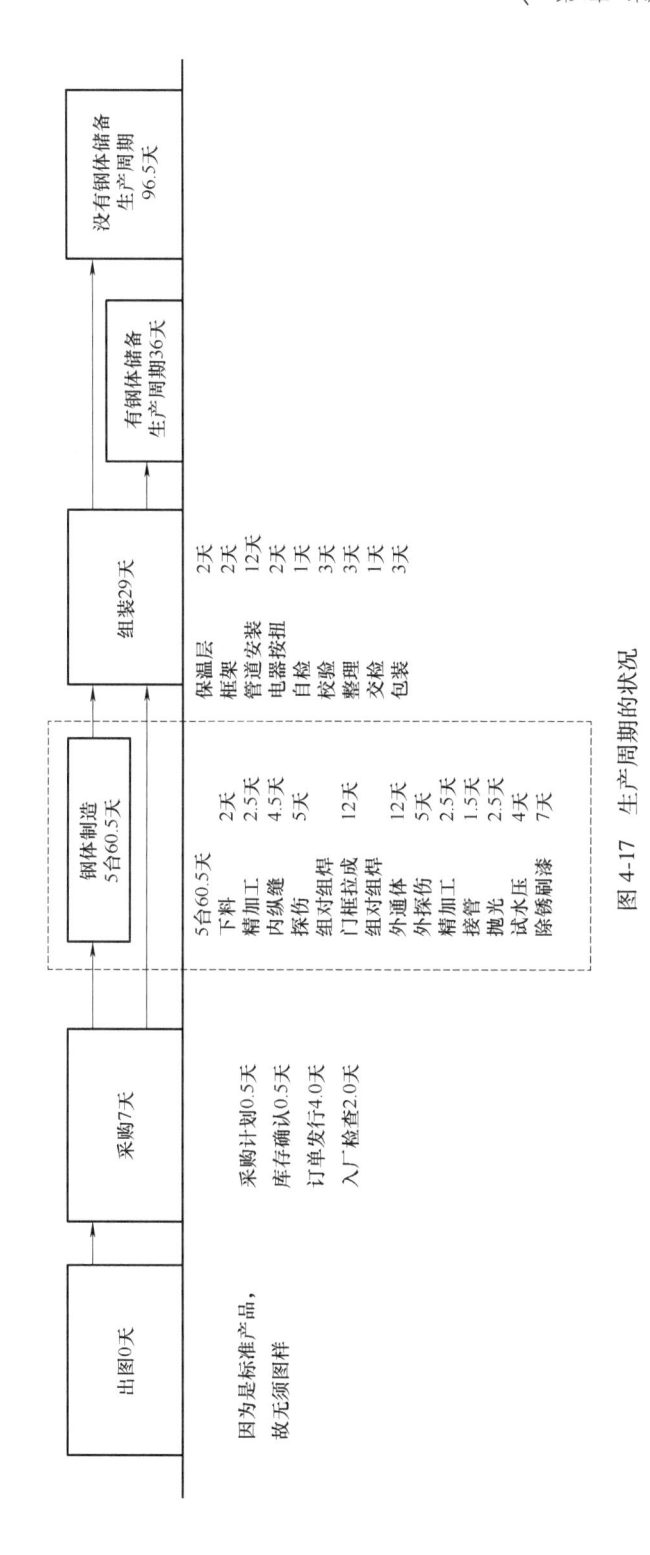

```
出图0天          采购7天          钢体制造        组装29天        有钢体储备36天
                               5台60.5天                      生产周期
因为是标准产品,   采购计划0.5天    5台60.5天       保温层  2天                      没有钢体储备
故无须图样       库存确认0.5天    下料    2天     框架    2天                      生产周期
                订单发行4.0天    精加工  2.5天   管道安装 12天                    96.5天
                入厂检查2.0天    内纵缝  4.5天   电器按组 2天
                               探伤    5天     自检    1天
                               组对组焊 12天    校验    3天
                               门框拉成         整理    3天
                               组对组焊         交检    1天
                               外通体  12天    包装    3天
                               外探伤  5天
                               精加工  2.5天
                               接管    1.5天
                               抛光    2.5天
                               试水压  4天
                               除锈刷漆 7天
```

图 4-17　生产周期的状况

1）生产周期。

① 钢体制作工艺复杂，生产周期长。

② 组装工序是瓶颈。

2）课题。

① 设定合适的钢体储备。

② 组装工序的瓶颈改善。

③ 考虑组装与钢体制作同步。

（3）采购周期和生产周期的现状和课题核查　采购分为周边采购、国内采购和海外采购三种采购类型，其现状和课题如下：

1）周边采购。主要以本地区零件供应商为主，采购周期为3天。

① 现状：低额消耗品约占总采购量的14%，占总金额的20%，采购方针：定量库存补充方式。

② 课题：数据把握不正确，经常会出现断货或来不及进货的情况，反映了库存管理和采购管理的课题。物料清单（BOM）精度不准，有时会出现采购缺失的现象。需要及时更新BOM，正确把握数量。根据经验设定库存补充点不科学，应根据平均月使用量设定适当的补充量。

2）国内采购。

① 现状：从全国各地采购零件、原材料，约占总采购量的74%，占总金额的64%，采购周期为7天。采购方针：根据生产计划下单采购。

② 课题：解决供应商交期问题；供应商的生产能力改善指导课题；提高销售预测精度，提高采购计划精度。

3）海外采购。

① 现状：从日本、德国采购部分零件，占总采购量的10%，占采购金额的14%，采购周期为60天。采购方针：根据生产计划采购。

② 课题：在60天的采购周期中，经常会出现缺货的现象，急需改进，部分零件可以考虑国产化；60天中有30天是海运时间，当存在特殊情况时海运时间可达90天，因此部分零件可以考虑空运。需提高产品的预测精度，提前订货。

4）生产现场在制品管理的现状和课题，核查现场在制品在各个工序间的数量，具体如图4-18所示。

图4-18　工序在制品核查

由图4-18可知，最多有111台在制品停留在喷涂和组装工序之间。对各个工序间的在制停留原因进行进一步的核查，见表4-12。

表 4-12　各工序问题汇总

工序名	生产中/台	展览品在制品/台	销售预测精度问题/台	返工，材料不齐不良问题/台	合计/台
切断等待	20	0	0	0	20
焊接等待	47	1	0	2	50
后处理等待	23	1	3	0	27
水压试验等待	47	33	1	1	82
喷涂等待	6	0	0	0	6
组装等待	67	29	3	12	111
检查等待	13	0	47	0	60
交货等待	1	0	0	0	1
合计/台	224	64	54	15	357

一共有 357 台的在制品在生产环节，相对核查中确认的成品库存有 170 台，生产在制的数量确实十分巨大。再进一步分析，发现在 357 台中，有 133 台是有某种问题的在制品，合格品只有 224 台。

（4）交期课题解决方案

1）中间在制品方案。

① 根据生产信息确定各类零件的基准库存和采购计划；根据生产能力，分析确定正确的中间在制品数量，解决部分生产能力问题。

② 生产瓶颈工序的设备、工艺、作业标准的改善。

③ 设定降低生产周期的中间目标和理想目标。

④ 工序平衡的分析和改善。

2）库存管理方案。

① 取消一年一次的共同盘点，根据各种生产情况制定年度、月度及临时盘点计划。

② 梳理 BOM 文件，提高 BOM 精度。

③ 生产信息、库存信息、采购信息三方信息执行定期会议。

④ 现场管理。

a. 现场人员严格按生产计划和作业标准执行生产，而现状是不按生产命令擅自行动（不根据零件号擅自使用其他类似的零件）。

b. 实施现场物料的四定一可改善。

c. 物料单据的标准化。出库票据（材料仓库、产品仓库）、入库票据（产品仓库）、返品票据的开出靠担当人自己决定，有晚开出的情况使财务数据同现状不一致。例如：产品已经交货但产品入库票据还没开出的情况（核查时有 10 起以上）。

5. 原价核查

（1）原价管理的三个支柱核查

1）原价规划：设计成本且标准化成本。

2）原价保证：实施过程中如何保证实现设计的原价。

3）原价改善：根据现场管理，发现问题，找到改善的可能性，进行改善。

对原价管理三大支柱进行核查的结果见表4-13。

表4-13　原价管理三大支柱核查

原价管理运营的三大支柱	评价	供应商核查问题和改善
1. 原价规划 在设计阶段决定目标成本 ● 原价资料⇒新产品开发、设备投资、人员计划的基础数据	×	在设计阶段没有决定原价机制 改善方向： 在设计阶段根据市场需求和设计的可能性估算原价，并设定标准原价
2. 原价保证 通过标准原价管理、预算管理进行原价维持管理 ● 设定原价基准、将实际发生的价格同原价进行比较和差异分析 ● 原因分析⇒以求提高制造效率 ● 原价资料⇒为营销目标和生产预算所用	×	● 没有实施原价差异分析 ● 没有实施预算管理 改善方向：定量化现状，分析浪费
3. 原价改善 设定更理想的原价标准，并以此为目标加以改善 ● 采购更便宜的材料⇒降低材料费 ● 改变制造方法⇒降低工时 ● 减少不良⇒提高材料的使用率和价值作业率 ● 优化人员⇒降低劳务费	▲	没有使用IE技术分析各种浪费 ● 曾有过尝试降低采购成本的活动，但是效果不明显 ● 曾有过尝试降低劳务成本的活动，但是效果不明显 改善方向：建立降低成本的管理体系 ● 设定成本目标（不同产品） ● 设定目标产品和具体改善对象 ● 具体展开 ● 改善管理⇒成绩和进度管理 ● 提高改善技术的水平

注：×—不好；▲—较好。

日常工作中的原价管理是现场管理人员的工作。对这一点，供应商的认识不足，对现场原件管理的问题比较多。同时原价的基础是标准工时，应在此基础上，进一步对实际的标准工时进行核查。

（2）标准工时运作状况核查

1）评价标准工时的目的：当核查实际工时时，检验当前工时设定的妥当性，并通过作业分析区分主体作业时间和非主体作业时间；通过把握实际状况，设定合理工时，以提高生产率。

2）方法。

① 选定目标产品、目标工序，将一天的实际生产数乘以标准工时，再同实际

出勤时间进行比较。

② 选定目标产品的作业员进行作业分析，把握实际作业时间。

本次目标产品同目标工序为 A 产品的焊接工序，其作业成本见表 4-14。

表 4-14　焊接工序作业成本

作业内容	标准		
	标准时间/s	支付/元	费率/（元/h）
钢体和环定位	0.48	2.4	5
地板焊接	5.6	28	5
外钢体和门焊接	1.8	9	5
钢体连接焊接	2	10	5
合计	9.88	49.4	5

在此基础上，对实际作业内容进行抽样分析，确认实际有效时间的比例。

作业时间　　08：00~09：40　作业
　　　　　　09：40~10：00　休息
　　　　　　10：00~11：30　作业
　　　　　　11：30~12：30　午休
　　　　　　12：30~14：40　作业
　　　　　　14：40~15：00　休息
　　　　　　15：00~17：00　作业

作业抽样分析：A 产品的焊接工序，其中作业分析时间：3h；作业员：1 人。工序抽样分析见表 4-15。

表 4-15　工作抽样分析

时间	焊接	清扫	准备	不在岗位	等待	饮水	其他
10：30		○					
10：40				○			
10：45	○			○			
10：50	○						
10：56							
11：04						○	
11：19					○		
11：26					○		
11：30					○		
13：00			○				
13：08					○		
13：24		○					

（续）

时间	焊接	清扫	准备	不在岗位	等待	饮水	其他
13：31	○						
13：53	○						
14：02	○						
14：09			○				
14：14				○			
14：23		○					
14：33	○						
14：37	○						
14：48	○						
14：50							○
合计	8	3	2	3	4	1	1
占比	36.4%	13.6%	9.1%	13.6%	18.2%	4.55%	4.55%

注：○—对应时间在做的工作。

根据抽样分析进行汇总，如图4-19所示。

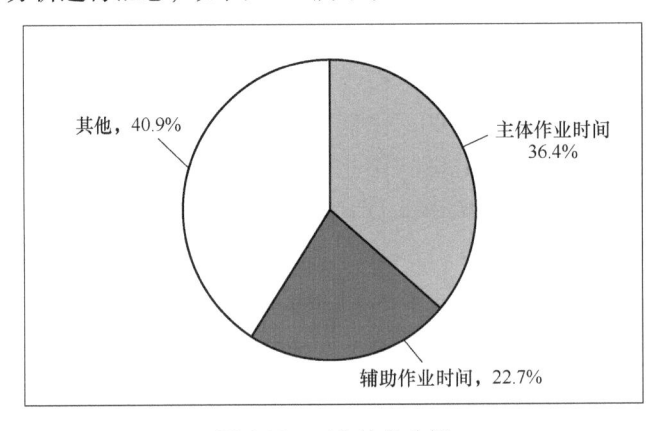

图4-19 工作抽样分析

3）标准工时核查：通过作业分析我们发现主体作业时间占36.4%，辅助作业时间占22.7%，产生附加价值的时间占59.1%，其他时间占40.9%。可见有约40%的改善余地。特别是不在岗位时间占13.6%、等待时间占18.2%，所占比例太大。

4）问题和课题：虽然工厂方面强调标准工时就是实际工时，但是通过作业分析我们发现8h的作业时间中只有36.4%是真正的焊接时间，整体作业效率很低。

因此通过作业分析可以正确掌握主体作业时间，改善标准作业时间，并提高作业员的作业效率。作业员也可以因此增加件数，提高产出量，增加收入。通过改善活动可以提高生产率。

（3）代表产品成本分析　取生产中比较有代表性的产品进行产品成本分析，见表4-16。

表 4-16　代表产品成本分析

生产单号	数量	材料费/元	劳务费/元	能源费/元	场内运送费/元	其他制造费用/元	合计/元	一台制造原价/元
3204	2	92206	4928	1920	256	4352	103662	51831
3223	3	153307	7392	2880	384	6528	170491	56430
4069	5	186313	17440	4640	640	15360	224393	44879
累计	10	431826	29760	9440	1280	26240	498546	49855
1台平均		43183	2976	944	128	2624	49855	
占比		86.62%	5.97%	1.89%	0.26%	5.26%	100%	

可以看出材料费占 86.62%，占比很高。因此，更需要采购部门积极进行采购优化，生产部门也要积极考虑提高材料的利用率。

（4）采购管理状况的核查　对采购管理的实际情况进行核查，分析采购管理的问题点，见表 4-17。

表 4-17　采购管理核查

采购管理核查清单			
核查项目	必要资料	评价	备注
采购计划、采购预测	采购计划	▲	根据生产计划制定采购计划。没有采购预测
采购物品的规格文件、图样等必要文件	图样、规格文件	○	具备图样、规格文件，但须缩短数据更新周期
供应商选定是否依照规定评价	供应商评价表、询价表	▲	有评价表等文件，但是评价过于宽松
采购合同、下单票据等文件保管管理状况	采购合同、下单票据	×	没有明确的标识和分类，没有放置在正确的保管位置
入库检查是否按照品质核查测定规则执行	入库检查指导书	▲	基本上都有入库检查，但是还是会发生零件不良而造成生产停滞的现象
外协加工时是否根据外协管理规定对外包企业进行评估	外协评价表、原价计算表	×	有外协评价表，但是评价内容不全面 原价计算的数据有问题
是否有完备的品质、交期记录用以评价供应商	年末供应商品质、交期的总结和年末评价文件	×	有品质记录但没有交期记录
采购员知识、能力教育	教育计划	×	没有采购员教育活动
持续降低采购成本活动	改善前后的数据	×	没有降低成本的活动，没有明确的目标

注：○—最好；▲—较好；×—不好。

（5）降低成本的可行性提案和对策　降低成本从占总成本 86% 的材料、购入部件入手。

在材料费用改善同时，劳务费、外协加工费、经费三方面也要进行分析改善，其中，劳务费的改善主要从标准工时的设定着手；外协加工费的改善主要从内制化和外制化的重新评估着手，以提高内制化比例，降低成本；经费的改善内容比较多，主要从大的费用方面进行浪费改善，具体如图 4-20 所示。

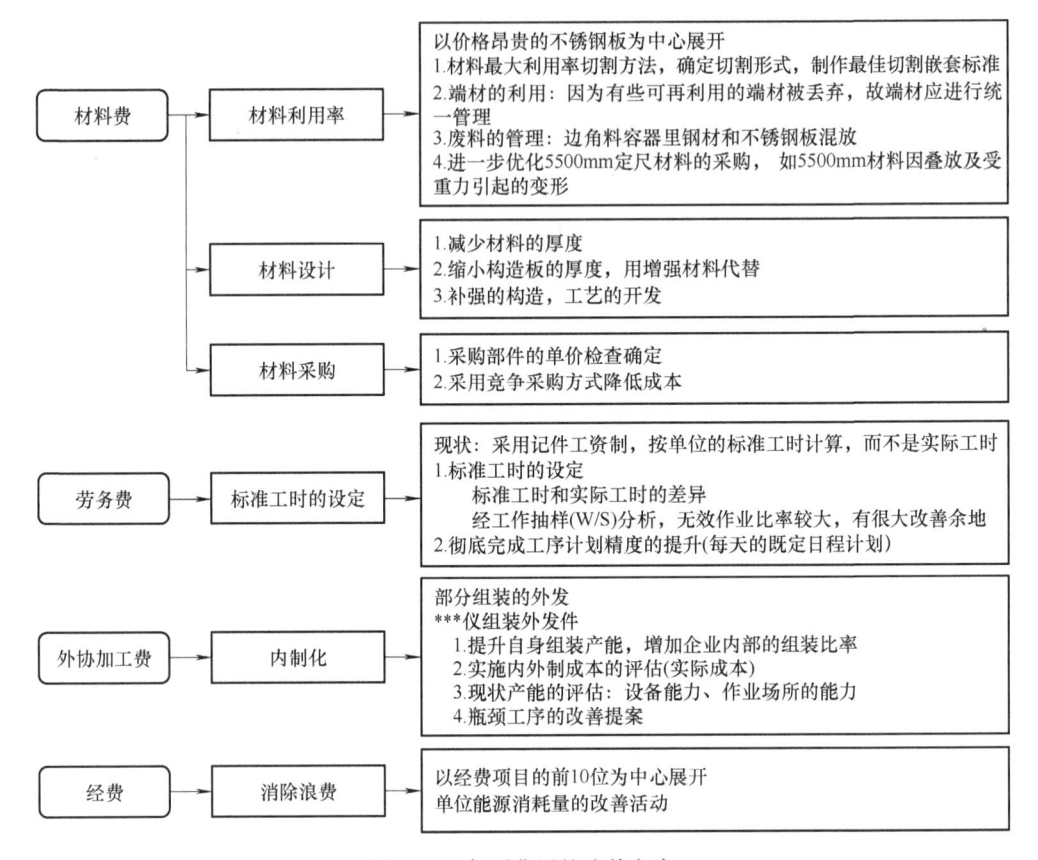

费用类别	改善方向	改善内容
材料费	材料利用率	以价格昂贵的不锈钢板为中心展开 1. 材料最大利用率切割方法，确定切割形式，制作最佳切割嵌套标准 2. 端材的利用：因为有些可再利用的端材被丢弃，故端材应进行统一管理 3. 废料的管理：边角料容器里钢材和不锈钢板混放 4. 进一步优化 5500mm 定尺材料的采购，如 5500mm 材料因叠放及受重力引起的变形
材料费	材料设计	1. 减少材料的厚度 2. 缩小构造板的厚度，用增强材料代替 3. 补强的构造，工艺的开发
材料费	材料采购	1. 采购部件的单价检查确定 2. 采用竞争采购方式降低成本
劳务费	标准工时的设定	现状：采用记件工资制，按单位的标准工时计算，而不是实际工时 1. 标准工时的设定 　　标准工时和实际工时的差异 　　经工作抽样(W/S)分析，无效作业比率较大，有很大改善余地 2. 彻底完成工序计划精度的提升(每天的既定日程计划)
外协加工费	内制化	部分组装的外发 ***仅组装外发件 1. 提升自身组装产能，增加企业内部的组装比率 2. 实施内外制成本的评估（实际成本） 3. 现状产能的评估：设备能力、作业场所的能力 4. 瓶颈工序的改善提案
经费	消除浪费	以经费项目的前 10 位为中心展开 单位能源消耗量的改善活动

图 4-20　各项费用的改善方案

6. 基础管理体制诊断

以上内容主要对生产领域进行了核查，包括品质核查、交期核查、原价核查。综合打分评价如图 4-21 所示。

上述综合打分评价为 23 分，说明还有很多需改善的问题和课题。为此提出了整体改善计划。

7. 整体改善计划

步骤一：现状库存管理的定量化

1）现状库存改善；标准库存设定。

2）在制品标准设定。

3）市场预测分析，设定生产提前量。

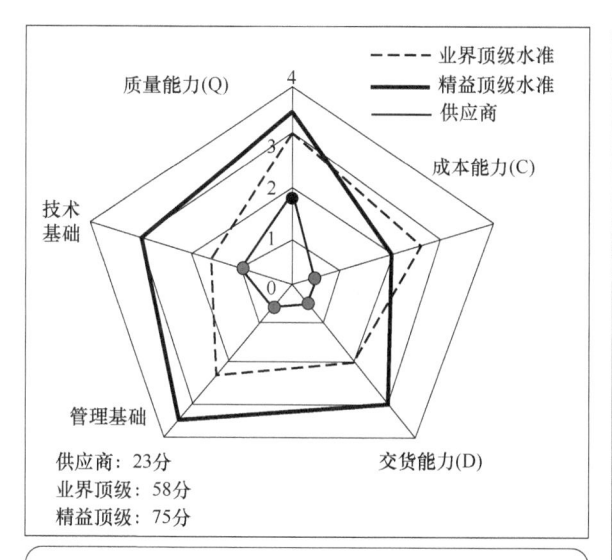

图 4-21 综合打分评价

	评价项目	评价分	项目No
质量能力(Q)	质量应对能力	1	
	标准作业的确定情况	2	
	质量标准类别的整理情况	2	
	最适合检查方式的体制	2	
	质量管理的机构与保证体系	2	
	平均	1.8	
成本能力(C)	价格应对能力	1	
	产品设计及生产技术的应对情况	1	
	有效生产指标的设定	1	
	生产性的持续绩效管理	0	
	成本管理的机制	0	
	平均	0.6	
交货能力(D)	交货的应对能力	1	
	工序的同期化及整流化	1	
	最适合的库存及半成品管理	1	
	生产计划的周期及准确度	0	
	工序管理的机制	0	
	平均	0.6	
管理基础	4S+训练	0	
	安全、作业环境	1	
	改善提案、小集团活动	0	
	人才教育、教育培训	1	
	方针与目标	1	
	平均	0.6	
技术基础	固有技术能力	1	
	设备保全	1	
	自动化、省力化	1	
	生产信息系统化	1	
	研制和启动新产品	1	
	平均	1	

供应商：23分
业界顶级：58分
精益顶级：75分

综合评价：
- 处于平均管理水平，与顶级企业之间差距较大
- 在交期和库存管理方面有比较明显的差距
- 降低成本的余地很大
- 当前还没有一整套降低成本的有效措施

注：0：完全没有。
1：形式上存在。
2：有系统但是执行上有问题。
3：有完好的系统和执行。

4）生产计划的优化。

步骤二：库存管理改善

1）库存减少的改善。

2）在制品优化。

3）设定库存削减目标。

4）完善仓库管理制度。

5）可视化（标示、揭示的实施）。

步骤三：从材料费方面降低成本

1）材料利用率的改善。

2）设计优化。

3）缩短订货交付时间（L/T）目标。

4）采购部件单价的核定，采取竞争采购方式，以期降本。

步骤四：QCD 竞争力的确立

1）工场革新管理体制。

2）降低成本的目标展开。

3）L/T 缩短的目标展开。

4）个人业绩的目标和人事制度挂钩。

总体改善方案如图 4-22 所示。

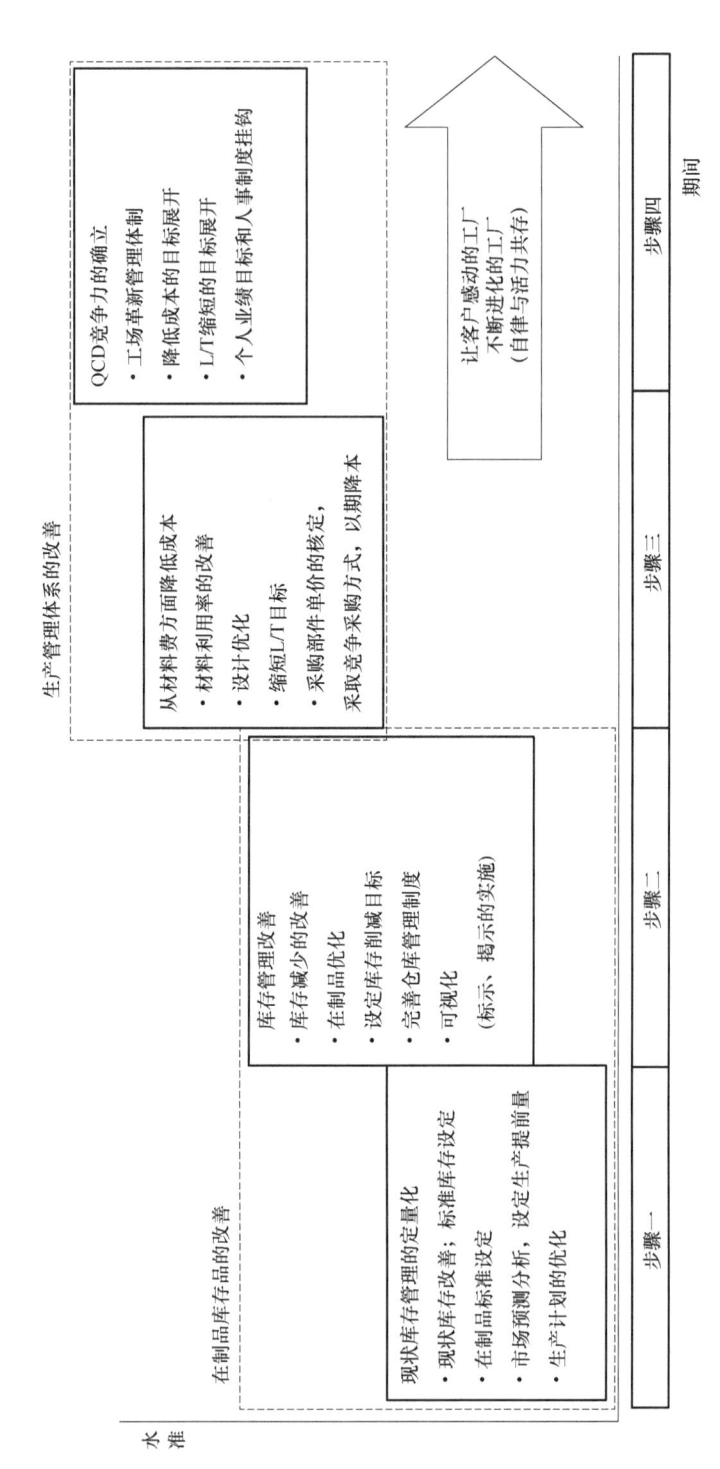

图 4-22 总体改善方案

水准 / 期间

步骤一
在制品库存品的改善 / 在制品库存管理的定量化
- 现状库存改善；标准库存设定
- 在制品标准设定
- 市场预测分析，设定生产提前量
- 生产计划的优化

步骤二
库存管理改善
- 库存减少的改善
- 在制品优化
- 设定库存削减目标
- 完善仓库管理制度
- 可视化（标示、揭示的实施）

步骤三
生产管理体系的改善 / 从材料费方面降低成本
- 材料利用率的改善
- 设计优化
- 缩短L/T目标
- 采购部件单价的核定，采取竞争采购方式，以期降本

步骤四
QCD竞争力的确立
- 工场革新管理体制
- 降低成本的目标展开
- L/T缩短的目标展开
- 个人业绩目标和人事制度挂钩

让客户感动的工厂 不断进化的工厂（自律与活力共存）

162

8. 供应商核查案例分析总结

采购既是生产技术，也是管理技术。生产技术要求通晓生产工艺、设备、材料、质量控制等；管理技术要求掌握必要的 IE 技术，能够发现问题、分析问题、提出问题解决方案。

当然，这些内容很难全部精通，但是，采购工程师要有自己的特点，首先要具备一定的 IE 技术，这样就可以科学地，有重点地分析问题，同时能够对一些问题的解决和实施提出专业的指导。

有关生产的专业内容，如设计、工艺等，可以请企业专业人员进行分析和指导。

在供应商核查案例分析中，主要介绍了生产领域的品质核查、交期核查、原价核查三个内容。仔细看这些内容，会发现它们是管理技术的核查，即 IE 技术。

所以，采购工程师也应该是 IE 工程师。这样在采购体制中就需要培养和提高采购工程师的专业素养。

4.3 丰田汽车的采购管理经验谈

4.3.1 丰田汽车的生产和采购

丰田汽车采用零不良管理。零不良是精益生产的追求，在实际工作中，如何及时发现不良，及时预防不良，是追求零不良的关键所在。这些工作应该在源头进行，即供应商的生产现场。

丰田汽车对于采购来料一般不做来料质量控制（IQC），而是全部进厂，100%上线。为此，丰田的采购工程师会在供应商现场，主要在最后环节的生产现场，与供应商共同保证生产质量。毫无疑问保证生产质量是供应商生产厂家的职责，但丰田的采购工程师也参与了生产的最后一道环节，如此可以控制和预防不良的发生，并防止不良的流出。

另外，丰田在开发和管理供应商时，也在共同发现问题、共同分析问题、共同解决问题。我曾经在丰田的 SUV 供应商做过指导，在那里全过程的零件都是无检查进入生产线的。能够无检查上线的一个重要的原因就是对材料的质量要求：前道的质量控制标准高于后道的质量标准。例如设计部门给出的质量标准，通过采购部拿到供应商的生产部门，供应商的生产部门安排的质量控制标准就一定要高于设计部门给出的标准。同样，当这个供应商需要一些外协加工时，外协加工的企业也一定要拿出更高的质量标准进行生产和送货。这样，便不可能出现质量问题，上线的零件就能够保证 100% 的合格。这也就需要采购工程师和供应商一同在生产环节发现问题、解决问题、预防问题，如此才能做到这一点。

丰田汽车每年也会投入一定的资金帮助供应商进行改善。上汽通用汽车有限公司（以下简称上海通用）就是这种模式，每年在资金和技术上与供应商共同进行改善。我就曾经和上海通用的采购工程师一起，利用上海通用的资金为其供应商进行过拉动生产的改善指导。

以丰田汽车的生产方式为代表的精益生产方式，不单纯是生产的环节，也包括销售，更包括采购。所以丰田生产方式的核心是生产、销售和采购。

4.3.2 丰田汽车和零件供应商的关系

丰田和供应商的关系不是买卖关系，而是共赢的伙伴关系。

从产品的开发阶段，供应商就已经参与进来，共同设计产品、选择材料、制定工艺。当然，这样也同时设定成本和利润。做到了利润共享、风险共享。

对于合作的零件公司，丰田的基本理念是"共存共荣"，具体的方针总结为图4-23所示的两点。

A：多家公司订货	→竞争
B：持续交易（订货）	→协调
长期安定的交易	

图4-23 丰田"共存共荣"的具体方针

1. 丰田汽车"共存共荣"的传统

丰田汽车与零件供应商的"共存共荣"的源头可以追溯到其第一代社长丰田喜一郎时代。

丰田喜一郎社长主张："任何零件只要缺少一个就造不出汽车。而且即使所有零件备齐了，只要其中一个发生性能、质量问题，就会损害汽车的价值""要把零件供应商看作自己的手足""零件供应商的工厂就是丰田的分工厂"。

这样的想法在其1939年制定的《采购规定》中就有如下明示："本公司的零件供应商工厂与丰田汽车的分工厂等同，所以应该共同努力促进分工厂的发展。"

这样的想法从那之后便一直坚持下来。正如丰田喜一郎社长所说"汽车由许多零件组成，任何一个零件都很重要，都要依仗外部的合作工厂"。

丰田喜一郎社长从开始就有使用"日本国产零件"这样强烈的想法，选择当地的中小企业作为主要的订货方。从一开始就指导各工厂之间相互学习，共同钻研。

丰田汽车的合作供应商在1939年组织了协丰会，在其会则中，在明确丰田汽车与供应商企划"共存共荣"的同时，也颁布了"积极进行共同钻研"的明文规定，故丰田喜一郎的这一想法一直持续到现在。现在丰田汽车的零件供应商绝大多数是协丰会的成员。

2. 丰田汽车采购的"持续交易"与"多家公司订货"

"持续交易"反映了丰田汽车与供应商建立的长期、稳定的采购关系。

"多家公司订货"原则表明同一零件或类似零件必须向两家以上企业采购,这里的两家包含丰田汽车的自制厂家。这是防止万一发生问题或者缺货时,可以有应对措施。在风险最小化的同时,促进了零件公司间进行相互竞争,旨在提高各自的制造水平。

"持续订货"与"多家公司订货"是同步实施的。多家公司订购是针对同一型号、同一零件来进行的。但对于数量有限的零件,考虑模具费用等问题,也可以单独向一家公司订货。一般情况下,同时向两家或者更多的供应商订货形成的可以随时调整供应商订货数量和周期的体制,称为重叠供应体制。

协丰会的会员企业,会优先丰田汽车的采购,但是仅给丰田汽车一家供货的供应商非常少,他们同时也会向丰田汽车以外的汽车制造商供货。丰田汽车也是非常支持的,这样可以互相学习、互相进步。

3. 协丰会成员的构成

丰田汽车与协丰会的会员企业有三种资本关系。

1)属于丰田汽车集团的供应商。资本、人员都与丰田汽车本身有着非常密切的关系。

2)丰田汽车出资的公司。供应商的一部分资金来源于丰田汽车的投资。

3)资本上独立于丰田汽车,与丰田汽车没有任何资本关系。

虽然后两种与第1种有所不同,但是丰田汽车还是会派一些人去这两种企业工作,共同做好零件的生产和供应。

协丰会会员有:

1)零件加工企业,包括原材料和零件加工企业。

2)专业零件企业,他们生产模块式的产品,大都与丰田汽车没有直接的资本关系。

从丰田的角度来看,集团内部的供应商属于最基本的供应商技术体制,是采购的基本战略。丰田汽车主要着力于促进丰田集团外部供应商的发展和培养。在外部供应商的培养上,丰田汽车注入了大量的人力、物力、财力。

4. 竞争与协调

丰田汽车的高层经常使用"竞争与协调"一词,体现了丰田汽车最根本的世界观,也是丰田的经营哲学。丰田喜一郎所说的"共存共荣"是通过和供应商"进行积极的共同钻研"才得以实现的;也是通过"多家公司订货"和"持续交易"来保证与供应商之间的合作关系的。

这一点,是丰田汽车自己严格遵守的条例,即使是集团内部的供应商,也没有优先权力。几十年始终如一,最终取得了如今的实绩。

4.3.3 丰田汽车的采购系统和运用

丰田的采购活动在前面所述的多家公司订货和持续交易的框架中,会和供应商共同进行以下的活动。

1）如何以合理的价格做好零件采购（定价、订货）。

2）如何制作出有魅力的产品开发（面向未来）。

3）如何着手持续改善、改良、合作、促进（构建长期的合作关系。指导、鼓励、有时也制裁）。

4）如何公平评价零件公司的成果"评价"（综合评价，短期、中长期）。

不仅是为了采购"便宜"的零件，还要考虑如何持续提供好的商品（质量、成本、交货期等），开发有魅力的新产品是很重要的。为此，首先要"公平地评价"，并构建和保持公平的评价系统。在不断重复的活动中，构建出供应商自身的强力竞争"体质"，另外，还要积极支持自主性的改善活动。这些内容也是丰田汽车采购部门与供应商的一个重要合作内容。

1. 零件的预算，价格确定，采购流程

（1）试制　和供应商的合作首先从试制开始。从合作的供应商中选择一些供应商进行零件的试制，同时进行试制的费用报价。试制是单件生产，报价一般都会比较高。如果是供应商自行开发的零件，应在设计、采购确认的基础上，进行试制。

（2）订货　如果是已经合作的供应商，订货的方针已经确定，那么基本按原来的合作协议进行订货即可。在订货单价基本不变的同时，会对供应商进行定期的评价，并会根据评价的结果，调整供应商订货的方针。在量产后，也会根据当时的情况，再重新进行调整，包括数量、金额。

（3）单价确定　报价的计算方法要双方事先共同确定，同时还要进行同类零件、类似零件的比较。

（4）报价（工时、材料单价、销售费用、利润、材料利用率、不良率等）　将根据不同的供应商、不同的零件进行个别确定，以保证价格对双方合理。

对实际的零件进行必要的检查，并不是判定合格与否，而是和其他供应商的同类零件进行比较和分析，同时考虑持续改善的内容，持续优化价格的方向。

在量产前的试制阶段，不断互相确认价格，同时丰田汽车也会对供应商的生产改善进行指导，以降低制造成本，优化采购价格。

有些零件事先要设定目标采购价格，这个目标价格需要一定的努力才能实现。这时就需要供应商在现有基础上进行大幅改善，才能实现目标采购价格。

2. 内部订货会议

（1）订货预算　根据今后的生产数量，各个供应商提交今后半年的销售额，其中包括具体增加减少的内容和金额明细。

如果是因为丰田汽车的生产台数大幅度变更（特别是减少）而引起的价格变动，需特别进行说明。根据零件的规格不同，考虑数量增减的因素。如果是新零件，可以考虑和现在供应零件不同的预算标准。

（2）订货会议　订货会议是丰田汽车的内部会议，主要是对供应商的评价并确定今后订货的方针。同时考虑丰田汽车自身的变化是否会对供应商产生较大的影响。这个会议是丰田汽车高层领导亲自参加的会议，也是丰田汽车明确供应商采购方针的会议。丰田汽车在采购环节也考虑了尽量避免较大幅度的变化，优先考虑和供应商保持长期稳定的合作关系。同时会议上也会分析各个供应商相互之间合作和竞争关系的平衡。

3. 采购价格的定期变更流程（半年）

（1）定期降价的确认　在常规情况下，根据订货会议的方针，丰田采购的高层人员会直接与供应商的高层见面，商量降价事项，并且提出今后半年的价格改善方向。

供应商将会根据丰田汽车的要求，考虑具体的改善内容。同时也会根据订货量和原材料市场的变化因素，进行综合考虑。

（2）对丰田汽车的提案和回答　通常供应商在综合考虑以上事项后，会向丰田汽车提出合作报告。

（3）价格的变更作业　经过双方的协商，确定新价格的方针。根据这一方针，重新确定有关零件的报价和明细，重新设定价格。同时这些内容，也将会成为今后其他零件合作的参考基准。

4. 非定期价格变更

（1）模具等的折旧费　模具费用在零件成本中占有比较大的比例。在签订采购合同时，将会有一个基准数量，当采购数量超过这一基准数量时，丰田汽车和供应商之间将会共同重新考虑超过基准部分的价格设定，这个基本按照丰田汽车的要求和基准自动进行。

（2）VA/VE的改善效果　丰田汽车积极鼓励供应商的改善提案，通过这些改善获得的经济效益，大部分会成为供应商的利润来源，所以供应商会积极参与并实施改善。

（3）材料的价格变动　在零件报价金额中，材料价格是最容易变动的，也是丰田汽车采购价格变更的一个大的基准。因此，丰田汽车一般都会根据市场，大量采购必需的原材料。如果同一种材料发生变更，将会针对所有供应商统一进行调整。原则是半年一次。

材料费以外的费用基准变更，一般不特别进行说明。

5. 成本的规划（重点车型）

在新产品设计阶段，就请供应商直接介入成本规划。首先根据市场分析，从设定的销售价格开始进行价格分解，设定每个零件的目标价格；丰田汽车再根据目标价格，和供应商共同合作，从设计入手，力争达到目标价格。

（1）竞争提案，竞争报价　从试制阶段开始即进行竞争提案、竞争报价的实施。所有有关的供应商都可以参加，不管是现行供应商还是新的供应商，共同对这些竞争提案、竞争报价进行评价和分析，从而决定订货的供应商，然后分段实施试制。

（2）VA/VE 的提案　根据提案进行各种改善活动，特别是重点车型、重点零件。为应对市场需求，改善活动的时间是事先设定的。

上述一系列的活动并不是采购部门单独进行的活动，而是技术、制造、质保等有关部门共同合作运营的活动。同时供应商也同丰田汽车一样，销售、技术、制造、质保等各个部门成员共同进行，直接参与，这些结果将会决定采购供应商的确定。

丰田汽车非常注重组织作用。所以才有协丰会的存在。协丰会有三个分会，分别是质量、成本、安全分会。在这个组织内会共同进行意见交换并传达丰田汽车的方针。同时也会进行一些必要的培训和研究会、事例发表等活动，这些活动都是十分高水准的组织活动。

对于供应商的改善活动，除供应商的自主改善外，丰田也会免费派遣丰田汽车的专业人才，亲自参加指导供应商的改善活动，这也是共存共荣的具体行动体现。

在丰田汽车的采购组织中，除直接采购业务外，还设置有采购规划部门，这个部门就是对供应商进行检查和指导的部门。同时也是直接支持协丰会的部门。丰田汽车也有采购业务的内部监察功能，采购部门会自行进行检查和自我革新，同时也会对供应商的设备、材料等进行指导和改善。

这一系列的采购业务系统，会通过 IT 技术，形成高效的运作体系，并且和供应商通过网络共享系统。

4.3.4　丰田汽车的采购管理经验总结

1）长期稳定的供应商合作关系，可以使双方发挥更高的工作效率。
2）共存共荣是与供应商合作的基础，应做到利润共享，风险共享。
3）采取竞争提案和竞争报价，形成良性的竞争环境。
4）对供应商提出持续改善的要求和支援。
5）丰田汽车自身发展的努力会带动供应商的发展。

第5章

设计环节的降本改善

5.1 精益设计

5.1.1 精益设计的定义

《改变世界的机器》第一次向世人定义了以丰田生产方式为代表的精益生产方式。在后续的《精益思想》一书中,又进一步定义了:"精益生产是丰田公司关于产品开发、生产制造、协作链管理和用户关系的一整套思想。"

《改变世界的机器》的第5章讲的是汽车设计。从产品设计的角度,考察和分析了如何用精益设计消除浪费,缩短设计工期,降低成本,提升质量。第一次提出了精益设计的特点:精益生产方式的工厂和大量生产方式的工厂所采用的设计方法有四种基本差别。这些差别分别是领导方式、团队合作、信息交流和同步开发。综合起来,在这四个领域里精益方式的技术使工作完成得既快又好,又省力。

精益设计之所以能做到既快又好,还省力,就在于从设计阶段追求更低的成本、更短的周期、更高的质量,也就是设计的QCD追求,这正是精益生产的追求。

不同厂家产品开发设计效率、成本、质量比较见表5-1。

表5-1 不同厂家产品开发设计效率、成本、质量比较

项目	日本某生产厂	美国某生产厂	欧洲某大批量生产厂	欧洲某特种轿车生产厂
每种新车平均工程工时/百万工时	1.7	3.1	2.9	3.1
每种新车平均开发时间/月	46.2	60.4	57.3	59.9
项目团队人员数	485	903	904	904
每种新车的车身型式数	2.3	1.7	2.7	1.3
平均通用件比例	18%	38%	28%	30%

（续）

项目	日本某生产厂	美国某生产厂	欧洲某大批量生产厂	欧洲某特种轿车生产厂
协作件厂工程比例	51%	14%	37%	32%
产品工程修改成本占模具总成本比例	10%~20%	30%~50%	10%~30%	
进度拖延的产品比例	1/6	1/2	1/3	
模具开发时间/月	13.8	25	28	
样车制造先导时间/月	6.2	12.4	10.9	
投产至第一辆销售时间/月	1	4	2	
新车型投产后达到正常生产率时间/月	4	5	12	
新车型投产后达到正常品质时间/月	1.4	11	12	

在这里比较了日本、美国和欧洲的产品开发设计的效率、成本和质量。

从这些数据可以看出：

每种新车平均工程工时（百万工时），日本是1.7，美国是3.1，日本车企只是美国车企所需工时的55%。

每种新车平均开发时间（月），日本是46.2，美国是60.4，日本车企只是美国车企所需时间的76%。

从事产品开发设计的团队人数，日本是485，美国是903，日本只是美国所需人数的54%等。

以上的数据上可以说明，日本的产品开发设计效率高且成本低，并且体现在开发成本、开发时间和开发的质量上，是产品开发设计的综合指标，也是精益在产品开发设计领域的具体体现。

《改变世界的机器》对此进行了说明："精益设计在市场上的结果趋势是明显的。"

精益设计的另一个特点是，精益设计不仅追求产品设计阶段的QCD，同时也会通过产品设计，提高制造阶段的QCD。《改变世界的机器》书中就明确指出了精益设计对全产业链的降本效果："精益产品开发技术可以同时节省制造工时和加快进度。"

精益设计的产品，能使制造环节成本更低，效率更高，质量更优，从而实现全产业链的QCD优化。

5.1.2 精益设计的定位

"精益生产是丰田公司关于产品开发、生产制造、协作链管理和用户关系的一整套思想。"精益的设计环节同样也要从设计的 QCD 进行分析、剖析和设计。在整体的制造链和企业经营战略中，精益设计的经营定位如图 5-1 所示。

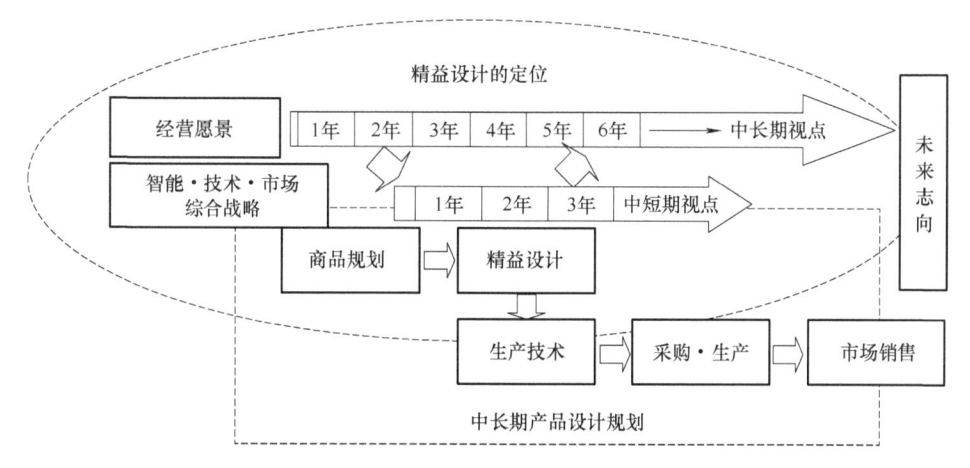

图 5-1　精益设计的定位

如何降低成本，精益设计主要从以下几点进行考虑。

如何高质量地设计不出问题的产品，如何通过设计预先将质量问题防患化解，降低不必要的质量处理和管理成本。例如在无人驾驶这个方向上，就不允许有任何问题出现，一定要百分之百正确无误，其中包括硬件、信息等的智能产品的精益质量设计。

产品最终要能够服务于社会，服务于社会中的每一个人，所以物美价廉同样也是精益设计的追求。从精益的角度，追求如何设计出服务于社会众人的物美价廉的产品和服务。

产品的设计更需跟上时代，跟上潮流，应高效、高速、及时满足社会和使用者的需求。为此应从精益的角度探讨和分析高效和高速设计，并且提出具体方案。

所以，精益设计是从 QCD 的角度出发的，实现产品设计的成本更低、周期更短、质量更高。

5.1.3　精益设计降本的原点

产品开发设计"好质量就要增加成本，快一些就要费一些等，一起成了这些大量生产方式所遗留下来的犹如破旧汽车一样的过时了的无用观点"。这是《改变世界的机器》中，在产品开发设计中对精益设计成本的说明。

精益设计在最优产品设计的同时，也可以保证设计成本的最优，生产成本的最优。

精益设计考虑的成本包括三个方面：

（1）开发成本　产品开发设计过程中所投入的成本。人力、物力、技术、设备等。

（2）产品成本　开发出来产品的成本。材料、结构、工艺等。

（3）生产成本　开发出来产品生产、物流、销售所需要的成本等。

也就是说，精益设计在成本方面，不但考虑了设计期间，在短时间内用最小投入成本设计出符合市场要求的产品；同时这个产品本身所需要的成本也是最优的，进而也保证了产品本身在生产、物流等环节的最优成本。也就是说，精益设计考虑了产品全产业链的最优成本，通过多元设计，进行根本性的降本革新，其相互关系如图5-2所示。

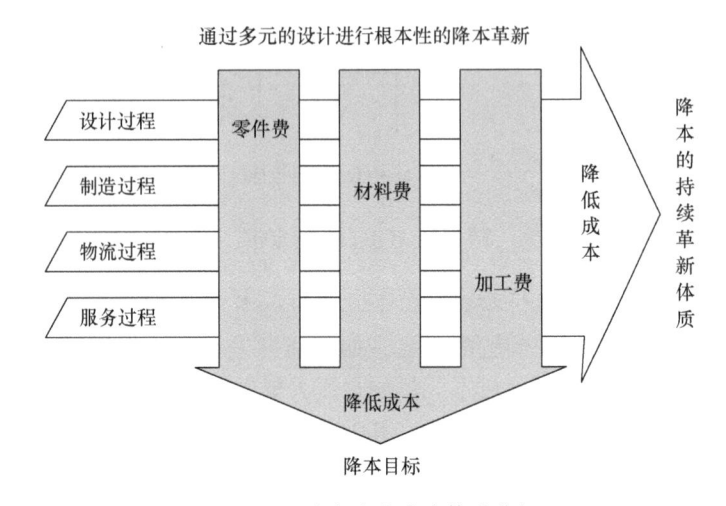

图5-2　两个方向的降本体质革新

在产品设计阶段，从两个方向考虑全产业链的成本优化。

第一个方向是产品的零件、材料、加工的降本设计。

在满足功能的前提下，优化产品使用的零件和材料成本，同时也考虑了产品在生产过程中的持续降本改善。

第二个方向是从设计到制造、物流、服务全过程的降本设计。

这里包括了设计过程的投入成本；制造过程中的工艺、设备、管理成本；产品维护（设备保养、产品检查、库存管理等）的成本，以及市场的销售成本。

产品从开发设计到生产的成本改善各个阶段如图5-3所示。

设计阶段降低成本的重点：

1）商品设计全过程中，重视上游阶段的降本效果。

2）设定挑战性的降本目标。

3）在精益设计中进行革新。

① 方式、构造革新。

② 工艺、生产技术革新。

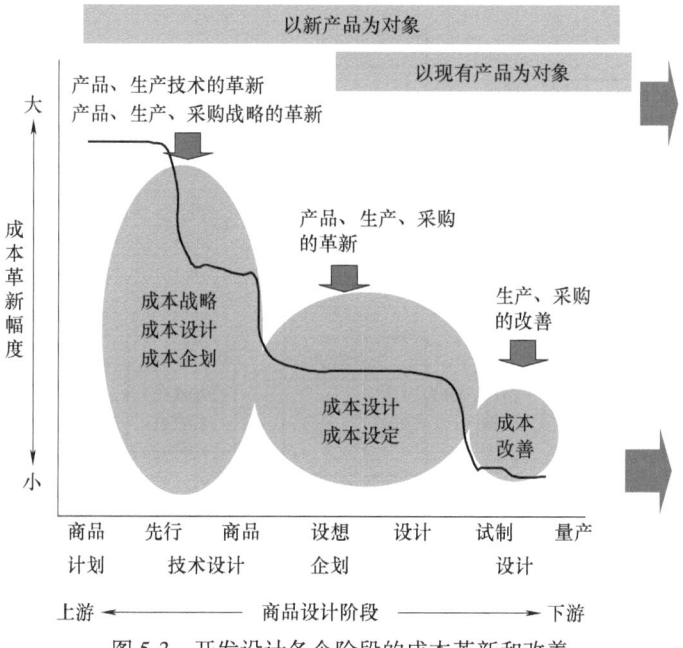

图 5-3　开发设计各个阶段的成本革新和改善

③ 关键构成要素的革新。
④ 生产方式的革新。
⑤ 采购战略、方式革新。
⑥ 生产革新。

精益设计的降本是从产品开发设计到销售等一系列产品价值链上的降本，是精益设计降本的特点。

笔者将在本章中，总结自身在实际精益设计指导过程中的实践经验和实践方法，以降低成本为核心，以追求产品开发设计 QCD 为出发点，在产品设计的降本改善方面，结合案例进行剖析和汇总。希望能够给予读者一个参考和借鉴。

5.2　精益设计的产品降本

5.2.1　满足市场需求的精益设计产品

从市场和生产的两个角度分析需求和降本的关系，如图 5-4 所示。

从市场的角度出发，当然是欢迎高质量、低价格的商品，同时也欢迎多样化，乃至个性化的商品，这样就形成了多品种、小批量、个性化的商品需求。为了应对这种市场需求，多品种、小批量、个性化产品的设计，会导致增加成本，当然也会增加质量风险。

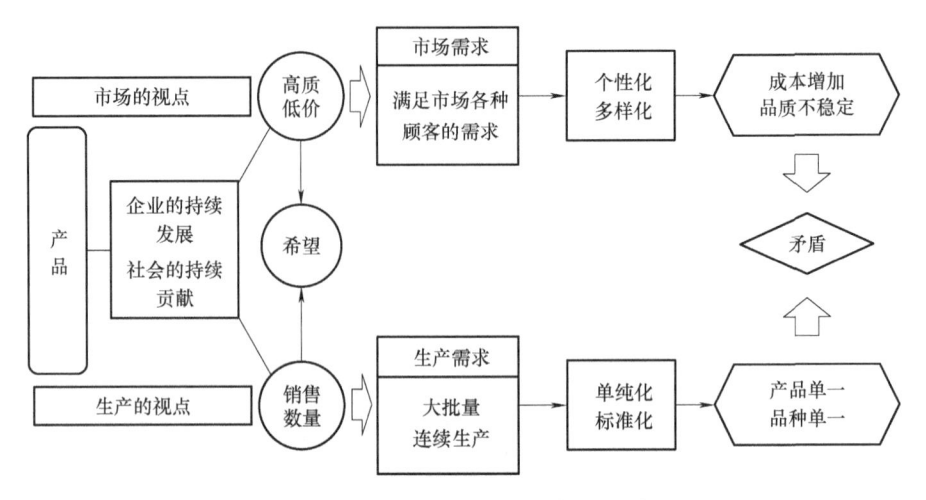

图 5-4　产品设计市场和生产的矛盾

从生产的角度出发，当然是大批量、单一品种、标准化的产品，可以最大限度地减少产品开发设计乃至生产的成本，也能更好地稳定质量。

以上虽然矛盾，但是精益设计却可以很好地解决这个问题。

既可以满足市场的不同需求，又可以在产品设计和生产制造阶段降低成本，如图 5-5 所示。

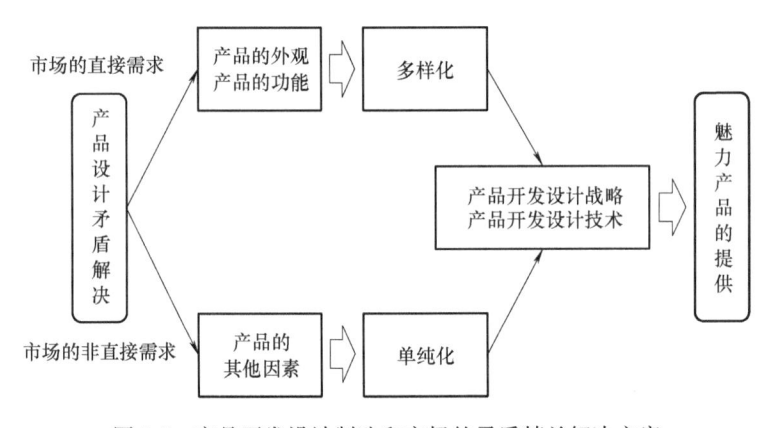

图 5-5　产品开发设计制造和市场的矛盾精益解决方案

首先是满足市场的需求。但是具体分析市场的需求，可以分成市场的直接需求和非直接需求两个层次。

1）市场的直接需求，如产品的外观、颜色、功能等，以多样化对应市场。

2）市场的非直接需求，除上述市场的直接需求外，其他可以看作是市场的非直接需求，如产品的内部结构、产品零件的多少等。这些部分可以从单纯化的角度进行考虑，优化开发设计和生产环节。

这样就构成了精益设计的关键词，即：
1）同样功能产品构成零件数量的最少化。
2）同样功能产品生产工序数量的最少化。

这便是精益设计降低成本的关键！

零件数量的减少当然可以降低产品设计和产品制造的成本，生产工序的减少也可以降低生产环节的制造成本，因此这就是精益设计的思想和核心。

根据以上精益设计的思想和核心，形成精益设计的降本核心技术。

5.2.2 精益设计的产品降本核心技术

精益设计产品降本的核心技术，其框架如图5-6所示。

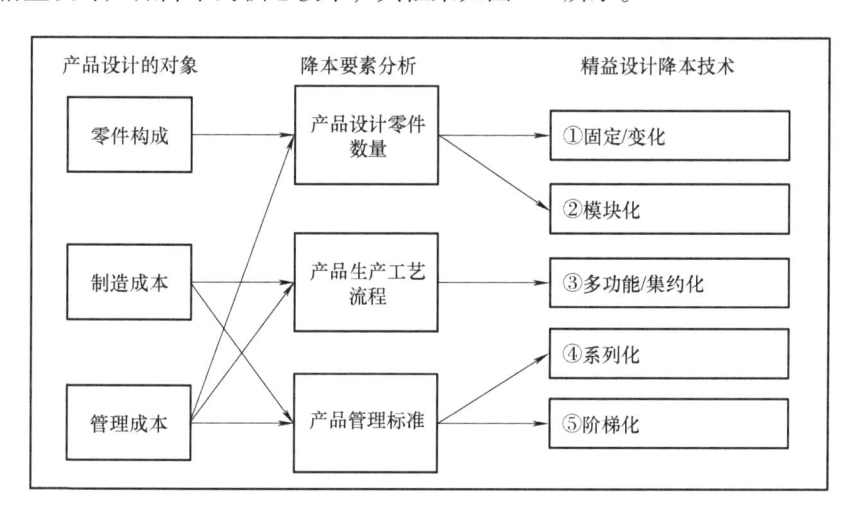

图 5-6　精益设计产品降本的核心技术框架

精益设计降本主要从产品设计的零件构成、制造成本和管理成本三方面来形成核心降本技术。

1. 零件构成

零件数量的多少，产品结构的复杂程度，决定了产品的成本结构。精益设计在保证市场核心功能需求的前提下，通过优化零件的数量，固定和变化的组合；优化产品的结构，模块化的组合，以实现最优产品成本。

2. 制造成本

设计制造工艺的复杂程度，生产流程环节数量，决定了生产的投入和成本。精益设计阶段的工艺设计和生产流程设计，在保证市场核心功能需求的前提下，优化制造工艺，多功能化和集约化，优化生产流程，以实现最优产品制造成本。

3. 管理成本

设计产品的功能系列、功能分类的多少，决定了采购、物流、制造、销售过程中的管理成本。精益设计阶段的产品功能系列、功能分类的设计，在保证市场核心功能需求的前提下，优化产品系列，优化产品分类，系列化、阶梯化，以实现最优产品管理成本。

下面详细论述这三方面的精益设计核心技术。

5.2.3 零件构成的降本核心技术

产品的多样化，通常会造成开发设计零件数量的增加，加工组装工艺设计的增加等。而成本也会按比例增加。精益设计就是在设计中合理地减少零件数量，合理地减少工艺环节，降低成本。具体对策包括：

1. 固定和变动

变动就是市场的直接需求，固定就是市场非直接需求，如图5-7所示。

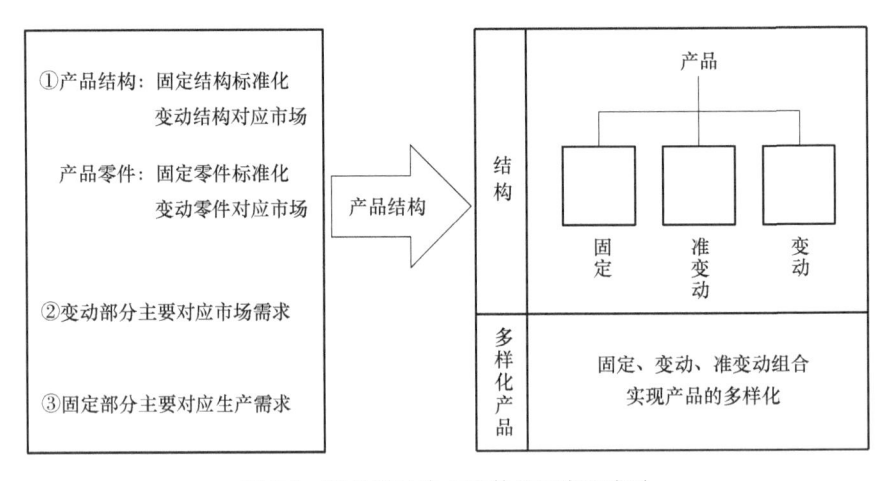

图5-7 精益设计降本改善的固定和变动

1）对于产品规格的多样化，首先设定变动部分以对应市场各种需求，对固定部分进行彻底的合理化改善设计和标准化。产品的生产工序也一样，采用柔性生产，降低生产成本。

2）变动部分是根据产品的不同型号和规格，个别对应的产品部分。这些部分要尽量少，但是要体现个性化。在生产环节的工艺设计要考虑批量和品种的切换。

3）固定部分是产品中可以通用的部分，需对此进行标准化设计。生产工艺设计中固定且标准化的部分，应集中设计在一个环节或较少环节进行。同时要考虑自动化、机械化和简单化的工艺设计。

4）准变动部分是变动部分，但是这一部分应在满足市场各种需求的基础上，尽量考虑减少种类。

变动、准变动和固定的定义如图5-8所示。

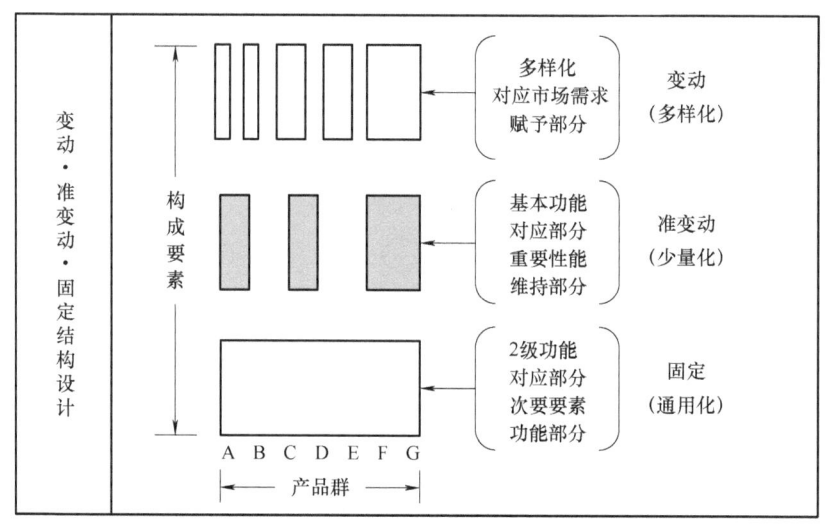

图 5-8 变动、准变动和固定的定义

以上变动、准变动和固定的产品生产工艺设计重点见表 5-2。

表 5-2 变动、准变动和固定的产品工艺设计重点

类型	工序	固定	准变动	变动
		产品		
		单元 A/B	单元 C/D	零件 E/F/G
固定	生产线 A	■标准化 ■机械化 ■自动化		■多品种化 ■作业高效率化
准变动	生产线 B		■模式化 ■柔性机械化、自动化	
变动	生产线 C	■混流工序化 ■产品群机械化、自动化		■多样化、多品种化 ■管理的精细化

2. 模块化

采用不同的零件组成的基本组合，称作模块。根据不同的需求进行模块组合，形成多样化功能的商品，如图 5-9 所示。

首先设计出基本零件，然后根据不同规格，应用零件再组合成不同的产品。

模块化的多种组合方式，如图 5-10 所示。

存在一个基本型作为一个标准，然后根据客户需求，设计出追加部分，将其与基本型组合在一起，就变成了一个新的产品。这里需要设计的只是追加部分，基本型是通用部分。

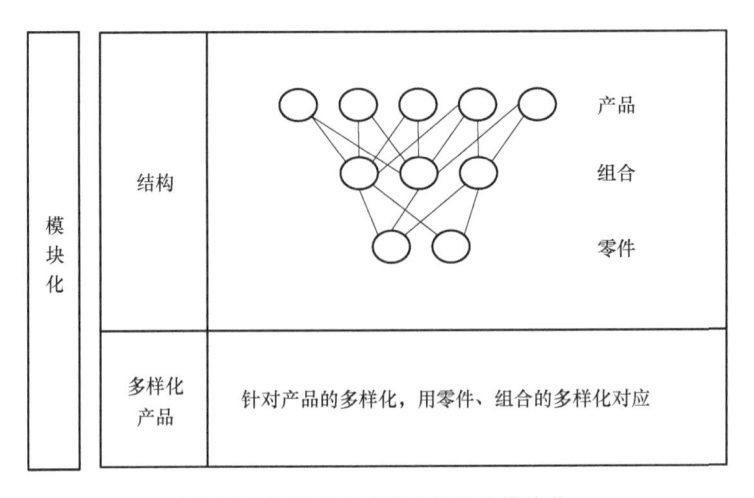

图 5-9　精益设计的成本优化的模块化

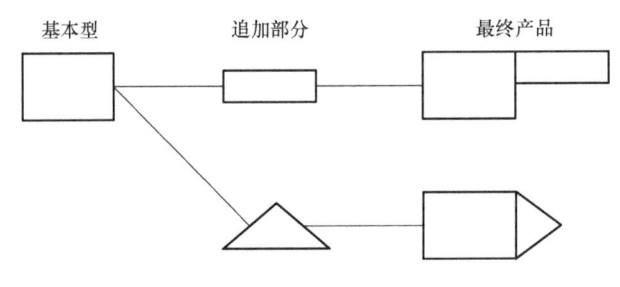

图 5-10　模块化的组合方式

5.2.4　制造成本的降本核心技术

综上所述，产品零件构成的精益设计降本技术，主要是固定和变动。模块化的精益设计技术，主要针对多品种、少批量的产品设计。

对于具体的某一个产品，在设计过程中，如何减少产品的零件数、如何减少生产的工序数量、如何减少产品生产所需要的设备工装数量，是精益设计中降本技术所要解决的问题。针对众多的零件加工、众多的工艺过程实施发生的成本，精益设计的主要对策是：多功能和集约化，具体如图 5-11 所示。

在图 5-11 中，1、2、3、4、5 表示五种零件。A、B、C、D、E 表示需要的零件功能。

为减少零件数量和生产的工艺过程数量，精益设计的降本技术从以下两个角度进行分析改善。

1. 零件集约改善

零件 2，可以实现 A 功能，在 A 功能的零件线上，还有零件 3 和零件 4，同样

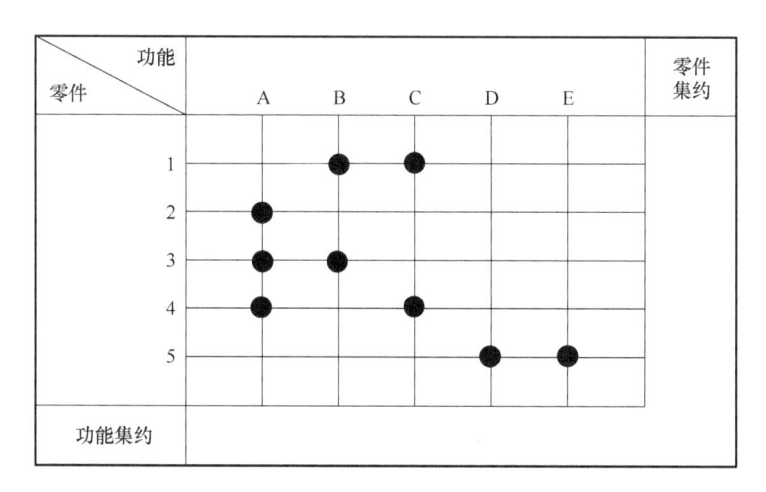

图 5-11 多功能和集约零件功能和品种分布

也可以实现 A 功能。所以是否可以考虑把零件 2、3、4 变成一个零件，这样就可以把 3 个零件变成 1 个零件。

2. 功能集约改善

零件 1 和零件 2 分别对应不同的功能，如零件 1 和零件 2 是不同的螺钉，在同一个产品的不同位置连接不同的功能部位。如果在产品结构上进行改善，既能满足不同功能又能使零件 1 和零件 2 变成同一个零件，同时还对应 3 个不同的功能，这样就可以减少一个零件。

以上就是精益设计的降本技术，考虑多功能的同时也考虑了集约（零件和功能的集约）。

降本技术的多功能和集约技术，可以从排除、结合、代替、新方式四个方面进行分析和改善，如图 5-12 所示。

	排除(E)	结合(C)	代替(R)	新方式(S)
功能 （规格）	根据需求和目的，排除"过剩"功能	一个零件，一个工序多功能化	代替功能	新方式、新规格
构造 （零件）	根据需求和目的，排除"过剩"功能	零件、生产工序的结合	代替功能	新方式、新技术

图 5-12 多功能和集约降本分析改善

这一主要的思维方式就是工业工程的 E（排除）、C（结合）、R（代替）和 S（新方式）。

这里采用的是排除、结合和代替及新方式。通过以上分析，实现生产零件的最少化和生产工艺流程的最少化。多功能集约优化如图 5-13 所示。

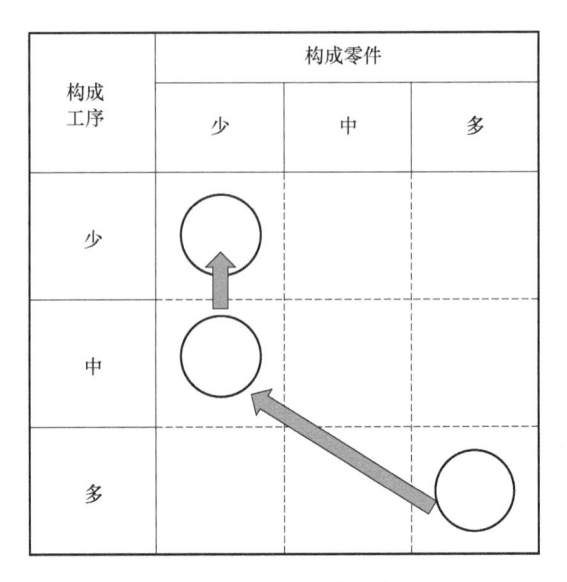

图 5-13　多功能和集约优化

首先考虑减少零件数量，当然减少了零件数量，同时也会减少一部分工艺过程，再进一步集中分析改善工艺过程，最终达到零件的数量和工艺过程的全面改善。减少零件和工艺的过程，就是在降低某个产品在生产环节的制造成本。

5.2.5　管理成本的降本核心技术

管理成本是管理产品众多零件加工、众多工艺实施所发生的成本。这里包括设计部门、生产技术部门、采购部门、物流部门、制造部门等的管理成本。这些部门将会产生众多的产品规格、技术规格、材料零件的规格管理乃至众多的外协管理工作等。

如何在产品的源头，即产品设计阶段减少管理环节，降低产品的管理成本，精益设计主要的对策是系列化和阶梯化。

1. 系列化

系列化的概念如图 5-14 所示。

产品零件、产品工艺过程、产品生产设备要求的性能和功能，按一定规律法则进行规划设计，根据尺寸、功能等，形成一定的变化规律和系列管理。例如性能和尺寸的等比关系、等差关系，以及拧紧力矩和轴颈、拧紧力矩和转数等。

2. 阶梯化

阶梯化的概念如图 5-15 所示。

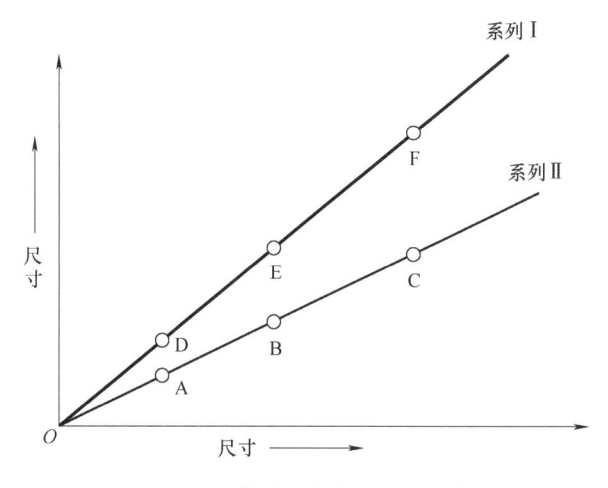

图 5-14 管理成本设计的系列化

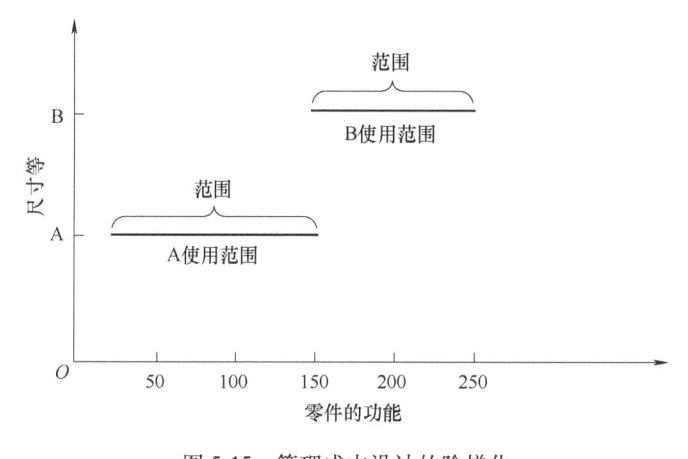

图 5-15 管理成本设计的阶梯化

在一个零件可以覆盖的性能范围内,生产用的设备、工装、工具、量具是同样的,应减少不必要的生产硬件增加。

这种覆盖性范围是阶梯性的,所以称阶梯化。

可以在各个维度上考虑阶梯化扩展,如图 5-16 所示。

管理成本设计的阶梯化应用可以是材料的规格、尺寸等,也可以是设备的能力、切换方法和时间等。

精益设计降本改善的五个技术:固定和变动、模块化、多功能和集约化、系列化、阶梯化,并不是单一的使用技术,在实际中应该进行有机地组合和应用。

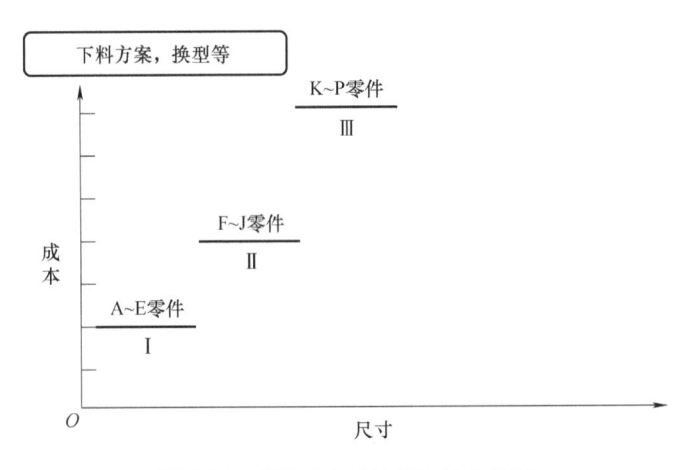

图 5-16 管理成本设计的阶梯化扩展

5.2.6 精益设计的降本改善应用

1. 精益设计的降本改善指标

在精益设计降本改善具体应用中，主要考虑以下十个指标：

1）零件指数＝零件种类数×零件点数（点数是同样零件的数量）。

2）工序指数＝工序种类数×工序数。

3）零件通用化率。

4）零件标准化率。

5）管理重点数量。

6）制造成本。

7）中间在制。

8）设计费用。

9）设计期间。

10）其他设计管理成本。

其中零件指数和工序指数是精益设计降本改善的核心指标。在下面的具体实例中，有具体分析和应用的方法。

2. 汽车设计的固定和变动案例

汽车精益设计的固定和变动方案如图 5-17 所示。

产品群有很多车型和品种，如有 A、B、C、D、E 种车型。

汽车的组成可以分成：信息控制系统、机械传动部分、控制基板部分和车身部分。

汽车用户能够最直接关注到的部分，也就是车身部分，这里的车身包括外观造型、颜色和灯饰等。精益设计把这一部分作为变动部分进行设计，方便展现给用户不同的个性产品。

构成单元	汽车产品群				
	A	B	C	D	E
信息控制系统					
机械传动部分					
控制基板部分					
车身部分					

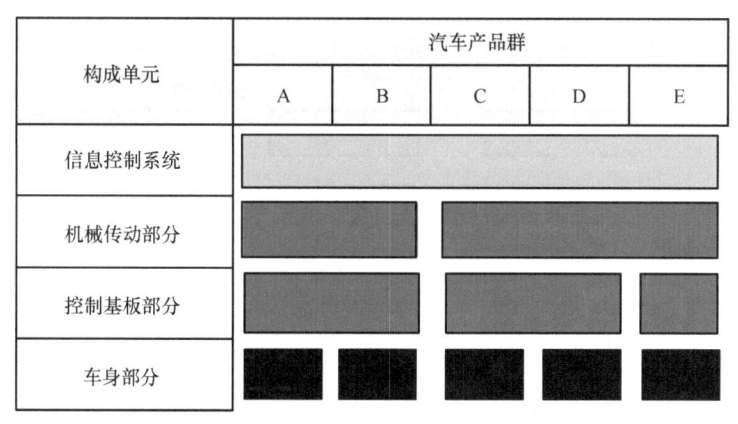

图 5-17 汽车精益设计的固定和变动方案

信息控制系统是看不见的科技部分，不同车型的原理基本相同。这一部分在精益设计中应尽量作为固定部分。这样可以大幅度减少信息控制设计的种类和范围。

机械传动部分和控制基板部分，包括很多科技部分，也是汽车用户比较关注的部分。例如发动机的功率、自动门锁等。这些部分的基本功能大体是相同的，所以这一部分在精益设计中作为准变动部分，以减少分类。

例如我曾指导过国内一家大型合资汽车整车厂家，其在 20 世纪 90 年代末推出了一款车型，后来这款车停产了，但是这款车型的底盘却是十分成熟的汽车底盘。十多年后这款底盘被其他三个品牌的车型使用。也就是说，虽然 20 世纪 90 年代末推出的这款车型在当时已经停产了，但是这个底盘作为标准底盘仍然应用在现在新开发的三种畅销车型上，这样大幅降低了设计成本、制造和管理成本，但是对于用户来讲，这三个品牌的车型，却是完全崭新的车型，因为大家基本不会十分关注底盘。现在这三款车型仍然是这个汽车厂家的畅销车型。

总结以上的汽车精益设计降本案例得出：

1）固定。单一品种的设计，大量连续的生产，主要针对信息控制系统。
2）变动。柔性对应市场需求开发，扩大产品品种，满足用户的个性需求。
3）准变动。在满足用户需求的前提下，尽量减少品种，减少生产中品种的切换次数和切换时间。

因此，在产品设计阶段就充分实施了降本改善。

3. 空调的精益设计降本改善案例

我曾经指导过一家知名空调企业，其主营业务为商用、高端民用空调设计，制造，销售，市场占有率达 30%。其基本战略：

1）不做价格竞争，实现高品牌战略。
2）高性能、低成本、领军市场。

为实现以上战略，精益设计的降本实施是其中重要的一环。为此，企业成立了专门的项目团队，由外部指导人员和内部有关人员构成，如图 5-18 所示。

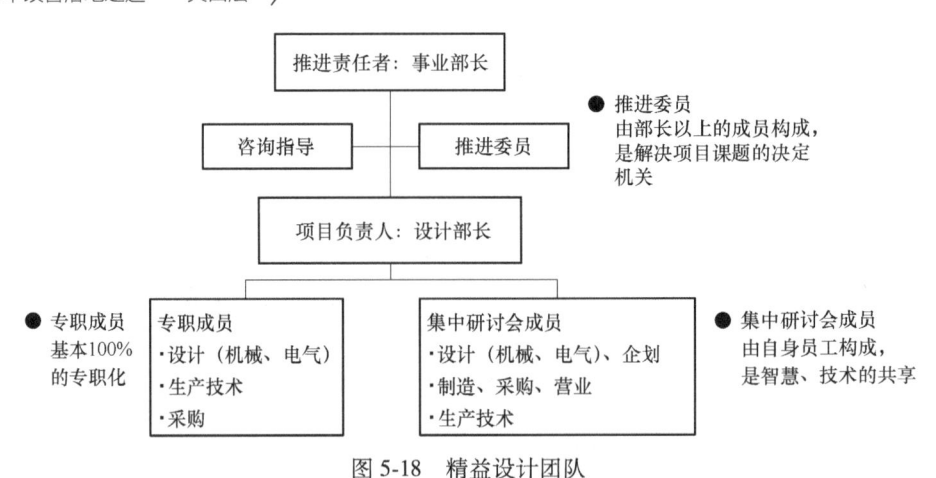

```
                    ┌─────────────────────┐
                    │ 推进责任者：事业部长 │
                    └──────────┬──────────┘
              ┌────────────────┼────────────────┐                ● 推进委员
       ┌──────┴──────┐                  ┌──────┴──────┐            由部长以上的成员构成，
       │  咨询指导   │                  │  推进委员   │            是解决项目课题的决定
       └─────────────┘                  └─────────────┘            机关
                    ┌──────────┴──────────┐
                    │ 项目负责人：设计部长 │
                    └──────────┬──────────┘
```

图 5-18 精益设计团队

为此，团队共同设定了精益设计降本实施步骤，如图 5-19 所示。

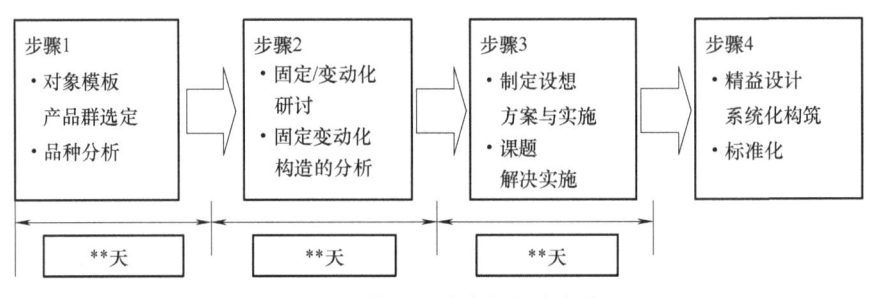

```
┌─────────────┐    ┌─────────────┐    ┌─────────────┐    ┌─────────────┐
│   步骤1     │    │   步骤2     │    │   步骤3     │    │   步骤4     │
│ ·对象模板   │ ⇒ │ ·固定/变动化 │ ⇒ │ ·制定设想   │ ⇒ │ ·精益设计   │
│  产品群选定 │    │  研讨       │    │  方案与实施 │    │  系统化构筑 │
│ ·品种分析   │    │ ·固定变动化 │    │ ·课题       │    │ ·标准化     │
│             │    │  构造的分析 │    │  解决实施   │    │             │
└─────────────┘    └─────────────┘    └─────────────┘    └─────────────┘
     **天              **天              **天
```

图 5-19 精益设计降本实施步骤

按此步骤实施，空调室外机的精益设计如下：
空调室外机首先从固定和变动两方面设计，如图 5-20 所示。

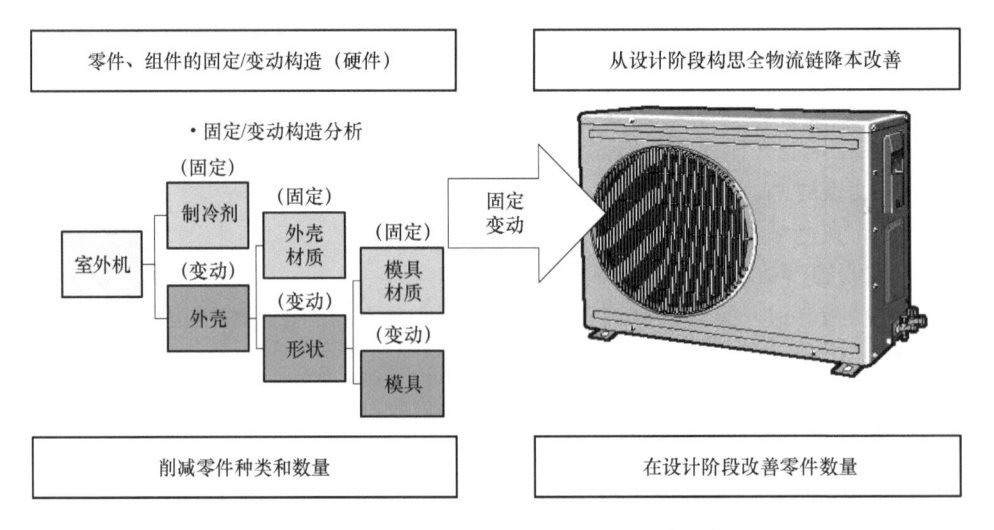

图 5-20 空调外机的固定和变动精益设计方案

例如空调室外机从制冷剂、外壳两个方面进行分析改善：

（1）制冷剂。作为固定部分，各种空调都采用标准的固定制冷剂。

（2）外壳。作为变动部分，由于功率、安装位置等因素，有必要作为变动部分进行设计。

外壳有长宽高三个基本尺寸，这三个基本尺寸是否都是变动尺寸，三个尺寸中只变动一个尺寸，其他尺寸都为固定，是否可行？哪个尺寸为变动尺寸？为此进行了具体的分析，分析的视点有三个：

（1）性能　外壳三个基本尺寸对空调外机的性能影响。

（2）生产率　外壳三个基本尺寸设计在保证空调外机的性能前提下，考虑实际生产率。

（3）市场需求　也就是从市场的角度来看用户更容易接受什么样的外形尺寸。

评价分析如图 5-21 所示。

类型	固定部分	变动部分	评价		
			性能	生产率	市场需求
1	长、宽	高	○	○	○
2	宽、高	长	○	×	×
3	长、高	宽	×	△	×

注：○—好；△—一般；×—不好。

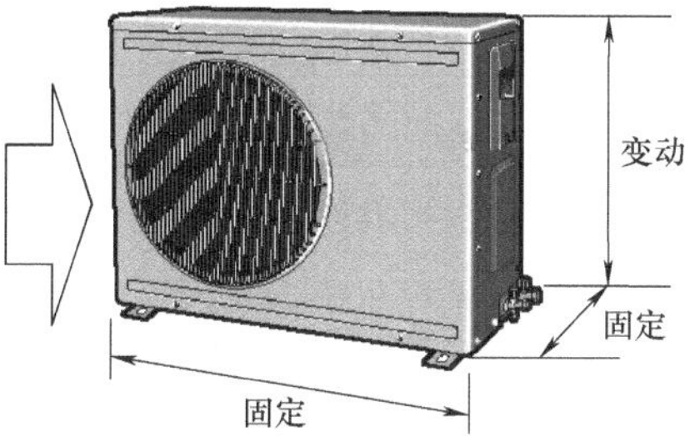

图 5-21　空调外机的固定和变动评价分析

从空调外机的固定和变动评价分析中，得出的结果是长度、宽度固定，高度变动。

再进一步，对于变动的高度，从精益设计的系列化和阶梯化进行分析和设定。

把空调的外机长度、宽度固定，高度作为一定系列的变动，来标准化空调外机的形状和尺寸，这样变动的模具随之也变成了在一定标准系列中的重点固定模式，如图 5-22 所示。

这样就形成了 10 个系列的产品。以高度命名 5 系列、8 系列和 12 系列。在各个系列中分别设定了阶梯 A、B、C、D。

把精益设计的空调外机和常规设计的空调外机进行比较，分析零件指数。常规设计的零件指数见表 5-3。

室外机3个系列 10种类	5A・5B・5C・5D	8A・8B・8C	12A・12B・12C
形状	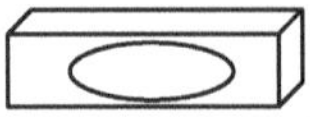	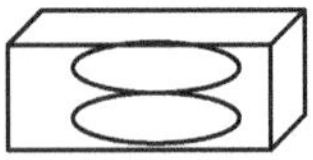	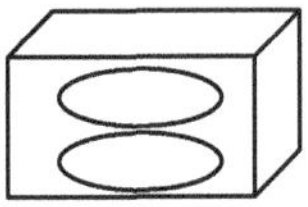
尺寸	高度/mm	500	800	1200
	长度/mm	800		
	宽度/mm	290		

图 5-22 空调外机的系列化和阶梯化

表 5-3 常规设计的零件指数

组件名称	构成部件		加工种类	对象机种群				成本			生产数量	加工成本	总加工成本	种类小计
	名称	品号		A	B	C	D	内加工	外加工	采购				
X组件	a	No.1	铸型	1					***		**	****	****	8种类
		No.2	铸型		1				***		**	****		
		No.3	铸型			1		***			**	****		
		No.4	铸型			1		**		**	***			
	b	No.5	冲压	1	1	1	1	**			**	***		
	c	No.6	冲压	2	2				**		**	***		
		No.7	冲压			1			**		**	***		
		No.8	冲压				1		**		**	***		
Y组件	d	No.9	切削	1	1			**			**	***		5种类
		No.10	切削			1	1	**			**	***		
	e	No.11	铸型	1					**		**	***		
		No.12	铸型		1	1			**		**	***		
		No.13	铸型				1		**		**	***		
点数合计			小计	6	6	6	6						种类合计 13种类	
			合计	24 点										
零件指数=312														

常规设计的空调室外机，零件种类为13类，24个零件，

产品零件指数=种类×数量=13×24=312

精益设计的零件指数见表5-4。

表 5-4 精益设计的零件指数

组件名称	构成部件		加工种类	对象机种群				成本			生产数量	加工成本	总加工成本	种类小计
	名称	品号		A	B	C	D	内加工	外加工	采购				
X组件	a	No.1	铸型	1	1	1	1		***		**	****	****	4种类
	a	No.2	铸型						***		**	****		
	a	No.3	铸型					***			**	****		
	a	No.4	铸型						**		**	***		
	b	No.5	冲压					**			**	***		
	c	No.6	冲压	2	1				**		**	***		
	c	No.7	冲压			2			**		**	***		
	c	No.8	冲压				1		**		**	***		
Y组件	d	No.9	切削	1					**		**	***		5种类
	d	No.10	切削			1	1	**			**	***		
	e	No.11	铸型	1					**		**	***		
	e	No.12	铸型		1	1			**		**	***		
	e	No.13	铸型				1		**		**	***		
点数合计			小计	5	4	5	4						种类合计 9种类	
			合计	18 点										
				零件指数 = 162										

精益设计的空调室外机，零件种类为 9 类，18 个零件，

产品零件指数=种类×数量=9×18=162

再进一步分析，常规设计和精益设计的空调室外机工序指数。常规设计的空调室外机工序指数，如图 5-23 所示。

精益设计的空调室外机工序指数，如图 5-24 所示。

常规设计：工序种类为 10 类，工序数为 32 工序。

工序指数=工序种类数×工序数=10×32=320

精益设计：工序种类为 7 类，工序数为 23 工序。

工序指数=工序种类数×工序数=7×23=161

其他部分和零件设计都按照这种方法，部分成果如图 5-25 所示。

该企业通过精益设计的实施，取得了各方面的成果。

1）零件种类减少：28%。

2）工厂内空间减少：30%。

3）室外机系列。

① 室外机零件数量减少：47%。

② 主要零件加工工时减少：50%~70%。

常规设计的空调室外机工序指数分析

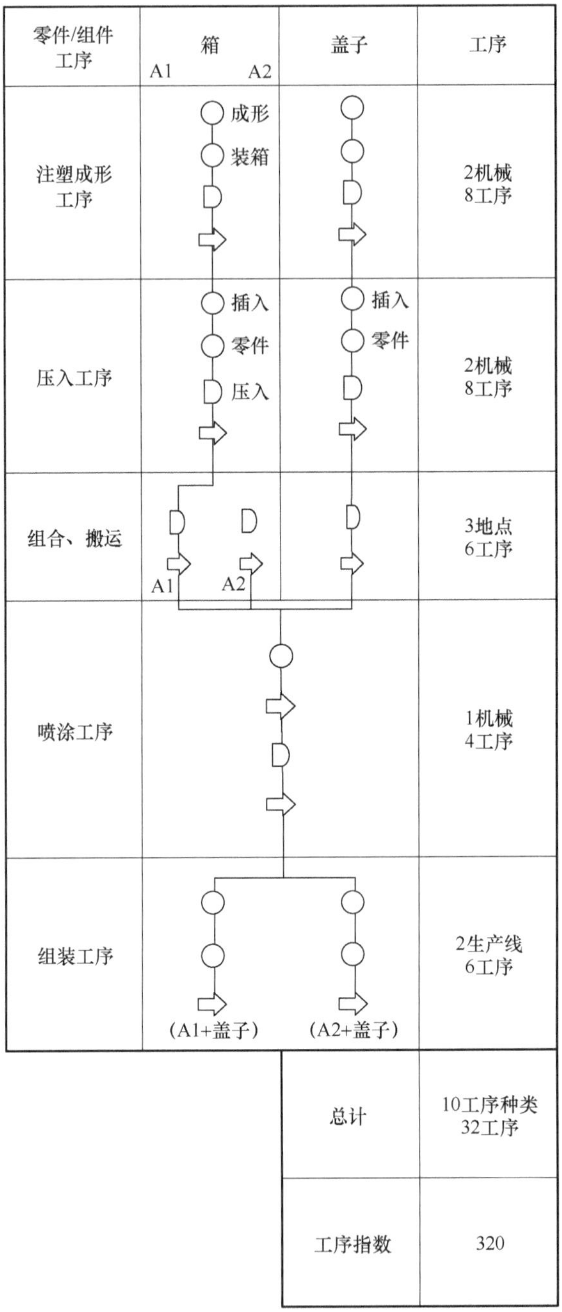

零件/组件 工序	箱　A1　　A2	盖子	工序
注塑成形工序	○成形 ○装箱 D ⇒	○ ○ D ⇒	2机械 8工序
压入工序	○插入 ○零件 ○压入 D ⇒	○插入 ○零件 ○ D ⇒	2机械 8工序
组合、搬运	D　　D ⇒　　⇒ A1　A2	D ⇒	3地点 6工序
喷涂工序		○ ⇒ D ⇒	1机械 4工序
组装工序	○ ○ (A1+盖子)	○ ○ (A2+盖子)	2生产线 6工序
总计			10工序种类 32工序
工序指数			320

图 5-23　常规设计的空调室外机工序指数

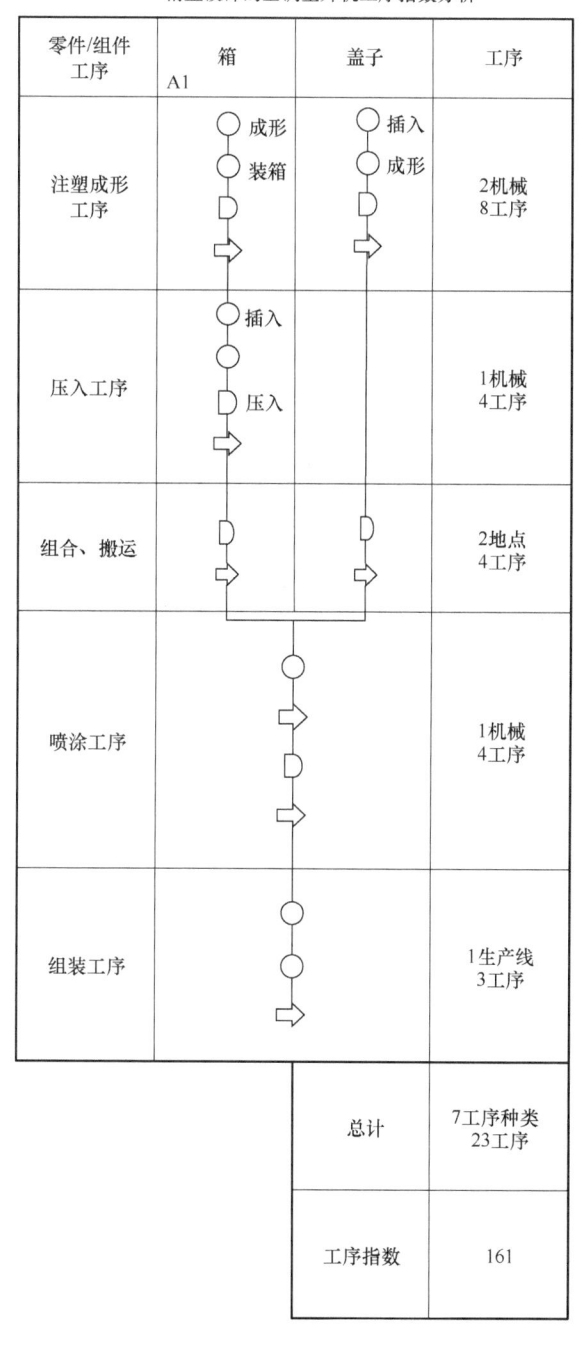

精益设计的空调室外机工序指数分析

零件/组件 工序	箱 A1	盖子	工序
注塑成形工序	○成形 ○装箱 D ⇒	○插入 ○成形 D ⇒	2机械 8工序
压入工序	○插入 ○ D 压入 ⇒		1机械 4工序
组合、搬运	D ⇒	D ⇒	2地点 4工序
喷涂工序		○ ⇒ D ⇒	1机械 4工序
组装工序		○ ○ ⇒	1生产线 3工序
总计			7工序种类 23工序
工序指数			161

图 5-24　精益设计的空调室外机工序指数

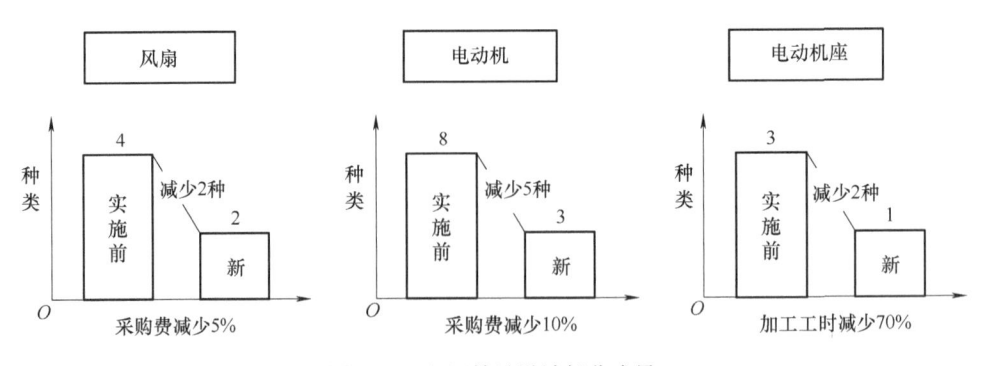

图 5-25　空调精益设计部分成果

③ 模具制造费减少：65%。

以上的案例是比较典型的精益设计，既保证了市场的需求，又能最大限度地降低不必要的成本，从而保证了产品成本的最优化。

5.2.7　成本的精益设计整体技术框架

以上介绍了在全产业链设计阶段降低产品成本的重要方法，即零件成本、制造成本和管理成本的降本设计。产品种类数量、零件种类数量的优化设计是产品成本精益设计的最核心部分。

进一步，围绕这一核心部分，产品成本的精益设计整体技术如图 5-26 所示。

对以上前三个视点进行汇总说明。

产品成本的精益设计整体技术：
1. 产品种类数量、零件种类数量的优化设计
2. 产品功能、性能的优化设计
3. 低成本生产的产品设计
4. 代替原料、材料的产品设计
5. 无废弃物的产品设计

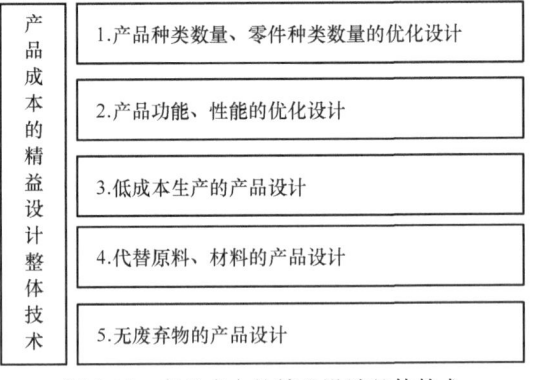

图 5-26　产品成本的精益设计整体技术

1. 产品种类数量、零件种类数量的优化设计

产品种类数量和零件种类数量的优化设计，设计降本的方法汇总如图 5-27 所示。

2. 产品功能、性能的优化设计

（1）功能和性能　市场顾客接受的产品价格，大都由产品的功能和性能所决定。在设计阶段如何高效低成本地实现这个功能和性能的需求，也是降本的关键。

1）功能。产品能做什么事，如汽车可以开发无人驾驶功能。

2）性能。功能的水准，如无人驾驶功能可以做到全路段无人驾驶，还是高速公路的无人驾驶，如图 5-28 所示。

降低成本要考虑：

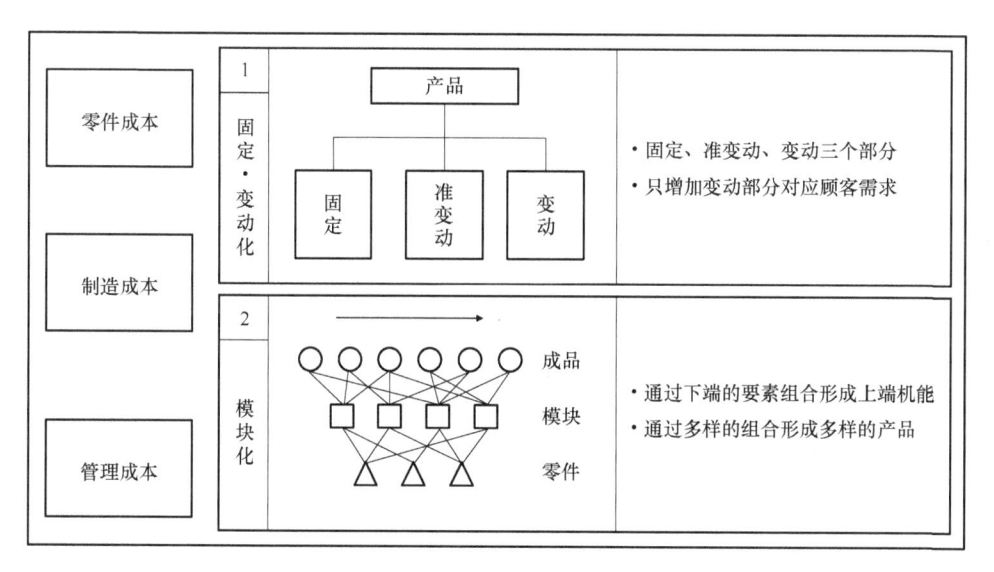

图 5-27 精益设计的具体方式方法

功能	性能
达到目的作用、任务	功能达到水平
加水温	10℃/min
送燃料	1ml/s
驱动风扇回转	600r/min

图 5-28 功能和性能

1）是否有多余、重复、冗长的功能、性能。
2）零件形状在功能、性能上是否有多余、重复、冗长之处。
功能分类如图 5-29 所示。

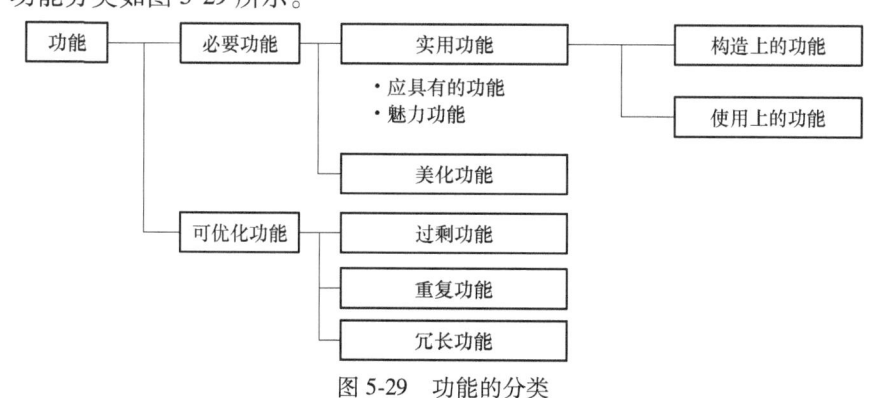

图 5-29 功能的分类

（2）功能和性能优化　根据产品功能、性能设计的零件，要从该零件的功能来探讨是否在构造上有可优化之处。具体步骤和内容如图 5-30 所示。

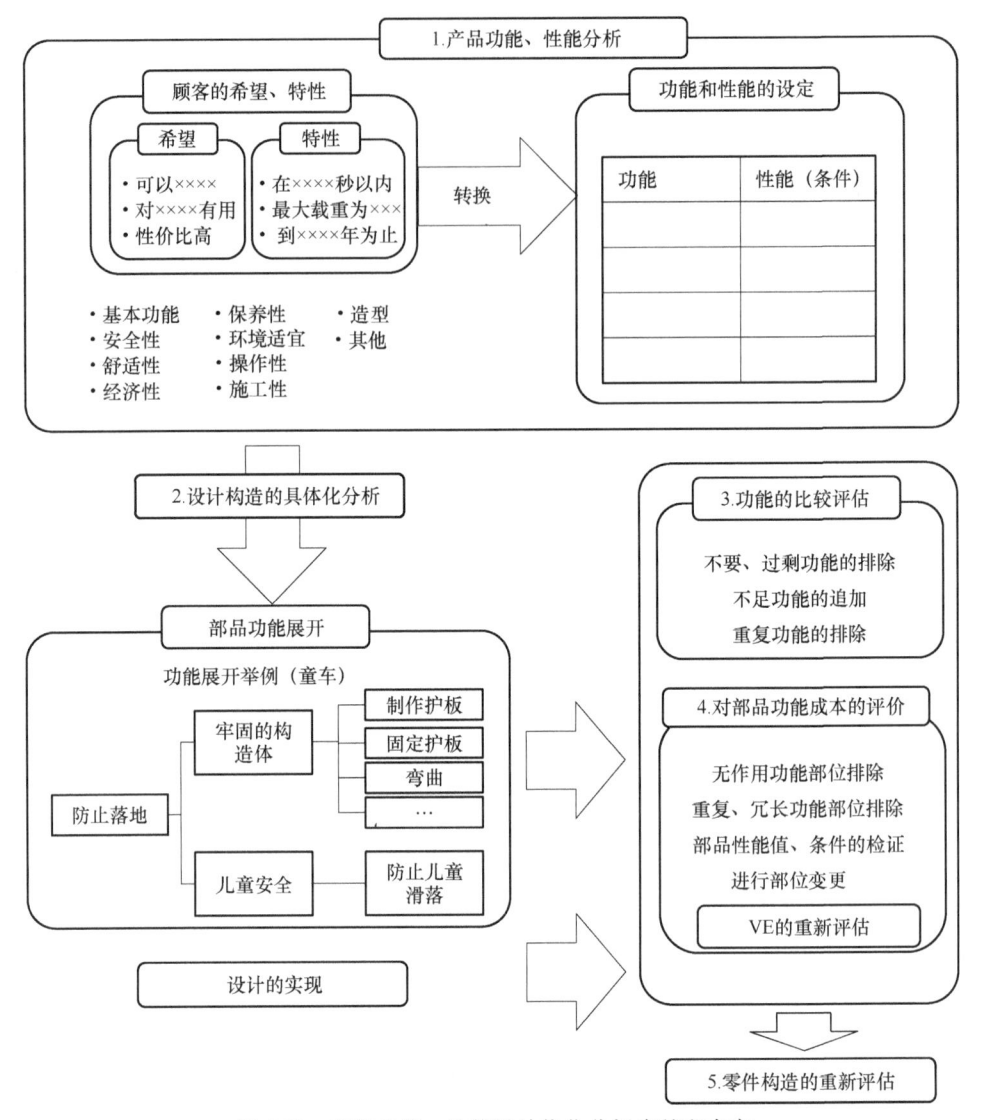

图 5-30　产品功能、性能设计优化分析步骤和内容

1）产品功能、性能分析。

首先明确市场的需求和要求，也就是顾客的希望及特性。

① 希望：可以做什么事，对什么有用，性价比高。

② 特性：时间特性，几秒打开；负重特性，最大载重；使用年限，最低安全使用年限等。

根据以上希望和特性，在设计上通过功能和性能得以实现。同时包括安全性、舒适性、保养性等内容。

2）设计构造的具体化分析。

产品分解至各个基本部件进行分析，确认功能。

3）功能的比较评估。

不要、过剩功能的排除等。

4）对部品功能成本的评价。

从价值工程（VE）角度评价。

① 无作用功能部位排除。

② 重复、冗长功能部位排除。

③ 部品性能值、条件的验证。

④ 进行部位变更。

5）零件构造的重新评估。

① 功能合并：多功能的一体化、多功能化。

② 工艺变更：从下料到热处理、焊接等生产环节的工艺优化。

③ 构造变更：实现功能的最优构造研究。

3. 低成本生产的产品设计

（1）低成本生产的产品设计框架　产品设计阶段，应充分考虑生产阶段的成本设计，如图 5-31 所示。

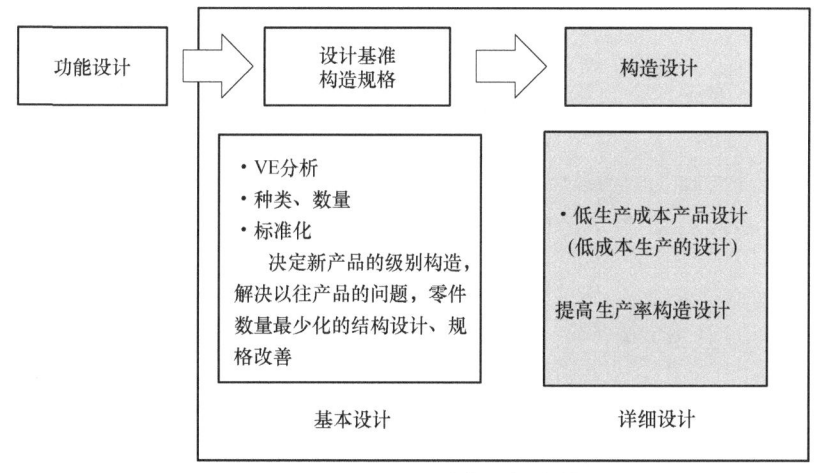

图 5-31　低成本生产的产品设计框架

（2）低成本生产的产品设计内容和步骤　设计分析步骤：

1）以设计担当者为主进行制造分析。

2）根据工程顺序分析加工方法、设备、作业、手工操作性、搬运性和货物包装品质。

3）与生产人员共同分析。
4）积极采用生产现场人员建议。
5）实地考察分析。

（3）低成本生产的产品设计改善视点　减少生产工时的设计重点，如图 5-32 所示。

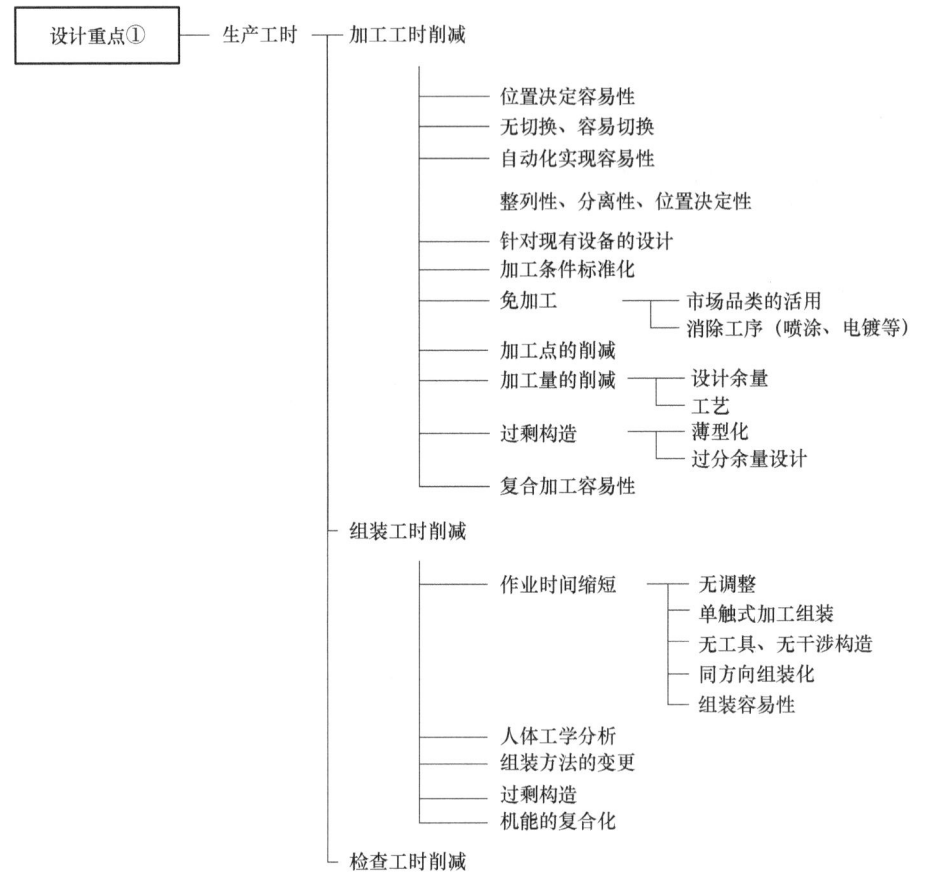

```
设计重点①──生产工时──┬─加工工时削减
                      │        ├─ 位置决定容易性
                      │        ├─ 无切换、容易切换
                      │        ├─ 自动化实现容易性
                      │        ├─ 整列性、分离性、位置决定性
                      │        ├─ 针对现有设备的设计
                      │        ├─ 加工条件标准化
                      │        ├─ 免加工 ──┬─ 市场品类的活用
                      │        │          └─ 消除工序（喷涂、电镀等）
                      │        ├─ 加工点的削减
                      │        ├─ 加工量的削减 ──┬─ 设计余量
                      │        │                └─ 工艺
                      │        ├─ 过剩构造 ──┬─ 薄型化
                      │        │            └─ 过分余量设计
                      │        └─ 复合加工容易性
                      ├─组装工时削减
                      │        ├─ 作业时间缩短 ──┬─ 无调整
                      │        │                ├─ 单触式加工组装
                      │        │                ├─ 无工具、无干涉构造
                      │        │                ├─ 同方向组装化
                      │        │                └─ 组装容易性
                      │        ├─ 人体工学分析
                      │        ├─ 组装方法的变更
                      │        ├─ 过剩构造
                      │        └─ 机能的复合化
                      └─检查工时削减
```

图 5-32　低成本生产的产品设计改善视点-1

减少生产工时、主要包括加工工时、组装工时和检查工时。降低材料费和减少设备折旧费的设计重点，如图 5-33 所示。

通过低成本生产设计，使设计的产品在进入生产阶段后，以最优成本进行生产。

5.2.8　精益设计的产品降本小结

产品成本的 80%~90% 在设计阶段就基本确定下来了，这是成本发生源头，所以精益设计应从成本的规划设计阶段开始，进行全产业链规划设计，使产品全产业链协同降本。

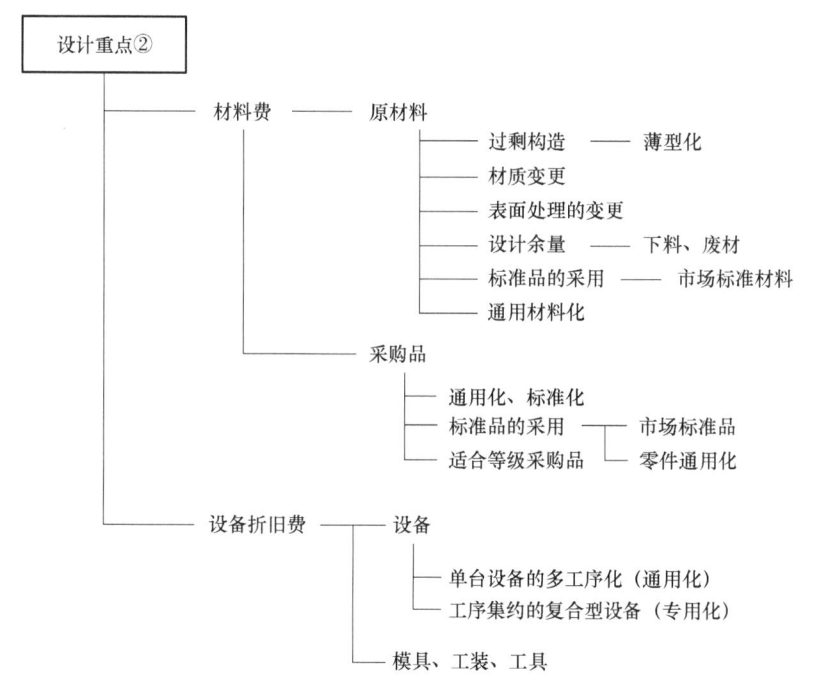

```
设计重点②─┬─材料费─┬─原材料─┬─过剩构造──薄型化
          │        │        ├─材质变更
          │        │        ├─表面处理的变更
          │        │        ├─设计余量──下料、废材
          │        │        ├─标准品的采用──市场标准材料
          │        │        └─通用材料化
          │        └─采购品─┬─通用化、标准化
          │                 ├─标准品的采用──市场标准品
          │                 └─适合等级采购品──零件通用化
          └─设备折旧费─┬─设备─┬─单台设备的多工序化（通用化）
                       │      └─工序集约的复合型设备（专用化）
                       └─模具、工装、工具
```

图 5-33　低成本生产的产品设计改善视点-2

精益设计就是降低产品全产业链成本的最有力武器！

5.3　精益设计的效率降本

5.3.1　同步开发

《改变世界的机器》中这样描述："在产品开发中，区分精益生产方式与大量生产方式的其中一项就是同步开发。"

常规产品的开发设计过程如图 5-34 所示。

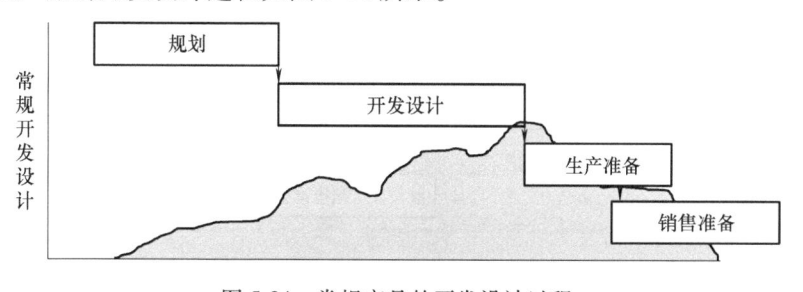

图 5-34　常规产品的开发设计过程

常规产品的开发设计过程基本都是按以上大流程进行的。特别是在规划、开发设计和生产准备过程中，都是待上一个环节结束后，再开始下一个环节，是一个典型的流程。

总结多年按上述流程进行的产品开发设计的实际情况，从精益的角度进行分析，各个阶段有如下课题：

（1）规划阶段的课题

1）规划一次性完成度低，规划阶段比较理想，但是在设计、生产等阶段实现难度比较大。

2）规划规格变更较多，为了能够在设计生产阶段得以实现，经常会产生变更。

（2）开发设计阶段的课题

1）设计一次性完成度低，采购、制造等的实际课题，设计出来的产品大多需要更多的变更。

2）单纯设计评价，以设计角度为主的设计评价，容易造成市场的漏洞和生产的漏洞。

（3）生产准备阶段的课题

1）以设计变更为前提的生产准备，时间长、课题多。

2）量产爬坡的过程时间较长，需要在实际生产中检验规划和设计，也可能产生设计变更问题。

3）质量问题的长期化不稳定。

根据以上的课题，常规的开发设计过程的主要问题总结如下。

1）各个开发过程基本是串联过程，相对独立，造成各个环节的重复和更改比较多。

2）串联过程使整体的开发过程时间比较长。

为此，从精益的角度，精益设计同步开发过程如图 5-35 所示。

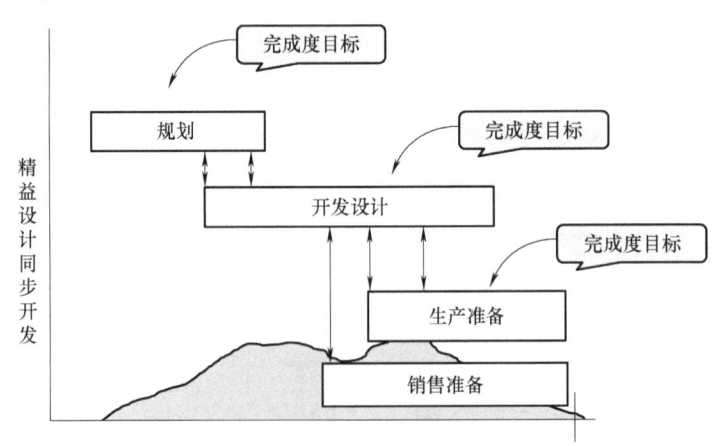

图 5-35 精益设计同步开发过程

精益设计同步开发的重要特点是四个过程的同步实施和重叠实施。这样大大缩短了开发设计时间,也减少了许多不必要的设计变更,使产品的量产在短时间内得以实现。

精益设计开发采用的技术是先行设计,即先行思考和先行课题发现,再对课题进行先行分析和先行对策。

精益设计和常规设计的比较和特点如图 5-36 所示。

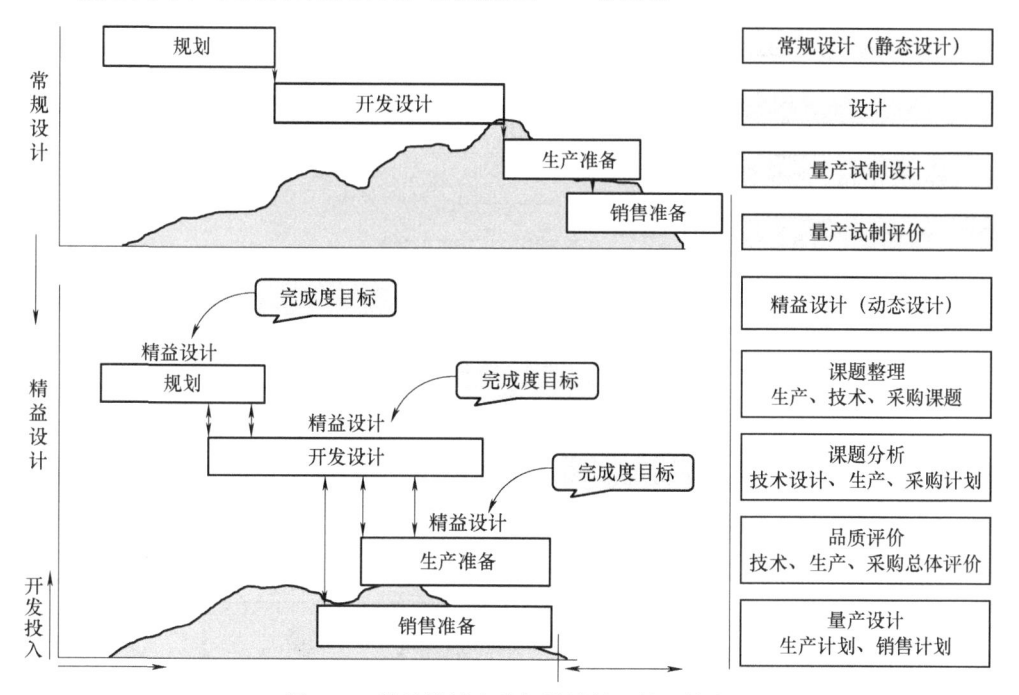

图 5-36 精益设计和常规设计的比较和特点

相对常规设计,精益设计是一个动态的开发设计,可以大幅提高设计效率。精益设计动态指的是在四个阶段动态地发现和解决问题。

同步开发的核心技术如图 5-37 所示。

5.3.2 同步开发设计的规划管理

新产品同步开发设计的规划管理,在战略上以三新活动为重点,如图 5-38 所示。

所谓三新就是,新产品、新需要、新用途。开发一个产品,并不一定完全局限在既定产品上,应同时同步开发新的需要、新的用途。

在三新开发中,在关注三新的同时,应特别关注现有事业,即现有产品。在现有产品上,如何开发三新,这是三新开发的核心。

三新开发并不是从零开始开发出全新产品,而是从现有的事业出发,开发出三新产品,这样既能节省资源,又能缩短开发时间。

例如《改变世界的机器》中的一个案例——丰田汽车的四缸发动机的开发案

例，就是一个非常典型的三新开发。

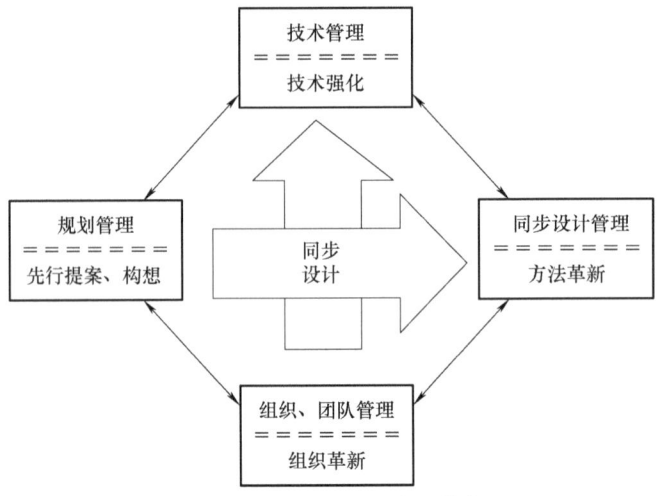

图 5-37 同步开发的核心技术

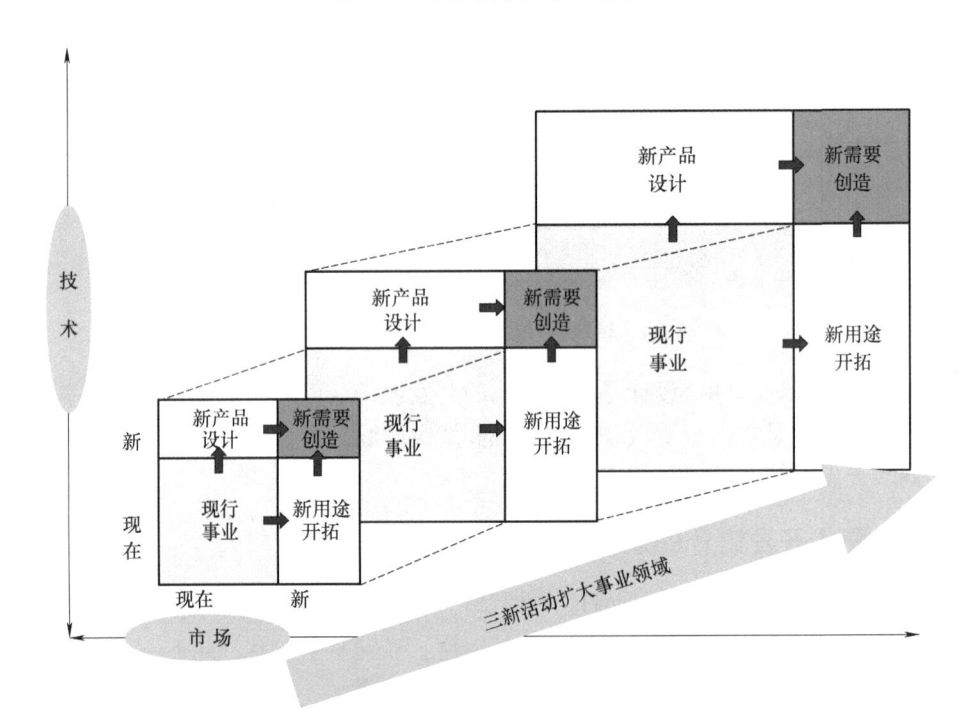

图 5-38 同步开发设计的三新规划管理

考虑能源价格将会逐渐攀高，消费者可能会更需要小型的轿车，以合理优化汽车的汽油成本。对此，丰田汽车投资了数十万美金，开发了小型四缸发动机，燃动效率非常高，很省油。但是若后期燃料价格下降了，消费者则又倾向购买大功率的轿车。

用已经投资购买和设置的设备和生产线，可以扩大发动机的缸径和加长冲程，从而使发动机的大小略有增加。但是如果再次加大，或者增加缸数，或者改变发动机的形式由四缸改为六缸，耗资将变得巨大，需要导入新的设备和生产线，而现有的设备等将会闲置。

精益设计团队认为，应该存在更好的方案可以来解决上述问题。

在产品开发和工程设计等共同研究下，他们提出了新的方案，就是采用各种可能的技术措施提高四缸发动机的性能，以满足市场的需求。为此丰田汽车主要做了两件大事。

1. 技术优化

为提高四缸发动机的性能，在技术上进行了优化，这里主要包括：

1）燃油喷射代替化油器，增加了发动机的进油量和排气量。
2）在发动机下部加平衡轴，以衰减四缸的不平衡。
3）采用涡轮增压和发动机增压器，使同样的发动机有更大的功率。
4）增加一组凸轮，使汽车在高速行驶时，发动机能够全功率工作。

2. 工艺改进

通过材料加工、装配、调整等的工艺优化，使发动机的运转更加平稳，甚至达到大型发动机的性能。

这样，在同一个基本车型上通过以上两项技术改善，提高了动力性，甚至达到了原来的两倍，从而成为一个崭新的产品。

在用户看来，这是一个高新技术；从精益设计者角度来看，这就是一个三新设计的产品。

汇总以上内容，精益设计在各个角度进行精益分析和考虑，使现有资源最大化。在具体规划时，考虑两个+1重点，如图5-39所示。

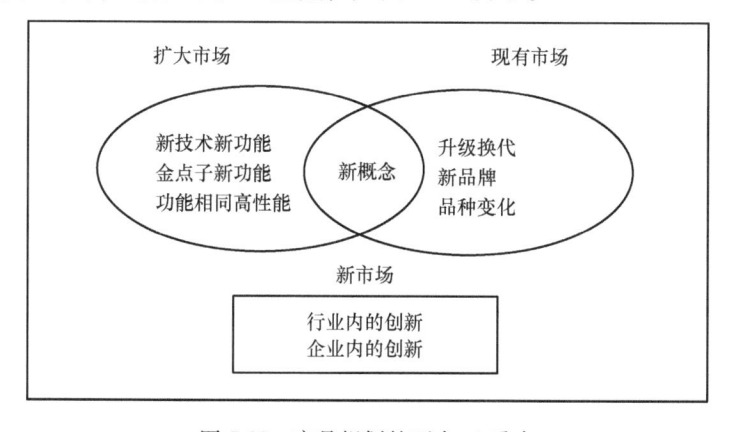

图5-39 产品规划的两个+1重点

即扩大市场和现有市场+新市场。

（1）现有市场

1）升级换代商品。对于同一用户，将同一品牌的产品，根据用户要求的变化和竞争对手的产品，在适当的时机升级换代。

2）新品牌商品。根据市场构造的变化，如果原有的品牌逐渐不能满足用户需求时；或有必要改变品牌效应范围时所必需的产品。

3）品种变化商品。同一品牌为应对市场上不同用户要求而细分化的商品。

（2）扩大市场

1）新技术新功能商品。通过技术优化，满足用户的需求；或者具有"如果具备这样的功能就太好了"功能的商品。

2）金点子新功能商品。以原有的技术进行重组，通过金点子般的构思，创造出新功能的商品。

3）功能相同高性能商品。虽然与现有商品的功能基本相同，但通过技术优化，大幅提高了性能的商品。

（3）新市场　新市场新产品。完全不同概念和功能的产品，在这个领域投资和时间成本比较高。

同步开发的规划核心是在满足用户需求的前提下，如何使现有资源效益最大化。

5.3.3　先行同步开发设计的技术强化

构筑开发环境及开发指针等管理技术的通用化、标准化能够同时推进共享开发技术平台，如图5-40所示。

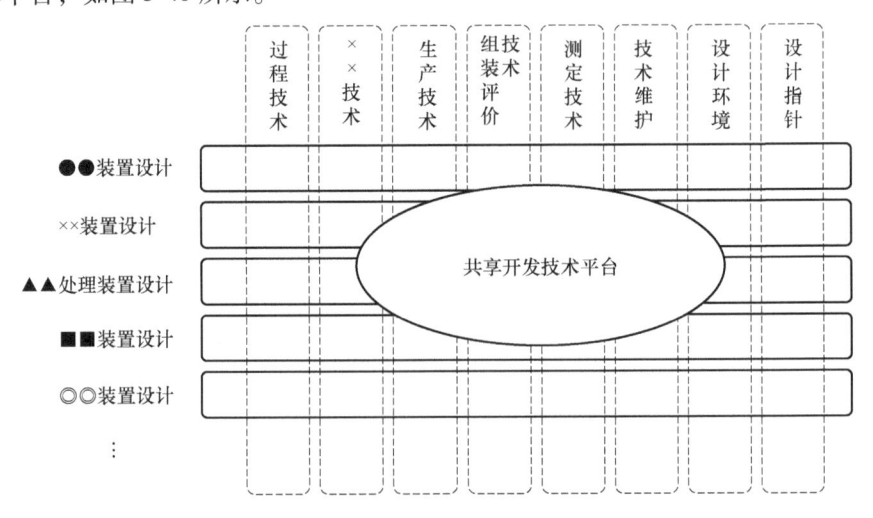

图5-40　先行同步设计的共享开发技术平台

共享开发技术平台的特点如下。

1）不是某个部门的共享开发技术平台，而是整个项目开发的共享开发技术平台。

2）共享开发技术平台的信息包括以往、将来和先行设计的课题信息。

通过这些信息，开发团队的所有成员都在一个平台上和信息水准上，都为一个目标，从不同角度进行开发设计，特别是先行的课题设定和课题改善。通过这些技术的应用，使先行同步开发得以实现，最终缩短了开发周期，提高了生产阶段的效率和质量。

5.3.4 同步开发设计的先行设计程序

先行设计是同步开发的重要技术，先行设计标准程序如图5-41所示。

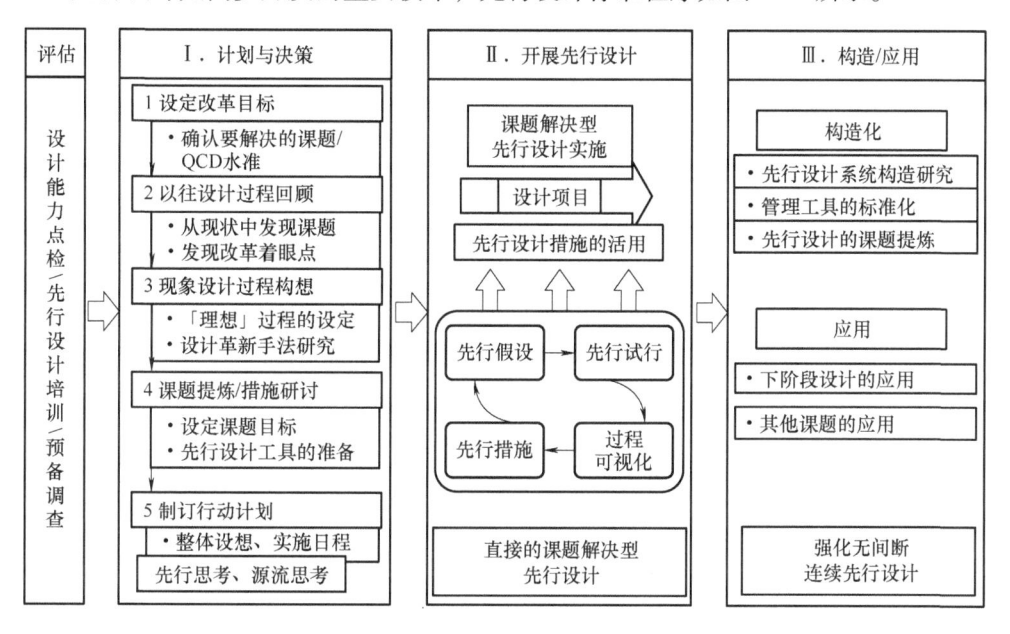

图 5-41 先行设计标准程序

先行设计是从商品的规划阶段就开始规划成本、效率和质量的。

5.3.5 同步开发设计的团队建设

在20世纪40年代末，丰田汽车的丰田喜一郎就建立了产品开发设计的主查制度、丰田供应商协会和丰田营销系统，这些都是对新型生产系统的补充。

产品开发设计的主查制度是保证开发设计高效、高质、低成本执行的有效机制。产品开发设计主查制度系统如图5-42所示。

主查需要综合以下信息，全面负责产品所有工作的协调和管理：

1）市场信息、用户、非用户、竞争对手情报信息。

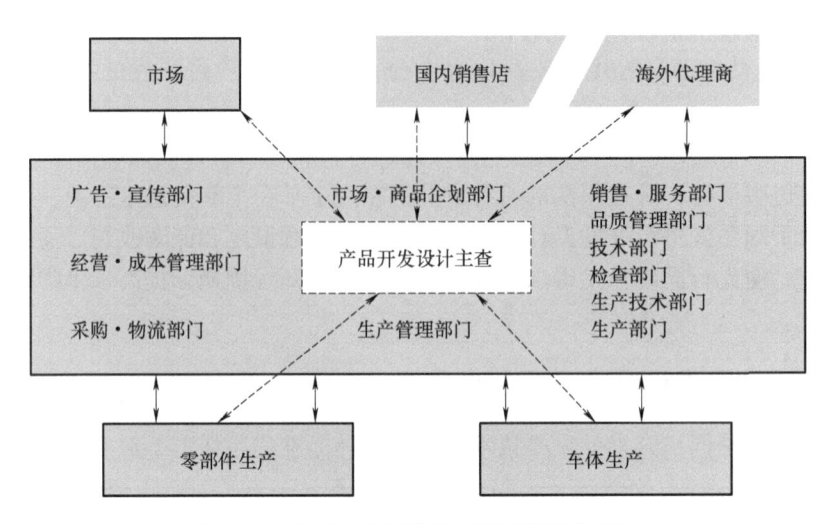

图 5-42　丰田主查制度的产品开发设计组织

2）技术的情报信息（包括生产技术）。

3）成本的情报信息等，根据目标市场商品的魅力、性能、价格（成本）、重量等信息，组织团队做出开发设计基本方案，然后进行产品构想。

常规的产品开发设计项目本身像是沿着一条生产线，从一个部门转移到一个部门，这条线从公司的一端引申到另一端。也就是说，在项目的全过程中，项目由市场营销部开始，转移到设计部门，然后再到工厂经营部门。这就像一辆轿车从焊接移动到油漆直至总装厂的组装部门。所以，每个地方的团队都是由完全不同的人来参与的，开发项目由多人参与，其中包括负责人。

在项目开发设计初始阶段，就组织上述有关人员，组成一个人数不多的产品开发项目组，然后给团队分配一个开发项目，并负责项目到其完成为止。项目组人员来自公司各职能部门，如市场评估、产品设计、造型、先期结构设计、细节设计（车身、发动机、变速器、电气等）及生产和工厂管理等部门。他们会保留各自职能部门的职务，但在整个项目完成之前，他们都将明确地处于"主查"控制之下。他们在团队中的表现将由"主查"给予评定，并将影响下一个任务的分配，如图 5-43 所示。

丰田会长丰田英二，说出了主查制度的本质。"主查是产品的社长，社长是主查的助手。"

所以，主查对于其所负责的车型而言，有着绝对的权力。

主查领导的产品开发团队来自各个部门，以及产品的各个环节，但是一旦进入这个团队，大家就都在一个起跑线上，在一个平台上共同为某个车型的开发设计进行共同作业。团队成员都是多面手，不但从自己的专业角度参与产品设计，同时也会参与其他环节的产品设计工作。多面手的人才能力，是主查制度中产品开发设计团队高效工作的重点。

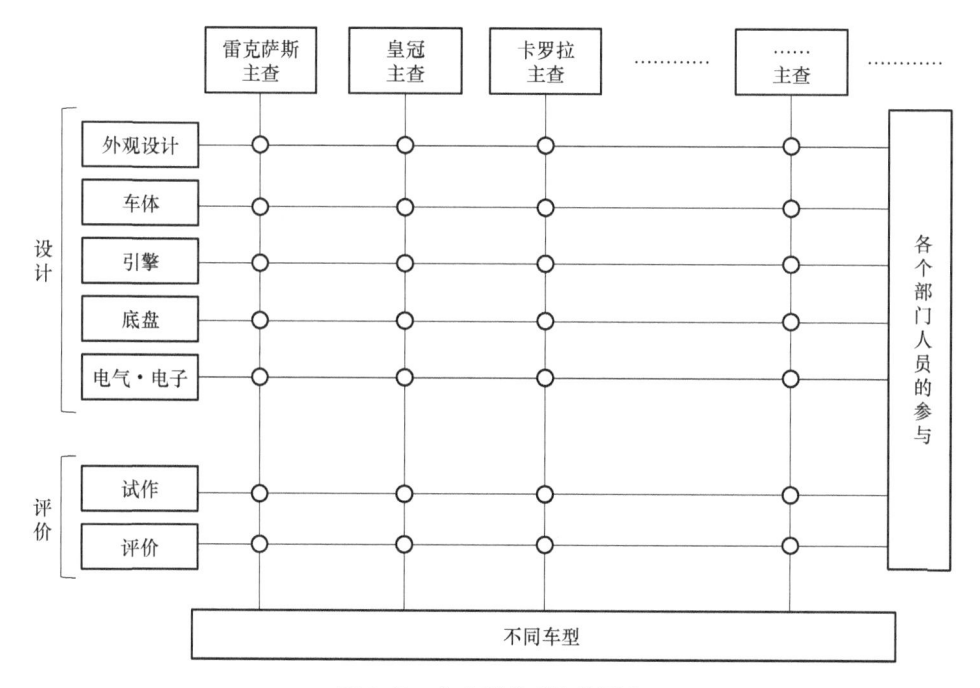

图 5-43 主查制度系统的团队

在《改变世界的机器》一书中谈到。同等级别的产品开发，美国或者欧洲的产品开发团队需要 900 人，而精益设计的产品开发团队只需 485 人。使用较少人数的原因在于组织的高效化，大家都是多面手，所以参加人数可以做到最少。

产品开发的日常管理以自主管理为主，主要有三种机制：

1）团队自我管理强化机制，各个环节的经验、事例等形成技术，并且高效共享应用。

2）挑战强化的机制，自我设定挑战的课题和时机。

3）同步力强化机制。

5.3.6 精益设计的效率降本小结

精益设计的效率降本核心是同步开发设计。同步开发设计的技术核心是先行开发设计，这样就包含着一定程度的超前思维和行动。例如模具设计人员必须事先掌握产品的整体设计及细节，其深度就像产品设计工程师一样，这样才能预知产品的最后精确结果，从而大幅度提高开发设计效率，降低开发设计成本。

同步开发设计的管理核心是同步开始，也就是说，除产品开发设计功能以外的人员，如生产人员、采购人员、设备选型人员，也要一起同步开始，这样会大幅度降低各个环节的设计变更，以最小的人力资源成本，使开发设计产出最大化，从而降低开发设计成本。

同步开发就是同步革新的过程。

5.4 精益质量设计的降本

5.4.1 精益质量设计的故事

在我曾指导过的某个企业精益改善项目组中，有一位工业工程专业毕业的女大学生。周边同事和她开玩笑地问她："今后希望找一个什么样的男朋友呀？"她不加思索地回答："一个开雷克萨斯车的男朋友！"。

的确，雷克萨斯确实是丰田汽车生产的一款高质量，高品位豪华轿车，1992年雷克萨斯就在汽车大国——美国的销量超越宝马、奔驰，成为美国进口豪华车的销量冠军。至今也是一路领先。即使在全球汽车行业全面销量下滑的情况下，2020年雷克萨斯在美国销量仍然是275041台，下滑率低于宝马、奔驰等世界一流豪华汽车品牌。

丰田汽车从20世纪60年代开始正式进入美国市场，1975年丰田汽车已频繁出现在美国汽车市场。但是当时市场对丰田汽车的评价是："低档、省油、廉价车"，所以丰田汽车在北美市场虽然有一些销量，但是在消费者眼里是便宜的低档车。

1983年8月，日本丰田汽车会长丰田英二先生召开了高层会议，提出了一个问题："在累积了半个世纪的汽车研发和制造经验之后，日本究竟能不能创造出足以傲视世界车坛的顶级轿车？"即这部新车的直接对手将是长久以来盛名不衰的欧洲著名汽车品牌。于是雷克萨斯诞生了。

雷克萨斯直接对标奔驰和宝马，不仅要追赶奔驰、宝马，还要超越奔驰、宝马，为此设定了超越目标，见表5-5。

表5-5 雷克萨斯新车型开发设计超越目标

超越项目	超越车型		
	超越目标	奔驰	宝马
	雷克萨斯LS系列	奔驰S系列	宝马7系列
最高时速（km/h）	250	222	220
一升汽油行驶距离/km	7	5.4	5.3
时速百公里噪声特性/dB	58	61	63
空气阻力系数/Cd	0.28	0.32	0.37
重量/kg	1710	1760	1760

为此，设定了雷克萨斯新车型开发设计超越目标不可妥协的准则，见表5-6。

表 5-6 雷克萨斯新车型开发设计超越目标不可妥协的准则

最高时速	同时	更舒适的乘坐感觉
高速且舒适的乘坐感觉	同时	更低燃耗
极致静音	同时	更轻量化
优雅的造型	同时	更小的空气阻力
温馨的内饰	同时	更高机能的内饰
平稳的高速行走	同时	更小的空气阻力系数

1989 年雷克萨斯上市，当年销售了 16302 辆。两年后，其成为在美国销量最好的进口豪华品牌。

1998—2000 年雷克萨斯以强悍的静谧性、平顺性和耐久度，成为沃德年度十大引擎的蝉联获奖者。

雷克萨斯的故事，就是精益质量设计的质量故事。

《改变世界的机器》专门谈及精益设计质量："更为引人注意的是品质上的差别。精益设计在交货的品质方面只有小的差距，而美国和欧洲要奋斗一年才能把品质恢复到它原先的水平，这个品质水平还低于日本开始时的水平。"

精益设计是先行设计，先行问题解决，所以大幅减少了后期的总体工作量，且质量更高。

在《改变世界的机器》中介绍了世界上豪华车的质量比较，如图 5-44 所示。

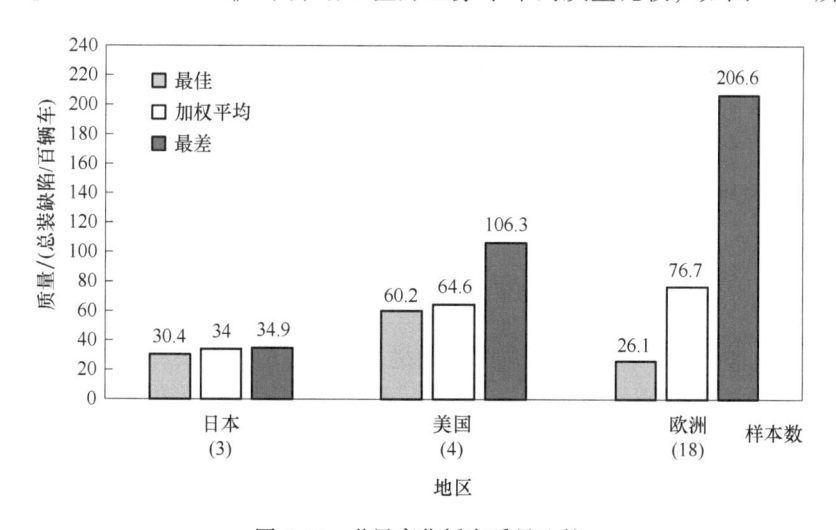

图 5-44 世界豪华轿车质量比较

在这些质量的背后，是精益质量设计的功劳，通过精益质量设计，日本的汽车开发设计的专利数量，从 20 世纪 80 年代开始高于欧洲和美国。雷克萨斯申请了将近 300 项创新专利，包括空气动力学机舱盖、橡胶隔振支架、夹层车身钢板等，如

图 5-45 所示。

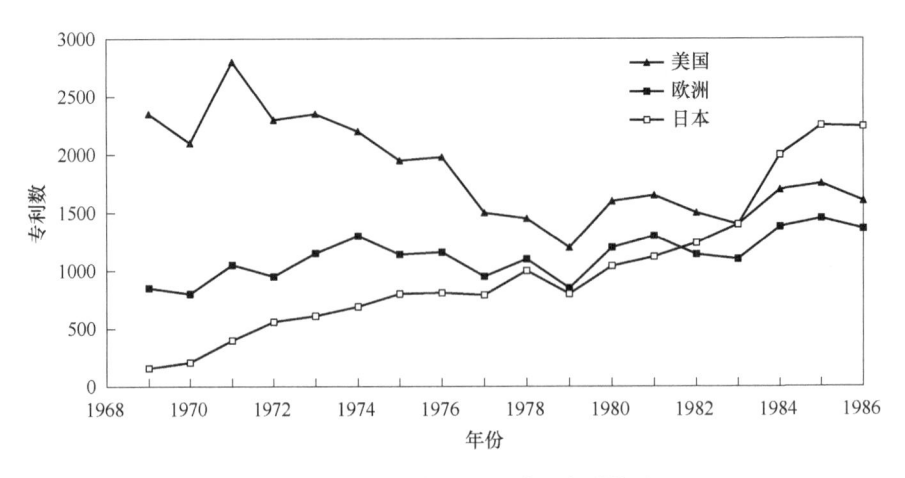

图 5-45　世界汽车开发设计的专利数量

精益质量设计包含着很多具体的方法和工具，田口法（TAGUCHI METHOD）的应用，就是其中一个重要的精益质量设计方法。

5.4.2　精益质量设计和田口法（TAGUCHI METHOD）

田口法是对品质管理有很深造诣的田口玄一教授开发的方法、从 20 世纪 80 年代起逐渐得到大家的认识和承认。在美国福特等汽车厂家的积极引用下，在美国被命名为"TAGUCHI METHOD"，并得到了普及。在日本的开发、设计领域也被广泛地承认。许多企业利用此方法大幅度缩短了开发时间，提升了产品设计质量，在日本也形成了一股热潮。

田口法最大的特色是从设计阶段就考虑了品质的离散，并且排除了机能的离散。从产品设计的最初阶段就考虑了今后商品对于物理环境的应对能力，使生产环节的零件和材料，在制造阶段发生的品质问题和离散问题得到了事先排除和预防的设计。

田口玄一博士的田口法以预防为主，是正本清源的质量设计哲学方法，把数理统计、经济学应用到产品质量设计中，发展出了独特的质量控制技术——田口法（TAGUCHI METHOD），从而形成了自己的质量哲学——田口质量哲学。丰田汽车把这一质量开发设计哲学应用到了汽车的质量开发中。

质量不是完全靠控制生产过程得来的，也不是完全靠检验得来的。质量，就是首先要把用户的质量要求分解转化成产品开发设计参数，形成预期目标值，最终生产出来低成本且性能稳定可靠的物美价廉的产品。

也就是说，在产品初期开发阶段，通过围绕所设置的目标值选择开发参数，并经过试验最低限度地减少变动，使所生产的全部产品具有相同的稳定质量，极大地减少了损失并降低了成本。

主要包含以下四个内容：

1. "源流"质量管理理论

田口法认为，开发阶段是保证产品质量的源流，是上游。制造和检验阶段是下游。在质量管理中，抓好上游管理，下游管理就会容易，若开发质量水平上不去，生产制造中就很难制造出高质量的产品。

2. 产品开发的三次开发法

产品技术开发（包括生产工艺开发）可以分为三个阶段进行，即系统开发、参数开发、容差开发。产品的三次开发方法能从根本上解决内外干扰引起的质量波动问题，利用三次开发这一有效工具，开发出的产品质量好、价格便宜、性能稳定。

3. 质量与成本的平衡性

引入质量损失函数这个工具使工程技术人员可以从技术和经济两个方面分析产品的开发、制造、使用、报废等过程，使产品在整个寿命周期内的社会总损失最小。在产品开发中，采用容差开发技术，使质量和成本达到平衡，从而开发和生产出高竞争力产品。

4. 新颖、实用的正交试验开发技术

使用综合误差因素法、动态特性开发等先进技术，用误差因素模拟各种干扰（如噪声），其试验设计出的最优结果在加工过程和用户环境下都达到最优。采用这种技术可大大节约试验费用。

田口法不仅提倡充分利用平价的元件来设计和制造出高品质的产品，而且提倡使用先进的试验技术来降低设计试验费用，这也正是田口法对传统思想的革命性改变，为企业增加效益指出了一个新方向。

包括美国在内的全球各个汽车厂家通过应用田口法使产品质量得到了大幅提高，尤其提高了产品的质量稳定性和预防性。

美国汽车工业界组成的行业圣殿给田口博士颁发了"美国汽车殿堂"奖，该组织自1939年设立以来，每年都把这一奖项颁发给当年对世界汽车工业做出突出贡献的人。主持开发雷克萨斯的丰田英二也获得了"美国汽车殿堂"奖，如图5-46所示。

图5-46 美国汽车殿堂

5.4.3 精益质量设计的实践

笔者也是田口法的践行者，在实际的工作中，特别是指导工作中，会根据实际情况将田口法应用在产品的开发设计中，下面根据具体事例剖析田口法在精益质量设计中的应用。

在有关发动机的开发设计中，以发动机机油密封设计分析应用为例。

1. 条件设定

在发动机的开发设计中，发动机机油使用一种合成橡胶的密封圈来密封。由于密封圈是来自各个厂家的产品，因此性能上都有一些微妙的不同。为此，采用田口法进行分析，优选出最适合的密封圈。

其中：制造厂有两个，分别是：N厂、S厂。

分别从厂家、密封橡胶硬度、密封直径三个角度分析设计最佳组合，见表5-7。

表5-7　密封圈参数

水平	参数			塑性变形压溃量比
	A	B	C	
	厂家	密封橡胶硬度/HS	密封直径/mm	
1	N厂	70	φ3.5	40.2
2	S厂	90	φ5.7	82.5

2. 设定因子和水平

使用以上参数，对各种状态下的密封泄露情况进行分析。在此应用田口法进行分析、优选，首先要设定因子和水平，见表5-8。

表5-8　密封圈的选择

水平	因子					
	A	B	C	D	E	F
	厂家	密封橡胶硬度/HS	密封直径/mm	压缩率（%）	油温/℃	油的种类
1	N厂	70	φ3.5	15	80	I
2	S厂	90	φ5.7	25	100	II

因子：直接关联的因素。本案例的因子有六个：A（厂家）、B（密封橡胶硬度）、C（密封直径）、D（压缩率）、E（油温）、F（油的种类）。

这六个因子直接与密封圈的性能有关，也是我们要分析选择的重要指标。

水平：不同来源的数据。本案例的水平有两个：N厂和S厂。

3. 因子和水平的试验组合

田口法不完全依赖于解析，而重点关注试验，这也是田口法的一大特点。

根据以上的六个因子两个水平的密封圈，进行试验的组合和排列。例如取如下组合，见表5-9。

表 5-9 试验的不同随机组合

序号	水平	因子					
		A	B	C	D	E	F
		厂家	密封橡胶硬度/HS	密封直径/mm	压缩率（%）	油温/℃	油的种类
1	1	N厂	70	φ3.5	15	80	Ⅰ
2	1	N厂	70	φ3.5	25	100	Ⅱ
3	2	S厂	90	φ3.5	15	80	Ⅱ
4	2	S厂	90	φ3.5	25	100	Ⅰ
5	2	S厂	70	φ5.7	15	100	Ⅱ

根据以上的随机组合，形成了五个试验组合。

把这五个组合用代号带入，见表5-10。

表 5-10 试验的不同随机组合代号代入

序号	水平	因子					
		A	B	C	D	E	F
		厂家	密封橡胶硬度	密封直径	压缩率	油温	油的种类
1	1	1	1	1	1	1	1
2	1	1	1	1	2	2	2
3	2	2	2	1	1	1	2
4	2	2	2	1	2	2	1
5	2	2	1	2	1	2	2

注：1. A列：1表示N厂；2表示S厂。
2. B列：1表示70HS；2表示90HS。
3. C列：1表示φ3.5mm；2表示φ5.7mm。
4. D列：1表示15%；2表示25%。
5. E列：1表示80℃；2表示100℃。
6. F列：1表示Ⅰ；2表示Ⅱ。

4. 试验实施和最佳组合

对以上的组合，进行实际的试验，以确认密封效果。试验的步骤如下：

1）固定某一因子如A、C等。
2）求该因子在同一水平下的结果平均值。
3）对各个水平进行比较。
4）决定该因子的最优水平。

5）最后决定所有最优因子的组合。

试验结果，见表 5-11。

表 5-11 不同随机组合试验结果

因子	计算公式	泄漏系数
A1	(40.2+82.5)/2	61.35
A2	(53.2+90+71.1)/3	71.43
B1	(40.2+82.5+71.1)/3	64.60
B2	(53.2+90)/2	71.60
C1	(40.2+82.5+71.1+53.2)/4	61.75
C2	71.1	71.10
D1	(40.2+53.2+71.1)/3	54.83
D2	(82.5+90)/2	86.25
E1	(40.2+53.2)/2	46.70
E2	(82.5+90+71.1)/3	81.20
F1	(40.2+90)/2	65.10
F2	(82.5+53.2+71.1)/3	68.93

数值越小，说明泄漏越少，所以最后在五个组合中，试验结果的最佳组合是 A1B1C1D1E1F1，见表 5-12。

表 5-12 不同随机组合试验最佳组合

水平	因子					
	A	B	C	D	E	F
	厂家	密封橡胶硬度/HS	密封直径/mm	压缩率（%）	油温/℃	油的种类
1	N厂	70	φ3.5	15	80	I

5. 试验分析

对上述试验开发的雏形进行进一步分析：

1）上述只通过随机组合进行了一部分（五组）试验，实际上全部组合应该有多少种？

2）如果全部组合进行试验，A1B1C1D1E1F1 还会是最佳组合吗？

3）如果全部组合进行试验，需要多少时间？

首先在现在试验条件下，实际全部组合应该有多少种？见表 5-13。

表 5-13 全部组合

水平	因子					
	A	B	C	D	E	F
	厂家	密封橡胶硬度/HS	密封直径/mm	压缩率（%）	油温/℃	油的种类
1	N厂	70	φ3.5	15	80	I
2	S厂	90	φ5.7	25	100	II

序号	A	B	C	D	E	F	序号	A	B	C	D	E	F
1	A1	B1	C1	D1	E1	F1	33	A2	B1	C1	D1	E1	F1
2	A1	B1	C1	D1	E1	F2	34	A2	B1	C1	D1	E1	F2
3	A1	B1	C1	D1	E2	F1	35	A2	B1	C1	D1	E2	F1
4	A1	B1	C1	D1	E2	F2	36	A2	B1	C1	D1	E2	F2
5	A1	B1	C1	D2	E1	F1	37	A2	B1	C1	D2	E1	F1
6	A1	B1	C1	D2	E1	F2	38	A2	B1	C1	D2	E1	F2
7	A1	B1	C1	D2	E2	F1	39	A2	B1	C1	D2	E2	F1
8	A1	B1	C1	D2	E2	F2	40	A2	B1	C1	D2	E2	F2
9	A1	B1	C2	D1	E1	F1	41	A2	B1	C2	D1	E1	F1
10	A1	B1	C2	D1	E1	F2	42	A2	B1	C2	D1	E1	F2
11	A1	B1	C2	D1	E2	F1	43	A2	B1	C2	D1	E2	F1
12	A1	B1	C2	D1	E2	F2	44	A2	B1	C2	D1	E2	F2
13	A1	B1	C2	D2	E1	F1	45	A2	B1	C2	D2	E1	F1
14	A1	B1	C2	D2	E1	F2	46	A2	B1	C2	D2	E1	F2
15	A1	B1	C2	D2	E2	F1	47	A2	B1	C2	D2	E2	F1
16	A1	B1	C2	D2	E2	F2	48	A2	B1	C2	D2	E2	F2
17	A1	B2	C1	D1	E1	F1	49	A2	B2	C1	D1	E1	F1
18	A1	B2	C1	D1	E1	F2	50	A2	B2	C1	D1	E1	F2
19	A1	B2	C1	D1	E2	F1	51	A2	B2	C1	D1	E2	F1
20	A1	B2	C1	D1	E2	F2	52	A2	B2	C1	D1	E2	F2
21	A1	B2	C1	D2	E1	F1	53	A2	B2	C1	D2	E1	F1
22	A1	B2	C1	D2	E1	F2	54	A2	B2	C1	D2	E1	F2
23	A1	B2	C1	D2	E2	F1	55	A2	B2	C1	D2	E2	F1
24	A1	B2	C1	D2	E2	F2	56	A2	B2	C1	D2	E2	F2
25	A1	B2	C2	D1	E1	F1	57	A2	B2	C2	D1	E1	F1
26	A1	B2	C2	D1	E1	F2	58	A2	B2	C2	D1	E1	F2
27	A1	B2	C2	D1	E2	F1	59	A2	B2	C2	D1	E2	F1
28	A1	B2	C2	D1	E2	F2	60	A2	B2	C2	D1	E2	F2
29	A1	B2	C2	D2	E1	F1	61	A2	B2	C2	D2	E1	F1
30	A1	B2	C2	D2	E1	F2	62	A2	B2	C2	D2	E1	F2
31	A1	B2	C2	D2	E2	F1	63	A2	B2	C2	D2	E2	F1
32	A1	B2	C2	D2	E2	F2	64	A2	B2	C2	D2	E2	F2

1）实际全部应该，有多少组合？64 种组合。

2）在 64 种组合中，A1B1C1D1E1F1 还是最佳组合吗？

3）如果全部组合都进行试验需要多少时间？

在实际中，因为各种设计情况，会有更多的因子和水平的组合，其结果会有几百种，甚至几千种组合。如果全部组合都进行试验，需要耗费大量的时间和精力，条件上可能不允许。

是否有更简单的方法，来分析复杂的问题。

田口法正交试验可以用来解决这一问题。

6. 正交试验

例如发动机密封漏油试验的先决条件，见表5-14。

表5-14 发动机密封漏油试验的先决条件

水平	因子		
	A	B	C
	厂家	密封橡胶硬度	密封直径
1	A1	B1	C1
2	A2	B2	C2
3	A3	B3	C3

以上三个因子，三个水平的全部组合见表5-15。

表5-15 三个因子，三个水平的全部组合

序号	A	B	C	序号	A	B	C	序号	A	B	C
1	A1	B1	C1	10	A2	B1	C1	19	A3	B1	C1
2	A1	B2	C1	11	A2	B2	C1	20	A3	B2	C1
3	A1	B3	C1	12	A2	B3	C1	21	A3	B3	C1
4	A1	B1	C2	13	A2	B1	C2	22	A3	B1	C2
5	A1	B2	C2	14	A2	B2	C2	23	A3	B2	C2
6	A1	B3	C2	15	A2	B3	C2	24	A3	B3	C2
7	A1	B1	C3	16	A2	B1	C3	25	A3	B1	C3
8	A1	B2	C3	17	A2	B2	C3	26	A3	B2	C3
9	A1	B3	C3	18	A2	B3	C3	27	A3	B3	C3

一共有27种组合。可以用下面的三维图形表示，如图5-47所示。

这三个因子，三个水平做全面试验，将有27种组合，故进行27次试验！这种组合称全面组合，是否可以在其中寻找一些有代表的点或组合来代表全体，如图5-48所示。

看右边立方体及点的分布，分析其中一些特殊点的特点。

1) 在立方体中的每个面上，圆点数都相同，都是3个点。

2) 在立方体中的每条线上，只有1个点，共有9个点。

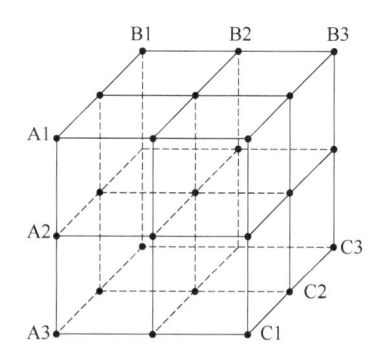

图 5-47　27 种组合的三维图形

每个因子的每个水平与另一个因子各水平会各碰一次,即每一个因子的每个水平都有 3 次试验,水平的搭配是均匀的。也就是说,各个因子水平的搭配是均衡的,或者说试验点是均衡地分布在所有水平搭配的组合之中,这就是正交性。

正是由于这 9 个试验点分布地十分均匀和巧妙,数理统计分析可以验证,且能够代表整体。

田口法正交试验,可以用比较少的组合,来分析大量的组合和数据,见表 5-16。

表 5-16　正交组合

序号	A	B	C	序号	A	B	C	序号	A	B	C		序号	A	B	C
1	A1	B1	C1	10	A2	B1	C1	19	A3	B1	C1	→	1	A1	B1	C1
2	A1	B2	C1	11	A2	B2	C1	20	A3	B2	C1	→	2	A1	B2	C2
3	A1	B3	C1	12	A2	B3	C1	21	A3	B3	C1	→	3	A1	B3	C3
4	A1	B1	C2	13	A2	B1	C2	22	A3	B1	C2	→	4	A2	B1	C2
5	A1	B2	C2	14	A2	B2	C2	23	A3	B2	C2	→	5	A2	B2	C2
6	A1	B3	C2	15	A2	B3	C2	24	A3	B3	C2	→	6	A2	B3	C3
7	A1	B1	C3	16	A2	B1	C3	25	A3	B1	C3	→	7	A3	B1	C1
8	A1	B2	C3	17	A2	B2	C3	26	A3	B2	C3	→	8	A3	B2	C2
9	A1	B3	C3	18	A2	B3	C3	27	A3	B3	C3	→	9	A3	B3	C3

这就是试验开发中正交开发的正交表,通过选用正交表,就可以把需要进行的试验组合数量进行优化,用最少的组合数量,来代表全体组合数量,进而减少试验的工作量,把不可能的试验变成可能。

但是实际上,如何从大量的组合中,寻找出最少的组合数量,仍然需要大量的工作,这里就考虑应用标准的正交表,根据不同的因子和水平,选择对应的正交表进行,见表 5-17。

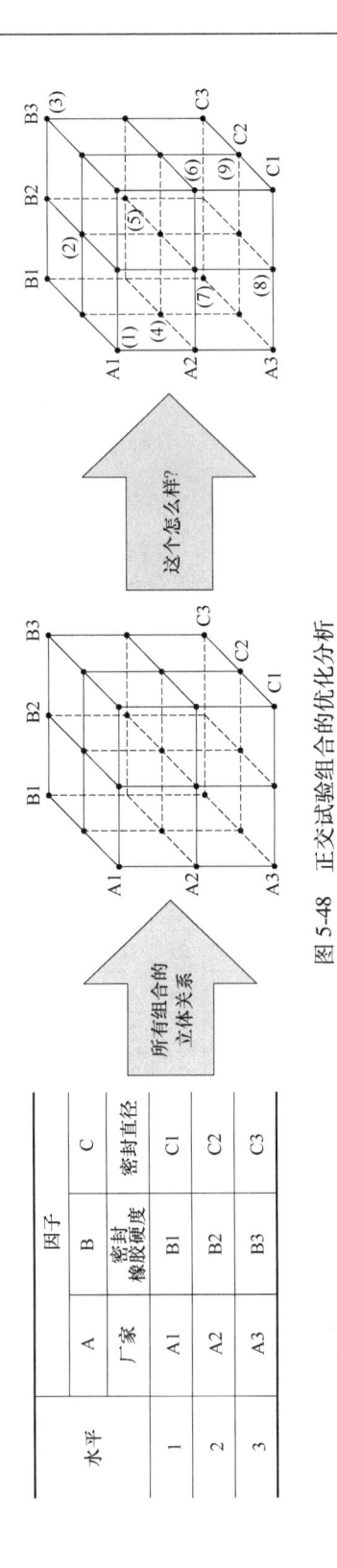

水平	因子		
	A	B	C
	厂家	密封橡胶硬度	密封直径
1	A1	B1	C1
2	A2	B2	C2
3	A3	B3	C3

图 5-48 正交试验组合的优化分析

表5-17 9种代表全体的组合（3因子，2水平）的正交表

序号	A	B	C		序号	A	B	C
1	A1	B1	C1		1	1	1	1
2	A1	B2	C2		2	1	2	2
3	A1	B3	C3	→通用正交表	3	1	3	3
4	A2	B1	C1		4	2	1	1
5	A2	B2	C2		5	2	2	2
6	A2	B3	C3		6	2	3	3
7	A3	B1	C1		7	3	1	1
8	A3	B2	C2		8	3	2	2
9	A3	B3	C3		9	3	3	3

对两个厂家的密封圈进行田口法试验组合。

本试验是6个因子，2个水平，8种组合。使用正交表，填入有关因子和水平信息，见表5-18。

表5-18 8种组合正交试验表

因子 试验号	C 密封直径 1	B 密封橡胶硬度 2	A 厂家 3	D 压缩率 4	E 油温 5	F 油的种类 6
1	1	1	1	1	1	1
2	1	1	1	2	2	2
3	1	2	2	1	1	2
4	1	2	2	2	2	1
5	2	1	2	1	2	2
6	2	1	2	2	1	1
7	2	2	1	1	2	1
8	2	2	1	2	1	2

8种组合正交试验结果见表5-19。

表5-19 8种组合正交试验结果

因子 试验号	C 密封直径 1	B 密封橡胶硬度 2	A 厂家 3	D 压缩率 4	E 油温 5	F 油的种类 6	试验指标测量值 $x(\%)$
1	1	1	1	1	1	1	40.2
2	1	1	1	2	2	2	82.5
3	1	2	2	1	1	2	53.2
4	1	2	2	2	2	1	90
5	2	1	2	1	2	2	71.1
6	2	1	2	2	1	1	31.8
7	2	2	1	1	2	1	77.2
8	2	2	1	2	1	2	39.6

7. 试验结果分析

固定某个因子，求各个水平下的结果平均，进行判定。例如：

C1(40.2+82.5+53.2+90)/4=66.48

C2(71.1+31.8+77.2+39.6)/4=54.93

判定结果：C2 好。

B1(40.2+82.5+71.1+31.8)/4=56.40

B2(53.2+90+77.2+39.6)/4=65.00

判定结果：B1 好。

以此类推 A1、A2、D1、D2、E1、E2、F1、F2，其结果见表 5-20。

表 5-20 试验结果分析 1

因子	C 密封直径	B 密封橡胶硬度	A 厂家	D 压缩率	E 油温	F 油的种类	试验指标测量值 $x(\%)$
试验号	1	2	3	4	5	6	
1	1	1	1	1	1	1	40.2
2	1	1	1	2	2	2	82.5
3	1	2	2	1	1	2	53.2
4	1	2	2	2	2	1	90
5	2	1	2	1	2	2	71.1
6	2	1	2	2	1	1	31.8
7	2	2	1	1	2	1	77.2
8	2	2	1	2	1	2	39.6
因子	计算公式			泄漏系数			判定结果
C1	(40.2+82.5+53.2+90)/4			66.48			
C2	(71.1+31.8+77.2+39.6)/4			54.93			C2 好
B1	(40.2+82.5+71.1+31.8)/4			56.40			B1 好
B2	(53.2+90+77.2+39.6)/4			65.00			
A1	(40.2+82.5+77.2+39.6)/4			59.88			A1 好
A2	(53.2+90+71.1+31.8)/4			61.53			
D1	(40.2+53.2+71.1+77.2)/4			60.43			D1 好
D2	(82.5+90+31.8+39.6)/4			60.98			
E1	(40.2+53.2+31.8+39.6)/4			41.20			E1 好
E2	(82.5+90+71.1+77.2)/4			80.20			
F1	(40.2+90+31.8+77.2)/4			59.80			F1 好
F2	(82.5+53.2+71.1+39.6)/4			61.60			
最佳组合	C2B1A1D1E1F1						

这里最佳组合是：C2B1A1D1E1F1，并不是开始按 5 个组合的 A1B1C1D1E1F1，即用最少量的组合代表了全体。

8. 试验结果的方差分析

最佳组合是：C2B1A1D1E1F1，这里包括两个水平中的 6 个因子。这 6 个因子对结果的影响程度应该是不一样的。为此，下一步就需要进一步来判断各个因子对最终密封圈的密封效果影响程度进行分析，这里就应用到正交试验开发的方差分析，并从中估计误差的大小（结果可靠性）和精确地评估各因子和结果的影响程度（A、B、C、D、E、F 各个因子重要度）。

其结果见表 5-21。（省略方差分析过程）

表 5-21　试验结果分析 2

因子	C 密封直径	B 密封橡胶硬度	A 厂家	D 压缩率	E 油温	F 油的种类	试验指标测量值 $x(\%)$
试验号	1	2	3	4	5	6	
1	1	1	1	1	1	1	40.2
2	1	1	1	2	2	2	82.5
3	1	2	2	1	1	2	53.2
4	1	2	2	2	2	1	90
5	2	1	2	1	2	2	71.1
6	2	1	2	2	1	1	31.8
7	2	2	1	1	2	1	77.2
8	2	2	1	2	1	2	39.6

因子	计算公式	泄漏系数	判定结果
C1	(40.2+82.5+53.2+90)/4	66.48	
C2	(71.1+31.8+77.2+39.6)/4	54.93	C2 好
B1	(40.2+82.5+71.1+31.8)/4	56.40	B1 好
B2	(53.2+90+77.2+39.6)/4	65.00	
A1	(40.2+82.5+77.2+39.6)/4	59.88	A1 好
A2	(53.2+90+71.1+31.8)/4	61.53	
D1	(40.2+53.2+71.1+77.2)/4	60.43	D1 好
D2	(82.5+90+31.8+39.6)/4	60.98	
E1	(40.2+53.2+31.8+39.6)/4	41.20	E1 好
E2	(82.5+90+71.1+77.2)/4	80.20	

(续)

因子	计算公式	泄漏系数	判定结果
F1	(40.2+90+31.8+77.2)/4	59.80	F1 好
F2	(82.5+53.2+71.1+39.6)/4	61.60	
最佳组合	C2B1A1D1E1F1		
因子	C2	B1	A1	D1	E1	F1
极差值	2	3	5	6	1	4
最佳组合排序	E1C2B1F1A1D1					

最佳的组合排序是：E1C2B1F1A1D1，E（油温）的影响程度最大，D（压缩率）的影响最小。

根据以上的结果，就可以进行发动机的密封设计及周边有关内容的设计，如油温的设计。

5.4.4　精益质量设计的降本小结

在日本，80%开发质量的改进收益都是由田口法所带来的。而日本的质量改进使美国的许多企业叹服不已，田口玄一博士3次荣获戴明品质奖和美国汽车殿堂奖，他的一整套开发决策工具及其简单易懂的产品开发观得到了系统而广泛的应用，因而为许多企业迅速生产低成本、高质量的产品做出了巨大贡献。当然也是丰田汽车开发精益质量设计的重宝利器。

现代智能制造的设计、运营、管理等会更加多元、广域和快速，在这样的环境中，设计，特别是质量的设计就会更加重要。提高智能制造的可靠性，提高智能产品的安全性，降低智能制造的成本，提高智能社会的高质量生活，精益质量设计是一条必经之路。

5.5　精益设计的管理课题

5.5.1　对课题的认识

我曾经从精益设计的角度，对一个大型企业的设计部门进行了精益指导。这个大型企业设计开发生产的智能产品，在中国是首创，并且占据了全球市场的80%。

在指导过程中，除以上谈及精益设计中的QCD的方法外，在运用先进的科学方法与尖端技术时，有效的管理机制也是使其实现价值最大化的关键保障。因此，只有将科学技术和落地的管理相结合，才能真正发挥科学技术的实力。

具体体现在生产的实施环节、生产的设计变更和设计调整上。这些设计变更和设计调整，直接影响了生产环节的 QCD。

仔细分析这些设计变更和设计调整，其原因有些可能是技术问题，但同时也存在着大量的管理问题和课题。为此，我在这个企业指导设计部门时，就关注了这些管理问题。同样，这个企业在生产环节也存在许多设计变更和设计调整，有些内容是一些非常基础的设计变更和设计调整。但由于经常发生，所以给生产环节造成了巨大影响和浪费，但是企业认为这些是必要的设计变更和设计调整，所以只能如此，且设计部门也没有十分重视，并没有从管理方面进行重视。

所以，我在指导过程中，重点考虑了产品开发设计的管理落地。我把这一部分的指导称"基于现状产品设计课题的分析和改善"。

5.5.2 基于现状产品设计课题的分析和改善

1. 设计变更原因分布

首先看设计变更的原因，如图 5-49 所示。

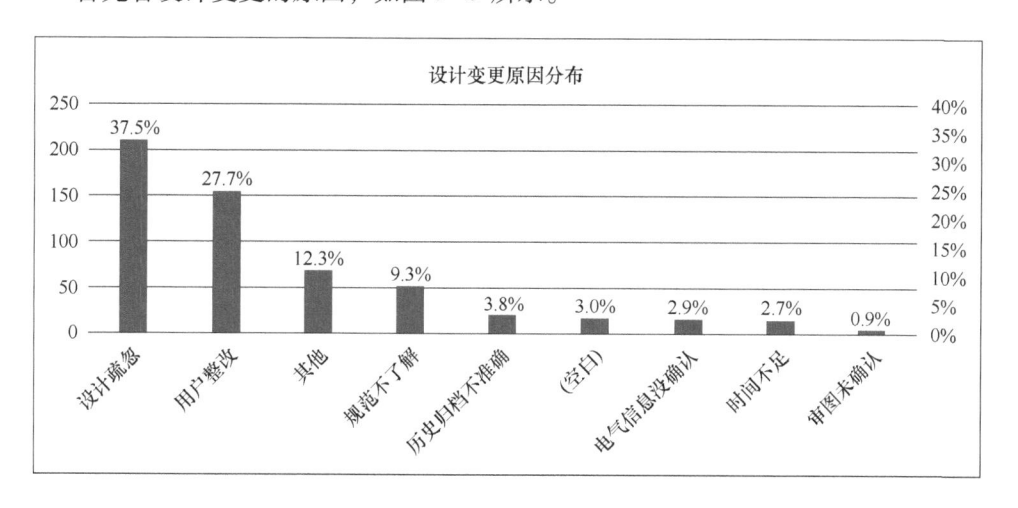

图 5-49 设计变更的原因分布

在设计完成后，进入生产阶段时，会因为各种原因进行设计变更，对其直接设计变更原因进行了分析，得出结论。

造成设计变更最多的原因是设计疏忽，其次是用户整改。

我们普遍会认为是用户整改造成了设计的变更，但事实上，设计疏忽才是第一大原因，其次才是用户整改但这实际上可归因于管理的问题。

2. 设计变更责任到人分布

责任到人，是管理中的一个原则和方法。当然责任到人包括两个部分，执行责任到人，管理责任到人。从这个角度出发，设计变更的责任到人的分布情况，如图 5-50所示。

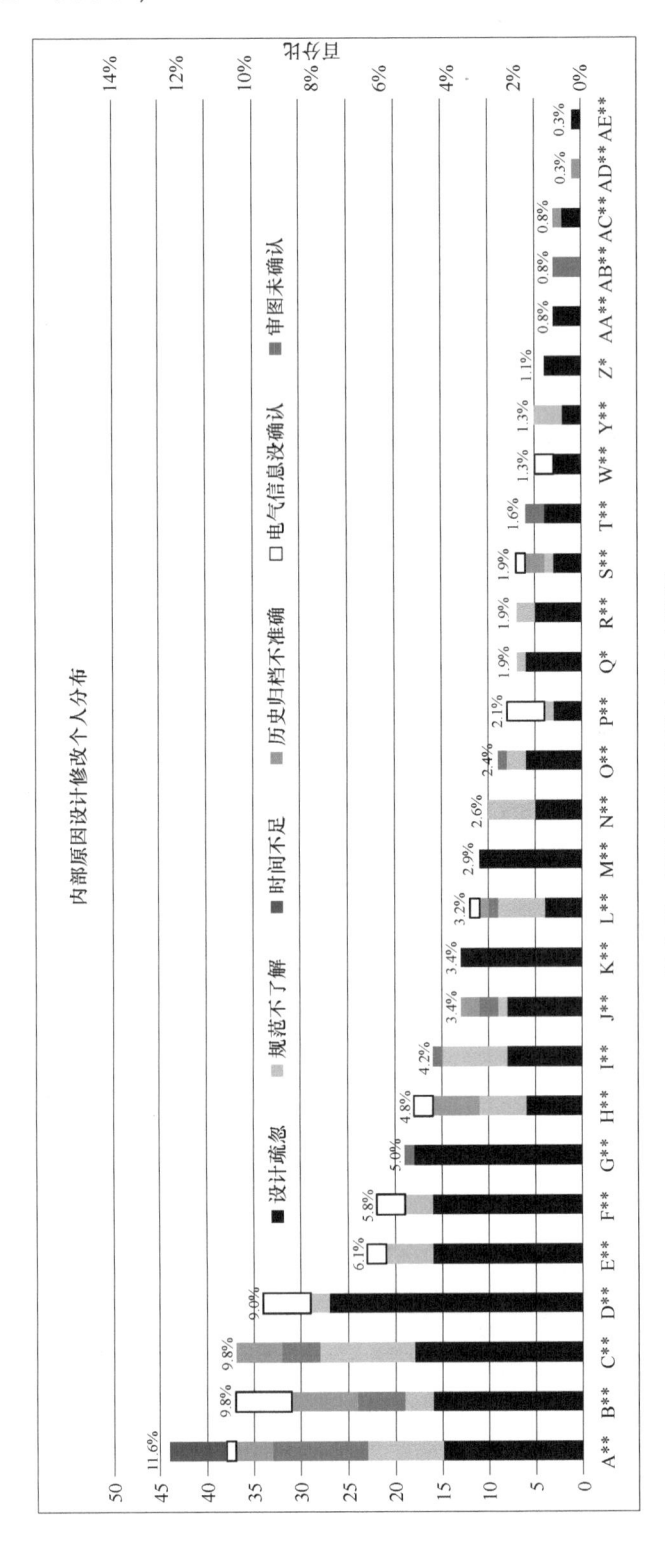

图 5-50 设计变更责任到人的分布情况

横轴是每个设计人员，竖轴是变更原因。竖轴黑色部分是设计疏忽部分，从这里可以看出每个设计人员的特点和管理课题。

3. 设计人员能力分析

为此，制定设计人员能力分析评价标准和评价制度，如图 5-51 所示。

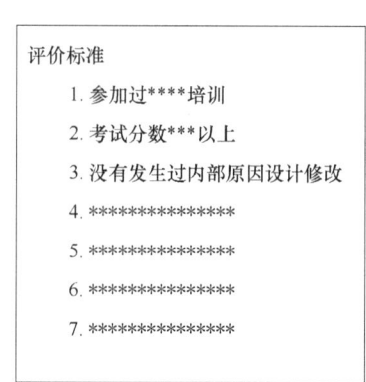

评价标准
1. 参加过****培训
2. 考试分数***以上
3. 没有发生过内部原因设计修改
4. ***************
5. ***************
6. ***************
7. ***************

评价制度
1. 评价成员：内部、外部训
2. 评价周期：每月一次（五人）
3. 评价形式：打分
4. ***************
5. ***************
6. ***************
7. ***************

图 5-51　评价标准和评价制度

对全部设计人员的实际工作能力进行分析，见表 5-22。

表 5-22　设计人员的实际工作能力分析

设计人员技能管理
● 指导审核设计能力　　○ 独立设计能力　　△ 部分设计能力　　× 无设计能力

人员	工件										
	工件1	工件2	工件3	工件4	工件5	工件6	工件7	工件8	工件9	工件10	工件11
A**	●	○	×	△							
B**											
C**					●	○	×	△			
D**											
E**											
F**							●	○	×	△	

竖轴是每个设计人员，横轴是不同工件。

从以上内容中，确认各个人员的工作能力和需提高的部分。

4. 管理改善

根据以上的汇总和分析，应主要从管理改善方面入手，直接目标是降低设计变更，长远目标是提高设计人员和管理人员的工作责任意识。具体的管理改善有如下几个方面：

（1）技术培训和案例研究　对全体人员，定期进行技术培训，通过技术培训，增强新老设计人员的互相交流。整体培训计划见表 5-23。

表 5-23 培训计划

内容	培训人	时间																																		
		1	2	3	4	5	6	7	8	9	10	11	12	13	14	15	16	17	18	19	20	21	22	23	24	25	26	27	28	29	30	31	32	33	34	35	36
		W	W	W	W	W	W	W	W	W	W	W	W	W	W	W	W	W	W	W	W	W	W	W	W	W	W	W	W	W	W	W	W	W	W	W	W
*********	张**		●																																		
*********	李**			●																																	
*********	赵**				●									●																							
*********	周**								●																												
*********	张**													●																							
*********	李**																																				●

培训人员由各类人员来担任，也可请设计以外的人员来培训。

案例研究主要是对一些难点、问题点共同进行案例分析和讨论。例如成功案例、失败案例等。由设计人员轮流定期主持，并形成制度化，每周定期实施。

（2）开发设计文件梳理　在实际分析设计变更中，有一些是因为基础文件的缺失或者没有更新而造成的，为此，进行这些基础文件的梳理和制度化。主要从以下几个方面进行梳理。

1）文件形式：电子、图纸资料、其他。
2）分类：机械、电器、液压、仪表、其他。
3）归档方法：硬件、软件、管理。

（3）开发设计流程的标准化管理　开发设计流程缺乏确认和管理。为此制定标准流程，按此管理，如图5-52所示。

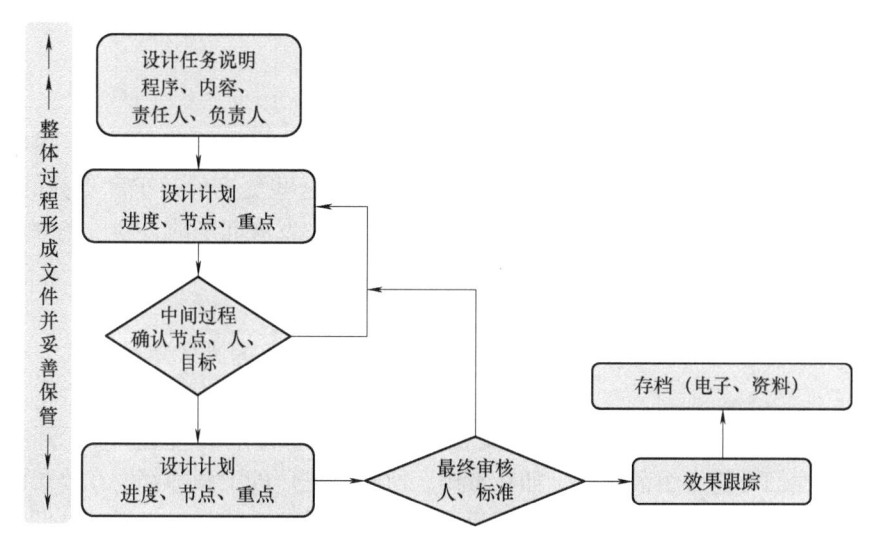

图5-52　开发设计流程的标准化管理

5. 用户整改分析和改善

在变更原因中有一部分是用户整改，为此对用户整改原因进行分类汇总。

1）用户给出的信息不全面。
2）用户中途变更没有书面文件或书面文件不明了。
3）对用户的要求理解不全面。
4）设计过程中缺乏与用户的直接沟通（开始、中间、结束）。
5）其他。

其中关键问题还是与用户的具体沟通。这时需要销售人员、规划人员等共同参与。因此团队合作是解决问题的一个重要环节。

5.5.3 精益设计的管理课题小结

在产品的开发设计中,会存在很多技术和专利的课题。但是在我实际的指导工作中,经常感觉到有些设计方面的问题或课题,并不是出在技术上,而是在管理上。同时也感觉大家对产品开发设计的技术关注度比较高,对产品开发设计管理的关注度相对比较低。对于产品开发设计的问题,大多都从技术角度分析。

一般的产品开发设计,大都是比较基础、比较标准、比较常规的产品开发设计,但我认为此时最重要的就是管理。即使拥有非常高端的产品开发设计技术和硬件,管理如果跟不上,同样会出问题。所以,我在指导过程中,首先考虑解决管理问题,然后再考虑解决技术问题。我认为这就是精益思维。我也非常希望我的这个想法能为各位管理者提供一些参考。

5.6 精益设计和智能制造

产品开发设计的目的和目标,在进入智能制造时代后仍然是不变的。但在某些方面会有更高的需求和更高的要求,但是如何应对这些更高的需求和更高的要求,那应该仍然是精益设计。精益是在不断挑战的过程中发展起来的,今后也会在挑战过程中不断发展。

这其中最重要的仍然是人。

在《改变世界的机器》中,也给出了精益设计企业的人才培养方式,有如下的描述:

"大学毕业的机械、电气和材料工程师们会在许多日本精益生产工厂开始他们的事业。他们可能会组装汽车,如在本田,所有刚进厂的工程师都要在公司的组装线上工作三个月,然后轮流到营销部门再工作三个月。在随后一年里,他们在工程设计部门、动力系统、车身、底盘和加工机械轮换工作。最后,在他们参加了设计和制造汽车的整个范围的各种活动之后,他们便随时准备好分配到任何一个工程设计专业部门,也许是发动机部门,也许是其他。

开始,他们很可能被分配到一个新产品的开发团队中。在这里,他们将做一般常规性工作,主要是使成熟的设计来适应新车型的明确要求。这项任务,可持续四年。

在成功地参加了新的开发项目之后,年轻的工程师很可能被调到发动机部门从事更为基础的工作,如设计可用到整个系列新车型的 V6 和 V8 发动机。

一旦工程师们成功地在这种第二类开发团队里完成其他工作后,一些最有潜力的工程师即被选中送入学术机构接受进一步培养,然后安排到更长期的更高级的项目中去工作。"

我认为精益设计的产品开发设计人员一定是多面手,而不是非常狭义的产品开发设计。另外产品开发设计人员一定是要从实际的生产和销售中选出来的。

我在中国某个企业进行指导时，就实施了类似的改善。大学毕业的毕业生进入企业，首先在生产线工作一年，然后根据实际情况，再分配到有关部门，这个方法在这个企业已经形成了制度化。

智能制造产品开发设计的另一个关键词是"数字化"。

精益设计本身就是一个量化的管理和改善过程。

通过对以往产品开发、生产实施、市场反馈的信息数字化。通过对今后的产品预测、市场预测、用户分析的数字化，利用智能制造中的信息技术，通过数字化技术的精益设计，可以取得到现在为止都很难实现的设计成果，具体体现如下。

1）数字化的精益设计把产品设计、制造工艺设计、样车装配、产品质量分析等工作从顺序工作方式转变为并行工作方式。产品设计师、制造工艺师、试制工程师、产品质量工程师、售后维修工程师等都可以在计算机虚拟环境中同步开展工作，在产品方案设计过程中，可同步进行产品可制造性分析、工艺规划和制造工艺设计、再发防止设计、物流设计等，提高了产品设计质量，减少了实车装配过程的设计变更，避免了设计方案不可制造而被颠覆。

2）数字化的精益设计在产品设计和实际制造间架起了桥梁，消除了产品设计与生产制造之间的"鸿沟"。在产品设计数模的不同成熟度阶段，分别在虚拟的车间及生产线上进行仿真制造和装配，提前发现制造和装配问题，优化产品结构和工艺设计、规划制造方案等，降低了从产品设计、工艺设计到真实生产制造之间的不确定性。

精益设计，是人、精益设计思维、精益设计方法和技术的智慧融合，是精益设计的关键。

智能制造的目标是追求更低的成本、更短的周期、更高的质量，既是智能制造的 QCD 追求，也是精益设计的追求，其中人才的培养和管理是核心。

第 6 章

降本改善的道和人

6.1 降本改善的道

6.1.1 降低成本的组织论

降低成本，不是一个部门的事情，也不是一个产品的事情，而是关联着组织中的各个部门、各个环节和各个功能，所以降低成本是组织整体的事情。

降低成本，不应仅仅是个人自发的行为，更应该是组织有计划的行为，这样才能更好地组织有关资源更好地实施降低成本。

降低成本，不仅是改善，更是革新。因为要改变习惯，改变思维，改变行为，最后还要改变企业文化，这样才能保证降低成本的成功，也才能持续降低成本，才能实现人人关心成本，各个参与降本。

从这些角度出发，就要考虑将降本定位为组织的经营战略，作为组织发展扩大的一环。组织的战略实施的有效方法就是方针管理。

6.1.2 降低成本的方针管理

日本科学技术联盟⊖对方针管理的定义是根据组织的经营方针，制订中长期经营计划和短期经营方针，组织全体人员，围绕经营方针，共同努力，从不同的角度为高效实现经营方针所进行的组织活动。

方针管理的组织活动包括组织制订和中长期计划联动的年度计划、目标和对策。以此为基准，各部门从上到下对年度计划、目标和对策进行分解，形成部门的年度计划、目标和对策。在实施过程中，对各级年度计划、目标和对策的实施状况进行管理，对中间目标达标情况进行确认，最终实现年度方针目标。

⊖ 日本科学技术联盟是在全球推行 TQC、TQM 活动，并且颁发戴明奖的技术联盟。

在有限的组织资源（即资金、人员、设备等）条件下，为高效进行方针目标的实施。要根据现有条件制订年度计划，明确对策内容，对年度计划进行有针对性、具体和有重点的分解和实施，防止口号式的方针管理。

方针管理是面向全员参加的方针管理，组织内所有人员都要有具体的目标和对策，在发挥每个人自主性的基础上参与和实施，通过每个人的行动，每个局部的行动，来完成大的方针目标。

方针管理的重点不单是方针，更重要的是具体的实施。这个具体的实施就是现场改善。这里的现场不单是生产现场，还有组织的最末端，这个最末端包括组织的所有功能和所有人员，包括人事、财务、市场、设计，也包括生产、物流、质量等。组织的最末端的现场改善，通过PDCA的秩序改善，可形成滴水成河的成果，从而促使大的方针目标的完成，具体如图6-1所示。

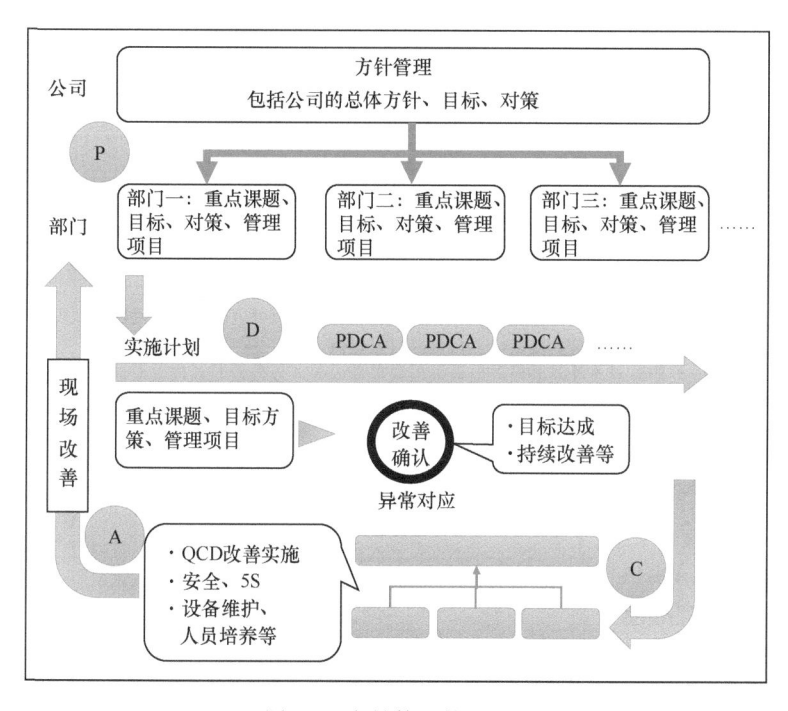

图6-1 方针管理的PDCA

图6-1中，P包括公司的总体方针、目标和对策。也包括分解的各个部门的重点课题、目标、对策、管理项目。D就是实施计划，实现方针目标的具体行动计划。C是指针对重点课题、目标、对策等的实施，从管理角度进行跟踪、确认、调整。A是指实施过程中的持续改善和人员培养。

方针管理是自上而下的，是组织的总方针、总目标、总对策。现场改善是自下而上的，是组织最末端的改善，是滴水成河的行动。方针管理和现场改善的关系如图6-2所示。

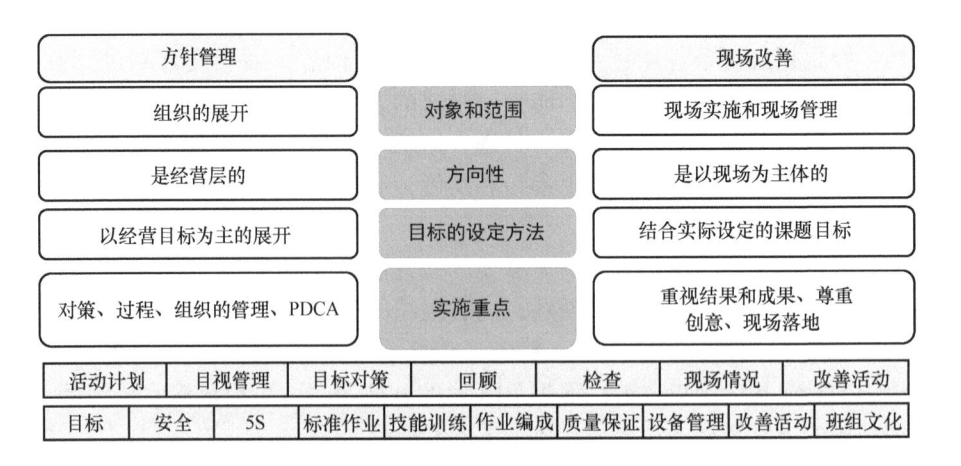

方针管理		现场改善
组织的展开	对象和范围	现场实施和现场管理
是经营层的	方向性	是以现场为主体的
以经营目标为主的展开	目标的设定方法	结合实际设定的课题目标
对策、过程、组织的管理、PDCA	实施重点	重视结果和成果、尊重创意、现场落地
活动计划	目视管理	目标对策	回顾	检查	现场情况	改善活动
目标	安全	5S	标准作业	技能训练	作业编成	质量保证	设备管理	改善活动	班组文化

图 6-2　方针管理和现场改善的关系

6.1.3　方针管理的关田法管理铁三角

关田法（KANDA METHOD）对管理的定义是：管理=测量+改善+标准化，如图 6-3 所示。

具体地说就是应用 IE 技术，根据标准，定量分析现状，寻找问题、课题，进行改善、改革，然后标准化。沿着图 6-3 所示的三角形不间断地循环，就是管理，就是持续改善。笔者把这个图称作关田法管理铁三角。

关田法（KANDA METHOD）将 IE 定义为：工作浪费的定量化和改善技术、管理改善技术。而只有通过测量，才能实现定量化。所以在关田法管理铁三角中，这个测量是十分重要的。但是测量不单纯是拿秒表在现场测量作业，而是指明确现状的问题，对课题进行量化。例如当前的生产率、设备效率、价值率的变化推移如何，当前的质量成本、物料成本、人力资源成本与竞争对手相比如何，产品的定位、市场营销、新产品的开发如何，这些课题都要测量。只有明确定量的测量，才能定量化地明确自我定位，明确改善内容和目标。也就是说通过测量，我们就能定量我们的课题，定量

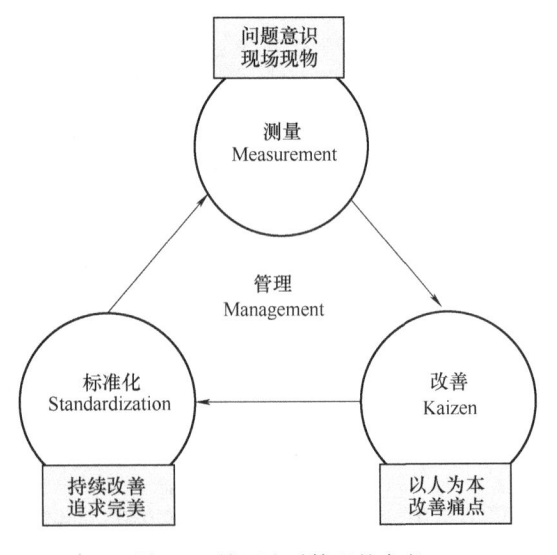

图 6-3　关田法对管理的定义

我们的问题，定量我们的目标。

在定量化的前提下，科学地应用 IE 技术，进行必要的改善，分析课题，解决问题，实现目标。改善并不是一步到位的，是一个持续改善的过程，在这个过程中贯穿着标准化。

标准化是保证工作稳定、安全、高效的工作方法，必须通过标准化对持续改进的受控过程进行优化改善。标准化并不是固定某一个工作内容，而是明确一个尺度，即管理的尺度，再次发现问题，寻找课题，追求目标。

测量、改善、标准化的循环，就是管理，就是精益管理。

关田法管理铁三角的实施，就是要关注流程化、均衡化、最小化、可视化。

1）流程化：减少中间在制，缩短工序间切换时间，消除物流停滞，避免不必要的搬运，优化工艺布局，混流生产。一个流是流程化的具体体现。

2）均衡化：指工作的均衡化（持续关注瓶颈），投入的均衡化（库存、在制合理化），产出的均衡化（计划的高效）。均衡化是现代多品种、小批量制造体系的保证。

3）最小化：包括工时的最小化、库存的最小化、人员的最少化、设备工装故障的最小化、灾害风险最小化。最小化（最佳）是消除浪费的基本尺度。

4）可视化：强调把管理结构性日常运作和战略性改善相结合，使工作的潜在问题可视化，唤起对改革的需求。可视化是发现问题的出发点。

关田法管理铁三角是管理之本；流程化、均衡化、最小化、可视化是管理核心。

6.1.4 丰田汽车的方针管理实践

丰田汽车从 1963 年开始全公司实施方针管理，其中经历了至今为止实施的各种全组织的改善和改善目标的实施与实现。

丰田汽车的方针管理包括以下三个内容：

1）基本方针。
2）长期方针。
3）年度方针。

根据以上方针，全公司围绕具体的目标，进行全方针的体系化，如图 6-4 所示。

将组织的方针分解到最末端，制订具体的目标、计划和对策，实施现场改善。具体现场改善的步骤如下：

1）制定各个部门的方针，设

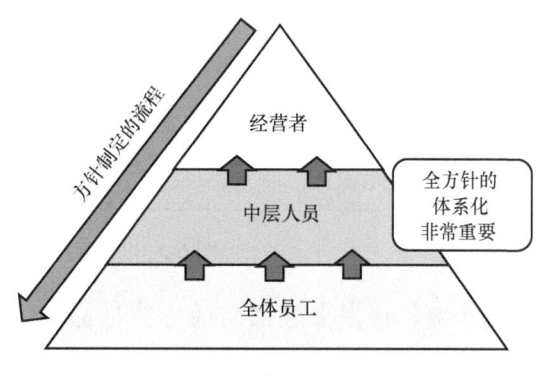

图 6-4 全方针的体系化

定目标（最终和中间）。

2）围绕各个部门的方针，设定管理指标。

3）改善活动的实施和调整。

4）根据管理指标进行跟踪和确认。

5）中间成果的标准化。

6）标准化的遵守和实施状况的管理，提高工作质量。

以部门一把手为核心，明确部门和各职能的责任和目标，并且实现可视化，形成日常管理看板，共享方针管理信息，如图6-5所示。

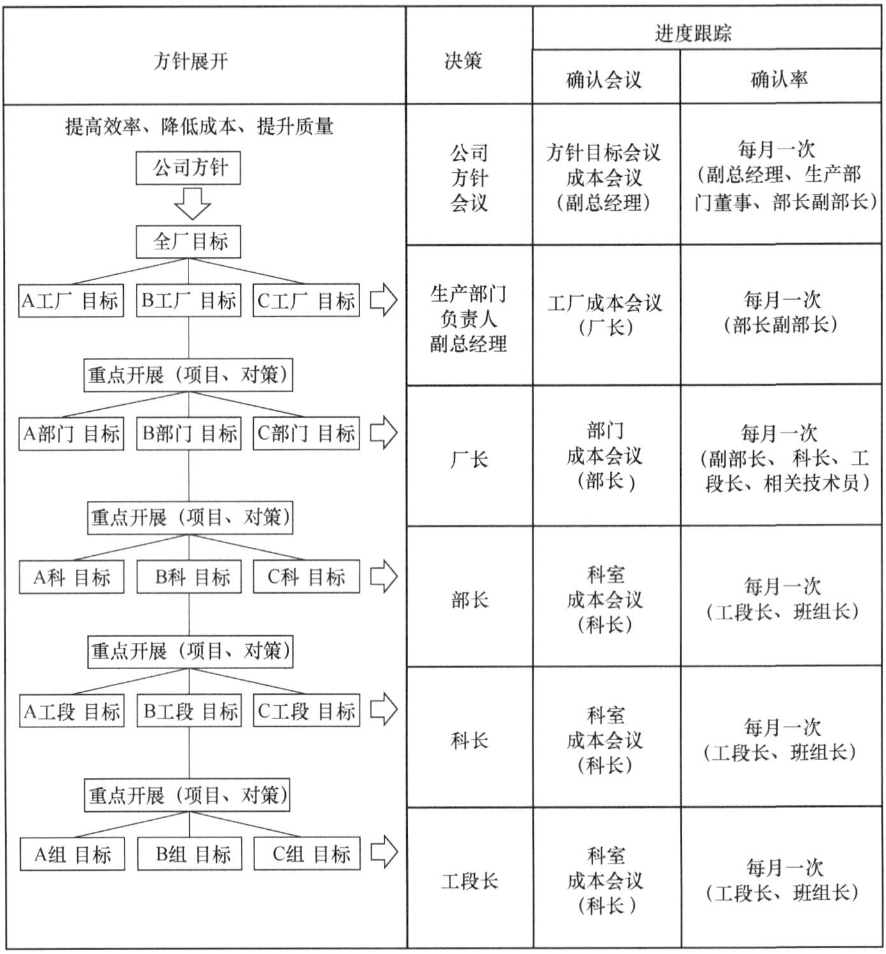

方针展开	决策	进度跟踪	
		确认会议	确认率
提高效率、降低成本、提升质量 公司方针 ⇒ 全厂目标	公司方针会议	方针目标会议 成本会议 （副总经理）	每月一次 （副总经理、生产部门董事、部长副部长）
A工厂目标 B工厂目标 C工厂目标 重点开展（项目、对策）	生产部门负责人 副总经理	工厂成本会议 （厂长）	每月一次 （部长副部长）
A部门目标 B部门目标 C部门目标 重点开展（项目、对策）	厂长	部门成本会议 （部长）	每月一次 （副部长、科长、工段长、相关技术员）
A科目标 B科目标 C科目标 重点开展（项目、对策）	部长	科室成本会议 （科长）	每月一次 （工段长、班组长）
A工段目标 B工段目标 C工段目标 重点开展（项目、对策）	科长	科室成本会议 （科长）	每月一次 （工段长、班组长）
A组目标 B组目标 C组目标	工段长	科室成本会议 （科长）	每月一次 （工段长、班组长）

图6-5 方针管理的目标展开

每个部门根据上级部门的方针目标，具体分解本部门的目标和改善对策，图6-6所示为目标分解和对策示例。

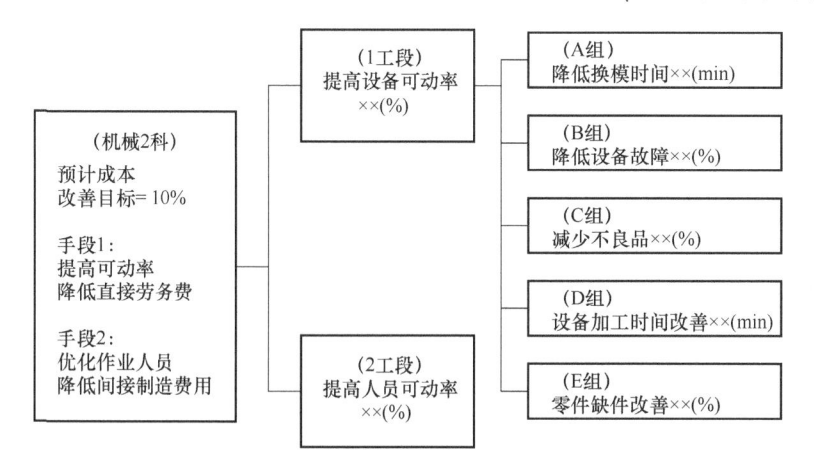

图 6-6 机械加工部门降低成本的目标分解和对策示例

各末端组织在现场持续实施 SDCA 和 PDCA 改善，发现问题，解决问题。图 6-7 所示为现场改善和方针管理过程示意。

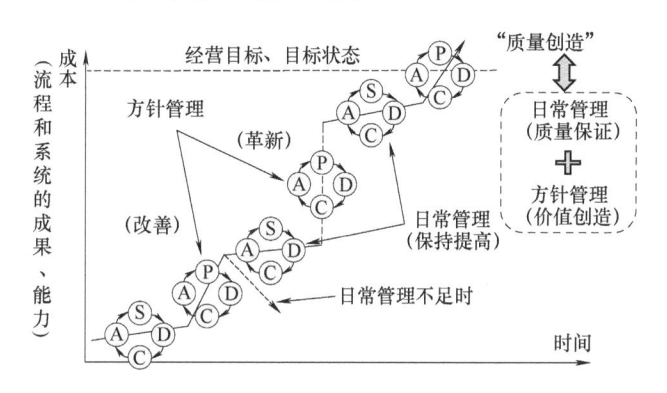

图 6-7 现场改善和方针管理过程示意

从图 6-7 可以看出，方针管理是组织的降本之道，践行现场改善和方针管理，组织才能实现降本，达成目标。

6.2 降本改善的人

6.2.1 现场育人

丰田人推崇三现主义，现场、现物、现实。在现场，观察分析实际状况，包括产品、设备、物料等，掌握真正的现象和原因。

大家经常说的大野圈，就是大野耐一先生推崇的方法，在现场一直观察分析，就会得出改善的方法。大野耐一先生说：我就是彻底的现场主义。

笔者辅导过许多企业，发现有些人对现场的重视程度确实有些问题。有些人喜欢待在办公室等汇报，有些人喜欢对着计算机思考问题，有些人喜欢开会讨论问题，但是真正在现场的时间却非常少。这样很难发现问题，解决问题。特别是年轻人，更应该在现场摸爬滚打。

笔者也是彻底的三现主义者，这点在第1章也有描述。

在指导实践的过程中，笔者积极鼓励周围的人，重视现场。例如，在指导某个企业提高劳动生产率的项目中，每天晚上，集中有关领导，汇总一天的改善。在会议上，笔者只谈一个指标：今天在现场看到各位干部的时间比例是多少。项目开始的当天，各位领导在现场的时间比例是20%，以后每天晚上的汇总会笔者持续谈这个指标。与会领导看到每天只谈这个指标，知道了笔者对改善的关注点在什么地方，所以之后就开始积极去现场了。随后，各位领导每天在现场的时间比例在不断提升，30%，40%，50%，60%，最多有70%的时间在现场。非常有意思的是，随着各位领导在现场时间比例的增加，发生了两件事情。

1）现场劳动生产率的提高和各位领导在现场时间的增加同步，不断在提高。

2）每天晚上的总结会由原来的2h，自然缩短到15min。

这就是三现主义的力量。

6.2.2 做事育人

各个企业都有培养人的计划和预算，大都由人力资源部门管理。

笔者认为：

1）培养人的第一责任者是就是管理者本身。

2）培养人的教材就是工作本身。

多年来，笔者经历了几百家企业，通过改善的实施确实使很多人进一步认识了精益，掌握了精益，实践了精益，但这些都是从实际工作中得到的。

降低成本，要人来实施，需要通过降低成本的活动培养人才。关田法培养人才的宗旨是非常注重OJT（On the Job Training，在职培训）的育人，即：

1）做事育人。

2）做正确事，育正确人。

3）高效做正确事，高效育正确人。

4）高效高质做正确事，高效高质育正确人。

丰田也非常重视OJT的育人，在工作中教，在工作中学。

6.3 降本改善落地的道和人

降本改善的道就是方针管理，组织上层进行方针的制定和推动，基层进行方针的分解和提出对策。

降本改善的人就是做事育人，通过人的主观能动性的发挥，发现问题，解决问题。

降本改善的道和人就是企业的降本改善文化，降本改善的"体质"要不断形成，不断升华。

降本的关键是落地，组织上层的方针落地，真正解决组织经营的课题和问题。基层改善对策落地，才能取得看得见的降本成果，形成看得见的降本现场。

本书以上这些内容构成了降本改善关田法的核心，是笔者工作的经验总结，更是降本改善实施的落地方法论和落地实践论。